U0818402

煤炭高等教育"十四五"规划教材

创业管理实务与实训

主　编　郝　婷

副主编　李洪伟　马　媛　马恒平

中国矿业大学出版社

·徐州·

内容简介

本书以创业实务为核心内容，包含创业实务和创业实训两部分。创业实务部分主要内容：创业导论、洞察创业机会与可行性评估、创业团队建设、商业模式设计与创新、初创企业营销与销售管理、创业企业组织与运营管理、创业企业财务预测与管理、创业资源整合与融资、创业风险管理与企业法律伦理、商业计划书撰写与路演。创业实训部分主要内容：市场调查、团队组建与激励、创业项目决策、创业运营模拟、商业计划路演。

本书可作为本科教育阶段的创业管理实务、双创实践实训环节课程及MBA创新创业管理课程的教学用书，也可供创业者参考。

图书在版编目(CIP)数据

创业管理实务与实训 / 郝婷主编. —徐州 : 中国矿业大学出版社，2024.2

ISBN 978-7-5646-6139-7

Ⅰ. ①创… Ⅱ. ①郝… Ⅲ. ①创业—企业管理 Ⅳ. ①F272.2

中国国家版本馆CIP数据核字(2024)第012149号

书　　名　创业管理实务与实训
主　　编　郝　婷
责任编辑　史凤萍
出版发行　中国矿业大学出版社有限责任公司
　　　　　　(江苏省徐州市解放南路　邮编221008)
营销热线　(0516)83885370　83884103
出版服务　(0516)83995789　83884920
网　　址　http://www.cumtp.com　**E-mail**:cumtpvip@cumtp.com
印　　刷　徐州中矿大印发科技有限公司
开　　本　787 mm×1092 mm　1/16　**印张** 15.25　**字数** 390千字
版次印次　2024年2月第1版　2024年2月第1次印刷
定　　价　45.00元

(图书出现印装质量问题，本社负责调换)

前 言

习近平总书记在多个场合强调“当今世界正经历百年未有之大变局”“新一轮科技革命和产业变革蓬勃兴起”，强调创新创业对经济发展的重要意义，鼓励企业家和企业家精神的教育培养。在以“不确定性”为主要特征的时代背景下，以活跃、聚集、创新为特征的创业活动展现了前所未有的经济和社会影响力，对创新创业教育向深层次、高水平发展提出了要求和挑战。2021 年，“创业管理”被列入普通高等学校本科专业目录的新专业名单，创新创业教育体系、培养方案不断地发展完善，对教材提出了针对性更高、层次更丰富的要求。

本教材结合大学生双创教育培养目标和课程体系层次的要求，基于多年教学积累和教学研究成果，借鉴了国内外双创教育专家和学者的研究成果，以广义的创新创业的社会价值意义为核心指导思想、以培养“有社会使命担当、有理想信念、有创新创业精神”的创业者为教学目标、以狭义的创业管理为核心内容框架，力求在教材中体现思政融合、专创融合的创业教育要求。

本教材具有以下特点：① 吸收、引用创新创业管理理论和实践方法研究的前沿成果；② 注重创业实践的指导和实操性，引入可视化学生训练工具、模型；③ 注重课程思政内容的融合；④ 根据实践调研和参考引入最新案例；⑤ 部分内容考虑专创融合的嵌入。

本教材包含实务和实训两部分，适合本科教育阶段的创业管理实务、双创实践实训环节课程及 MBA 创新创业管理课程的教学需要。本教材的主要内容如下：

创业实务篇共包括十章。

第一章阐述创业的时代意义、创业活动与创业管理的基本内容和特征，介绍效果逻辑和精益创业理论。

第二章主要内容包含创业机会的基本概念、特征和来源，重点介绍创业机会的识别和评估的过程与方法。

第三章介绍创业团队的内涵与特征；在创业实务方面重点介绍创业团队的组建、创业团队成员评估方法、团队激励机制建设及激励方式；介绍具有较强可操作性的团队底层制度设计方法。

第四章介绍商业模式的含义与逻辑，结合商业模式画布指导学生掌握商业模式的设计及创新方法。

第五章介绍行业与市场分析方法、市场细分与市场定位方法、产品顾客价值创新及市场定位创新方法，在创业实务方面重点介绍市场需求与市场容量的预测、市场调查的步骤和方法以及创业销售的技巧和方法。

第六章介绍创建企业的基础工作；针对大部分学生在创业过程或者进行商业计划过程中的普遍问题，对企业生产运营和生产计划部分进行比较全面的阐述。

第七章介绍企业财务管理的基本概念和常用财务报表、财务分析指标；针对创业实践问题，介绍企业财务控制的意义、财务控制与资金控制的关键要素。

第八章阐述创业资源和资源整合的一般方法，结合创业者的关注重点介绍创业企业融资过程中的企业估值的方法与技巧。

第九章介绍创业失败与创业风险的含义、风险识别、风险评估的方法和控制策略；本章介绍了创业相关法律法规的内容，并对创业企业伦理与社会责任进行了系统阐述。

第十章介绍商业计划书撰写的方法及路演的一般方法和技巧。

创业实训篇，根据在实际教学过程中发现的学生普遍存在的实践短板问题，设计有针对性的实践训练活动内容，分成五个专题，完整地模拟训练创业过程的各部分实操内容。

实训一介绍市场调查过程与方法、调查问卷的设计等内容。

实训二介绍团队成员的招募、评估，以及团队管理与激励机制设计。

实训三介绍应用工具方法训练创业机会挖掘与评估方法的理解和应用。

实训四针对创业项目的整体模拟实施，进行商业模式设计、市场营销规划、生产运营规划、财务预测全过程规划。

实训五模拟路演活动训练。

本教材编写团队成员有李洪伟教授、马媛教授和马恒平博士。本书是在笔者多年参与郎宏文教授创新创业教材团队的工作基础上完成的，在此感谢郎宏文教授、高晶教授、安宁教授的帮助和支持。

我们将根据外部环境的变化和教学需求持续更新修订，期待使用者的宝贵意见和建议。

郝　婷

2023年3月于青岛

目　录

创业实务篇

创业实训篇

创业实务篇

第一章 创业导论

【学习目标】

◇ 掌握创业过程中的关键要素及活动

◇ 掌握创业管理思维与基本行动逻辑

◇ 理解精益创业思想

【案例 1-1-1】

HD 环保科技有限公司的创业故事

一、创业背景

2018 年 1 月，有多年从商经验的 W 先生凭借敏锐的市场洞察力，发现了山东威海当地的一个主要海洋产业——鱼粉加工行业的一个发展痛点：高能耗和环境污染。地方政府对该行业加强了政策监管：对技术升级和环保达标提出了要求，不能达标则停产整顿。他找到拥有余热回收节能技术的 Z 先生合作，成立了 HD 环保科技有限公司(简称 HD 科技)，W 先生发挥自己的经营管理优势担任总经理，负责日常的经营，Z 先生负责技术开发与技术支持。

HD 科技利用一年的时间研发了成套节能环保的鱼粉加工设备，试制样机经过相关指标测试达到了行业生产环保的要求，从而推向市场。当时的威海有本地鱼粉加工企业 60 多家，都是由当地的渔民创建的，由于环境政策限制，到 2018 年多数处于停产状态。中国鱼粉最近几年的总产量在 50 万～80 万吨，每年消耗的鱼粉总量在 180 万～210 万吨，市场发展空间巨大。HD 科技的设备应对市场趋势行业痛点，正当时。

二、初入市场，举步维艰

设备在开始销售时遇到销售障碍：

一是当地大多数鱼粉加工企业由渔民创建，属于家族企业，利用经验经营，对相关政策持观望态度，抱有侥幸心理，对于上马新设备进行投资并不积极。

二是两位创业者对当地市场环境和人文环境尚未熟悉，不能很快获得用户信任。虽然 W 先生积极与行业中的厂家加强沟通，但是销售仍然困境重重。

他们针对市场现状，除了直接销售成套设备这种方式外，还进行了销售模式的创新：一是采用设备租赁模式，新设备在鱼粉加工企业安装投入生产，HD 科技以收取租金的形式收回销售利润，三年后进行设备所有权转移；二是战略合作模式，HD 科技为鱼粉加工企业安装设备投产，依据鱼粉加工产量和销售收入进行利润分成；三是开展原有设备改造业务，HD 科技为鱼粉加工企业改造旧设备。

三种方式都能极大地降低鱼粉加工企业的前期投入，但是一年多的时间里只安装了三套设备,包括战略合作模式的两套和销售模式的一套,并且未能收回全部货款。

2019年下半年,鱼粉行业出现了新的状况。由于连年海洋过度捕捞,监管部门采取措施控制捕捞产能,用于加工鱼粉的海产品产量急剧下滑,鱼粉加工企业的原料不足,行业处于萎缩状态。HD科技的市场风险摆在面前。

三、及时调整目标,寻找新的市场

HD科技面对市场危机,围绕自有知识产权的"余热回收"核心技术寻找新的应用领域。他们通过对本地海洋产业市场的分析,发现海带干燥这个领域处于市场空白。

威海市是我国海带养殖的重点区域,其海带总产量占全国的四分之一。鲜海带收割上岸之后需要晒干来进行储存和运输。目前鲜海带的干燥还是靠天吃饭,在海边占用大面积的沙滩进行晒干,具有时间长、污染环境、降低海带品质等痛点,而HD的技术能够很好地解决这个问题。

HD科技马上针对海带干燥这个项目进行设备研发,并于2020年上半年制造一套样机试运行,经过几轮试产调整,海带干燥设备研发制造成功。下一步面对的还是销售问题。

四、商业模式的改变

HD科技总结鱼粉项目的经验教训,对有海带干燥加工需求的用户进行调研。海带的产业链比较清晰:渔民种植海带、采收、晒干(个体生产模式)—海带初级加工企业、销售企业收购(个体或者企业生产模式)—海带终端产品企业进行深加工—生产海带成品进入成品销售市场。

其中,海带深加工有两大类:一是直接加工成可食用海带产品销售;二是生物科技企业对海带进行有效成分提纯,使其成为高端产品原料。

当地的海带养殖户都是渔民。渔民种植海带,采收后在海滩上晒干,然后直接销售给海带收购商。海带种植每年收割一季,虽然总体产量大,但是都分散在个体养殖户手中,而且是季节性采收,种植户不需要也没有能力购买200万~300万元一套的海带干燥设备。

基于上述原因,并且考虑到海带行业是一个可持续的、未来前景很好的行业,HD科技决定进入海带初加工行业,自己投资成立海带干燥加工中心,开展海带干燥代加工业务,同时也收购鲜海带自己干燥加工再存储销售。下游产业包含食品深加工、有效生物成分提取、干海带贸易等多种类企业,市场前景乐观。

2022年8月,当地政府对国内海带行业的发展趋势进行评估后,对HD科技的海带干燥项目给予政策扶持,计划共同投资建设海带加工园区。HD科技也将发展战略调整为在全国重要海带产区逐步投资建设干燥加工园区,采用现代科技手段干燥海带,这样不仅节能环保,还能更好地保留海带的有效营养成分。

五、创业目标的变化

经过4年多的不断探索和调整,HD科技从一家基于环保节能技术和区域市场需求而创建的节能科技公司,转变为一家海产品初加工企业,其所属行业、战略目标和商业模式都做出了颠覆性的改变,这些改变都基于市场的变化。

案例述评:HD科技公司的案例充分说明创业活动与企业管理活动的本质区别。创业实践中,既需要敏锐地发现市场痛点和需求,又要时刻关注市场和环境形势的变化发展,及时调整行动目标、坚持不懈地努力才能寻求到一条可行的创业生存之路。在HD 4年多的创业过程中,不确定性风险时刻存在,技术风险、市场风险、社会文化融合风险轮番上演,环境变化持续发生，都在考验着企业的生存能力。企业一定要根据市场的要求，不断调整、小步快跑，根据市场和用户需求及时调整自己的目标，才能赢得生存机会，将机会变成可实施的项目，获得发展的可能性。

（根据作者对创业者的采访整理，2022 年 8 月）

创业在创造什么？各个经济学流派通过长期、丰富的研究提出不同层面、不同角度的观点和成果，对创业的意义和价值做出总结。创业行动在人类社会发展的进程中起到关键的推动作用：创业者通过创业活动创造了新的企业、新的产品，进而创造了新的价值、新的组织、新的文化、新的模式与新的市场生态，可以说世界的发展就是由创业者的创业行动创造的。

十年前，共享单车还是新鲜事物，共享经济引发人们的关注，现在已经成为日常生活标配；五年前的区块链、人工智能、大数据、物联网等市场热词，现在被 AI 智能、数字经济、自媒体和社区营销等基于 5G 技术的新经济所替代。习近平总书记对此特别指出："与以往历次工业革命相比，第四次工业革命是以指数级而非线性速度展开。"[①]2020 年 8 月 24 日，习近平总书记在经济社会领域专家座谈会上的讲话中提出："世界进入动荡变革期。"[②]2021 年 4 月 20 日，习近平主席在第七十六届联合国大会一般性辩论上的讲话中再次提出："世界进入新的动荡变革期。"[③]党的二十大报告也指出："当前，世界之变、时代之变、历史之变正以前所未有的方式展开。"[④]

今天，创新创业不是一种选择，而是一个必然。

第一节 创业概述

一、创业的含义

从范围上讲，创业的含义有广义和狭义之分。

广义的创业，泛指人类一切带有开拓意义的社会变革活动。它涉及的领域非常广阔，无论政治、经济、军事、文艺事业，只要人们从事的是前无古人的事业，都可称之为创业。中国共产党人从南湖红船开始到建立新中国的奋斗历程、新中国成立特别是党的十八大以来在理论和实践基础上的创新突破成功推进和拓展了中国式现代化，这些都是可歌可泣的创业篇章。可以说，人类文明、社会发展的每一步前进和我们今天享受的现代舒适生活，都是一代又一代创业者的创业实践成果。

狭义的创业，是指个人或群体从事的具有创新或以创造性地增加财富为目标的活动过程。这种活动也许早有人从事过，但对于创业者本身来说，则是从未经历过的、从头开始的事业。如任正非创建华为集团、刘强东创办京东、大学生直播销售家乡特产赚学费、下岗工人利用自己的车工技术创办机加工厂，都属于狭义上的创业。创业是企业经营的起点，一个跨国大企业也是由一个小的创业业务开始的。

① 习近平：《习近平谈治国理政：第二卷》，外文出版社 2017 年版，第 480 页。
② 习近平：《习近平著作选读：第二卷》，人民出版社 2023 年版，第 328 页。
③ 习近平：《习近平谈治国理政：第四卷》，外文出版社 2022 年版，第 467 页。
④ 习近平：《习近平著作选读：第一卷》，人民出版社 2023 年版，第 49 页。

创业是一个跨学科、多层面的复杂现象，国内外许多学者从不同视角对其进行了大量的观察和研究，但对创业的定义迄今学术界还未达成共识。本书从狭义角度定义创业，创业是创业者发现与把握商业机会，创造性地整合各种资源，承担风险，通过创建新企业或组织，将创造的产品或服务推向市场，从而最终实现企业经济价值和社会价值的过程。其关键词是“创业者，创新，机会，资源，风险，价值”。

二、创业活动的特征与本质

创业活动本身属于商业活动范畴，也是一种普遍存在的社会现象。人们经常从精神层面谈论创业活动，一个重要的原因是创业这种商业活动具有较强的特殊性。

（一）创业活动较多地依赖创业者及其团队的个人自我驱动力和能力

管理学科产生的主要驱动力量是集体活动的存在和需求，研究对象主要是组织活动。大公司和相对规范的经营管理工作需要靠组织的力量来完成。创业活动则不同，特别是初期的创业活动更多地靠个人的自我激励力量和智慧。长期以来，一种普遍存在的认识是创业成败主要取决于创业者的个人禀赋，一些客观事实也印证了这一点。尽管对于创业者或团队的个人高度依赖可能会给企业发展带来一些问题，但创业者个体特征对创业活动的重要性甚至决定性作用是客观存在的。

（二）创业活动是创业者在高度资源约束下开展的商业活动

关于企业经营有一个共识是“企业总是缺钱的”，经营者总是追求业务能够突破资源限制而获得更大的进展。创业活动更是如此：创业活动是从 0 到 1 的过程，是“无中生有”，大多数创业者都经历了“白手起家”的过程，从环境中创造性地整合资源，进而造就了创业企业。

（三）创业活动是在高度不确定环境中开展的商业活动

高度不确定性是创业最突出的特点。中国的改革开放本身就是典型的创业活动。回顾改革开放历程，“摸着石头过河”“特区”等就是在未知情境下进行尝试、探索的过程，也生动地说明了创业活动的状况。微观层面的创业活动也是这样开展的。这些不确定性具体表现在以下三个方面。

1. 经营环境的状况难以计划和预测

创业是开拓新事业的过程，未来很多情形都不可知，即使有过创业经历的连续创业者，也不可能直接将过往的经验简单复制到新的环境之中。当然，大公司所面临的环境也是不确定的，但由于资源有限、创新的产品和服务还不被大家所熟悉、创业想法有待验证等多方面原因，初创企业所面临环境的不确定性更高。另外，创业活动的目的就是挑战现行的经营模式，开展突破性创新，开拓全新市场，因此面临的不确定性就更高。

2. 顾客特征与偏好都是未知数

著名管理大师彼得·德鲁克强调，企业存在的唯一目的就是“创造顾客”。创业存在的必要性是借助向顾客提供利益来创造价值，离开顾客谈创业没有任何意义。顾客需要什么并不清晰，企业需要把抽象的需求具体化，把潜在的需求显现化，把缓慢的需求紧迫化，把片面的需求全面化，把次要的需求重要化。创业是一个帮助顾客明晰需求、满足需求的过程。

3. 行动结果的模糊性和快速变化

创业活动的结果经常不可知，当面临多个方案需要选择时，在每个方案出现的结果不确定、发生的概率也不清楚的情况下，严格地说无法做出科学的决策。不确定性还表现为“不连续性”，今天并不是昨天的延续，不连续性在现实中经常表现为快速变化。

不确定性客观存在，也和主观认识有关。同样的市场环境条件，有长期经营经验的企业会认为市场比较成熟，容易掌控；新进入市场的新手，可能会觉得无所适从。面对不确定的环境，成功的创业者通常要积极地承担风险而不是设法规避风险，他们利用而不是规避偶然事件，快速行动、善于学习、注重合作和联盟以应对不确定性。

但是，环境的不确定性并非说明战略无用，创业企业在高度不确定性环境下经营也应有相对清晰的发展思路和市场定位，这是变化的依据和发展脉络。

（四）创业是高风险、高失败率的活动

虽然大公司也会失败，但是大公司的失败率要远低于创业企业。根据美国劳工统计局的统计数据（1994—2015 年），美国约六成（平均 59.1%）的创业企业会在 8 年以内死亡。根据我国国家市场监督管理总局的统计数据，我国近六成（56.1%）的企业会在 5 年内死亡，企业的平均寿命为 6.09 年。2013 年，国家工商总局首次发布《全国内资企业生存时间分析报告》，该报告显示企业成立后第 3 年死亡数量最多，死亡率最高，接近 40%；5 年内死亡率达到 50%。这一系列的数据表明了创业企业的高失败率。

但是，我们不能用一次创业活动的亏损等财务指标衡量成功或是失败，70%以上的创业项目都会失败，而创业者的人生 80%却会成功。“失败是大概率事件、成功是小概率事件”，这是创业活动的独特之处，也是魅力所在，正是创业本身的高风险、挑战性吸引了一代又一代的创业者为之奋斗。对上述特征进行进一步的提炼和概括，可以揭示和把握创业的本质。

首先，创业是创造。创业活动的本质大体可归纳为七种创造活动，即财富的创造、企业的创造、创新的创造、变革的创造、雇佣的创造、价值的创造、增长的创造。

其次，创业是行动。创业是富有创业精神的创业者与机会结合并创造价值的活动。同样的机会，有的人看到了，有的人却没有看到；同样看到了机会，有的人采取了行动把握机会，有的人则没有行动。正因为创业可以创造财富、实现人生价值，所以人们才愿冒风险，艰苦拼搏，以勇于创新的精神去开拓事业。

【拓展阅读 1-1-1】

VUCA 时代

VUCA 源于军事用语，20 世纪末开始被宝洁公司首席运营官罗伯特·麦克唐纳（Robert McDonald）借用来描述新时代的商业世界格局，并被普遍用来描述外部环境的高不确定性。

VUCA 中每个元素的深层含义是用来提高 VUCA 的预见性和洞察力的战略意义，以及提高组织和个人在企业中的行动力。

V＝volatility（易变性），是变化的本质和动力，也是由变化驱使和催化产生的。

U＝uncertainty(不确定性)，缺少预见性，缺乏对意外的预期和对事情的理解和意识。

C＝complexity(复杂性)，企业为各种力量、各种因素、各种事情所困扰。

A＝ambiguity(模糊性)，对现实的模糊，是误解的根源，各种条件和因果关系的混杂。

全球经济的复杂性与不确定性不断提高，我们进入了VUCA时代，我们需要而且应该能够通过调动自己和组织的创新和变革以应对未来的挑战，提升组织的敏捷性与适应性。

VUCA更鼓励企业或者个人具备以下能力：预期改变条件的事情；明白事情和行为的结果；鉴别各个变量之间的内在关联；为现实的各种情况和改变做准备；明白各种相关的机会。VUCA为人们建立了一个预期、演化、准备以及干预的学习模式：对洞察力的知识储备；对各种结果时刻准备；过程管理和资源系统；有效的影响力模型的建立；恢复系统和修补措施。

事实上，VUCA所提倡的能力根据公司不同的价值观、预期目标的不同而不同。

【拓展阅读1-1-2】

我国改革开放以来的四次创业潮

一、1979—1989年草根创业：个体户爆发

个体户开始自主经营，自负盈亏。个体经济对计划经济的冲击终于导致1982年的大整肃，温州发生“八大王事件”。个体户的出现，激活了一个封闭已久的经济体对物质的渴望，王石、任正非、张瑞敏等中国第一代企业家亦在这时“倒腾”出第一桶金，并借助时代的机遇，成就各自非凡的事业。

二、1992—1997年下海潮：扔掉“铁饭碗”

1989年后，私营经济进入调整期，创业大潮暂时下落。以1992年春邓小平视察南方并发表南方谈话和党的十四大为转折点，全国上下掀起下海经商的狂潮。

1992年登记注册的私营企业比1991年增加3万家，1993年登记注册的私营企业比1992年增加9万家，以后1994—1997年四年又分别比前一年增加19.4万家、14.09万家、22.25万家、16.5万户家。

三、1997—2000年浪潮之巅：互联网袭来

经济捷足先登互联网，主要特点是知识分子创业高峰。20世纪90年代中后期，我们走进互联网时代，世界已进入了一个新时代，财富的概念已经发生了深刻的变化。财富不再以占有土地、矿产、工厂、劳力等有形资产的多少来衡量，而是以拥有信息、知识、智慧、比特等无形资源的多少来衡量了。

1998年，马化腾成立了深圳市腾讯计算机系统有限公司，那时ICQ很火，QQ默默无名。1998年，雅虎进军中国，成为1998—1999年连续两年网民网页首选。1999年，马云在经历两次创业失败后，确定要成立一家为中国中小企业服务的电子商务公司，域名就叫阿里巴巴。同样在1999年，邢明把1996年从股市赚来的钱投资在三个网站项目上，其中一个叫“天涯社区”。

四、2014年至今大众创业：新时代的个体崛起

时间推进到2014年，中国经济进入“新常态”，而一波新的创业浪潮也正在兴起。从这轮“草根创业潮”的发生起因来看，多名机构人士普遍认为，这一波的创业主要源于中国经济处在转型期。这轮创业潮涵盖社会各个阶层，年龄分布较广，“85后”“90后”创业者更

多。以柴火创客空间为例,“从成立以来陆续加入的会员数量超过 1 000 人,最小的会员只有 7 岁,也有部分 50～60 岁的爱好者,行业也是五花八门”,潘昊介绍。

2015 年的《政府工作报告》也首度将“大众创业、万众创新”作为推动经济转型升级的双引擎之一。

(参见谭楚丹:《历史激荡:中国迎来第四轮创业潮》,《21 世纪经济报道》2015 年 6 月 8 日。有改动)

三、创业活动的分类

创业活动依据不同的视角可以有多种分类,了解创业活动的类型有助于我们找到更多创业的可能途径。

(一) 基于驱动力视角的创业

按照创业的驱动力可以将创业分为机会驱动型创业和生存驱动型创业。

机会驱动型创业是指创业者通过发现或创造新的机会,为追求更大发展空间而选择创业的形态,它是主动的、有准备的创业。机会驱动型创业对优化产业结构、开拓市场、提高就业率、增加税收等具有重要意义,是经济增长的重要推动力,也是经济结构转变的源头之一。机会驱动型创业不仅指白手起家的初创企业,也包括在企业内部进行的创业活动。机会驱动型创业也可称为发展型创业,对创业者、行业发展、社会进步都有重大的推动作用。

对机会驱动型创业进一步细分,可以分为技术创新机会驱动、市场需求机会拉动、环境因素发展趋势机会驱动等类型。

【案例 1-1-2】

机会创业、创新型创业典型——新东方

1993 年,新东方正式注册。经过近 30 年的营运,新东方已成为较全面的民办教育服务提供商,主要有三大块业务:K12 教育、在线教育以及留学服务。

2006 年,新东方(EDU)赴美纳斯达克上市。2020 年 11 月份,新东方-S(09901.HK)在港股上市。同时,新东方还将在线教育业务分拆,于 2019 年 3 月份在港股上市——新东方在线(01797.HK)。

2021 年 7 月 24 日,中共中央办公厅、国务院办公厅印发了《关于进一步减轻义务教育阶段学生作业负担和校外培训负担的意见》(简称《意见》),明确规定,学科类培训机构一律不得上市融资,严禁资本化运作。这意味着,国家对义务教育学科类校外培训机构关闭了资本大门。

《意见》发布之后,资本市场出现大幅波动。7 月 26 日,A 股、港股教育股在开市后遭重挫,截至港股收盘,新东方大跌 47%。经《教培校长参考》整理,新东方主要有六大转型方向:① 变更经营范围:增加语言、艺术、体育、科技类培训以及家庭教育咨询、校外托管服务;② 拓展演艺、文学、STEAM、美术等素质教育;③ 继续加码体育培训;④ 推出特色暑期托管服务;⑤ 积极布局成人教育;⑥ 全新布局:投资视频、影像等科技公司。

实际情况是 2021 年 12 月 28 日,新东方在其微信公众号发文称,当晚 8 点将推出直播带货新平台“东方甄选”。2022 年 6 月 16 日,新东方在线旗下东方甄选主播董宇辉直播爆火，在社交媒体上引发广泛传播和讨论，还带动新东方在线股价连连上涨，当日新东方在线股价已涨超70%，股价报28.35港元。有统计称，新东方股价11天涨超600%。东方甄选上线，是新东方在新的市场环境下对机会的把握。

（根据网络信息整理）

生存驱动型创业是指由于没有其他就业选择或对其他就业选择不满足而从事的创业活动，是一种生存压力下的创业行为，所以经常称其为压力创业。从行业分布来看，生存驱动型创业的行业多为劳动密集型、第三产业服务业等，例如生活服务、零售、旅馆和餐馆等，这些创业中缺乏创新与推动社会进步的因素。

（二）基于衍生视角的创业

从广义上讲，凡是从已有组织（企业、大学或科研机构）中产生的企业都可以称为衍生企业。具体来说，衍生创业是指在现有组织中工作的个体或团队，脱离所服务的组织，凭借在过去工作中积累的经验和资源，独立开展创业活动的创业行为，如图1-1-1所示。

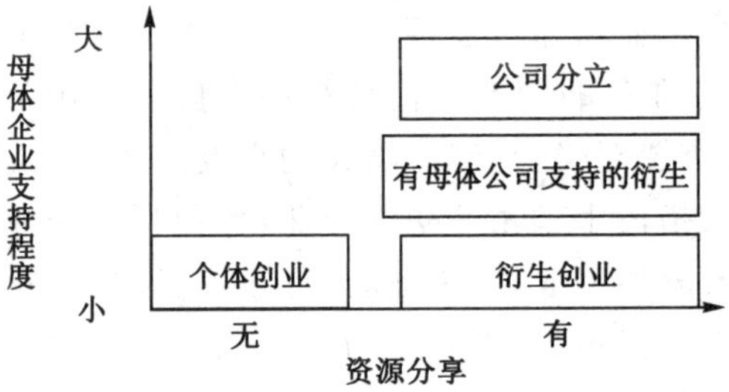

图1-1-1　衍生创业

长期以来，衍生创业行为经常发生。1955年，晶体管之父肖克利博士离开贝尔实验室，在硅谷创建了肖克利半导体实验室，一时吸引众多有才华的年轻科学家加入。1957年，肖克利半导体实验室的8位最杰出的精英集体出走，创办了仙童半导体公司。之后，仙童半导体公司利用半导体技术优势，在短时间内便成为硅谷成长最快的公司。同时，仙童半导体公司还成为半导体技术人才的孵化器，一批批人才从这里跳槽，在硅谷附近创办了众多衍生企业，其中有英特尔、国民半导体公司、AMD等知名的大公司。一时间，个人创业成为硅谷的潮流，正如苹果公司前总裁乔布斯比喻的那样："仙童半导体公司就像一棵成熟了的蒲公英，你一吹它，这种创业精神的种子就随风四处飘扬了。"在国内，牛根生离开伊利公司创建蒙牛，李一男离开华为公司创建港湾网络，都已经成为很著名的案例。

（三）基于价值创造视角的创业

克里斯汀等人依照创业对市场和个人的影响程度，把创业分为四种基本类型，分别是复制型创业、模仿型创业、安家型创业和冒险型创业，如图1-1-2所示。① 复制型创业是在现有经营模式基础上的简单复制。如某人原先担任某家电公司部门主管，后来离职，创建了一家与原家电公司相似的新家电公司，且新组建公司的经营风格与离职前那家公司也基本相同。② 模仿型创业虽然很少给顾客带来新创造的价值，创新的成分并不高，但对创业者本身命运的改变还是较大的。如某一煤矿公司的经理辞职后，模仿别人新组建一家网络公司。③ 安家型创业对创业者个人命运的改变并不大，所从事的仍旧是原先熟悉的工作，但他的确不断地在为市场创造新的价值，如企业内部的研发小组在开发完成一项新产品后，继续在该公司开发另一个新产品。④ 冒险型创业将极大地改变个人命运，同时由于是创造新价值的活动，失败的可能性较高。尽管如此，因为这种创业预期的报酬较高，对那些充满创业精神的人来说仍具有相当的诱惑力。

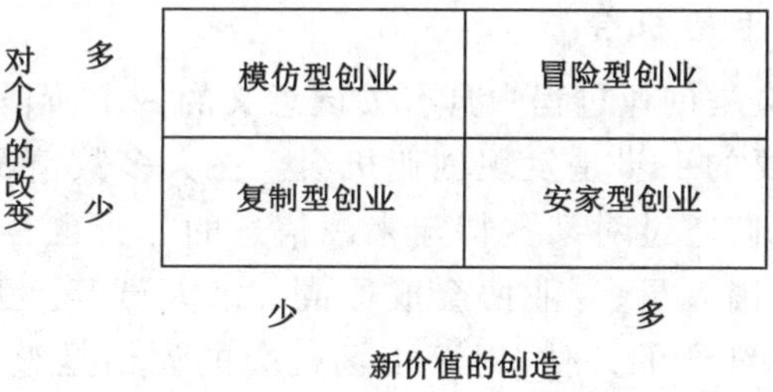

图 1-1-2　基于价值创造的创业类型

（四）基于创业效果视角的创业

戴维森基于创业效果在组织层面和社会层面的产出，对创业进行了分类，如图 1-1-3 所示。① 组织层面和社会层面都是负向价值的创业行为属于失败的创业，如创建的冥纸生产企业因与时代发展相悖而失败。② 组织层面为负而社会层面为正的创业行为属于催化剂式创业，如万燕 VCD 的创业，虽然失败，但催化出了中国一个巨大的新兴产业。③ 组织层面为正而社会层面为负的创业行为属于重新分配式创业，比如国内钢铁行业依靠市场机制的筛选淘汰。④ 组织层面和社会层面都为正的创业行为属于成功的创业，如摩拜单车创造了一个新的市场，取得了企业、消费者和社会层面等的多赢效果。社会应该赞赏成功的创业，而重新分配式创业不可避免，催化剂式创业更需要鼓励。

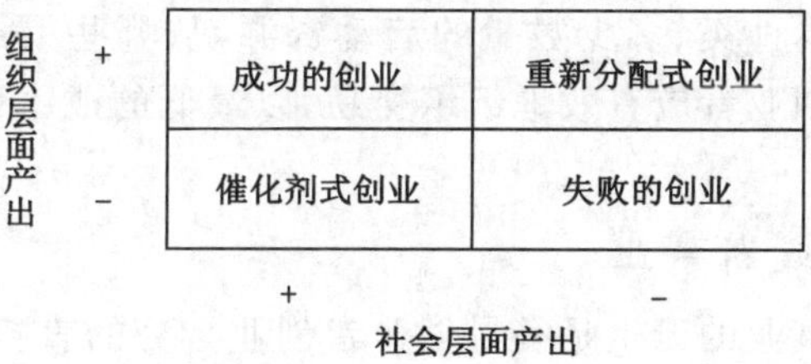

图 1-1-3　基于创业效果的创业类型

对创业活动适当地分类，有助于把握创业活动的本质和关键要素，掌握不同类型创业活动的特殊性，以便更好地进行有针对性的创业活动。随着环境的变化，创业活动的类型也会越来越多，如互联网创业就与传统创业有很大的不同，非常值得认真地研究和实践。

四、创业活动过程

从创业者的角度讲，创业活动过程可以分解为以下七个步骤，这七个步骤并非严格的循序过程，而是要依据信息反馈和环境变化不断地反馈、调整、循环。

（一）产生创业动机

创业动机回答了为什么要创业的问题。创业动机是指引起和维持个体从事创业活动，并使活动朝向某些目标的内部动力。它是鼓励和引导个体为实现创业成功而行动的内在力量。

大学生的创业动机一般来源于以下几种:仿效名人,成就梦想,追求自我价值,经济压力的被迫选择,体验创业感觉,同学相约。

(二)识别和评估市场机会

识别和评估市场机会是创业过程中具有关键意义的一个阶段。其中,创业机会识别过程中的第一步也是最重要的一步是发现创业机会。在大多数情况下并不存在正式的识别市场机会的机制,但是我们通过对某些特定来源信息的分析也容易识别和发现创业机会。这些来源包括消费者、营销人员、专业协会成员或技术人员等。无论市场机会的设想来源于何处,都需要经过认真细致的评估,对于市场机会的评估是整个创业过程的关键步骤。一般来说,初期市场机会评估有如下两个方面:第一,对市场的了解与把握;第二,对竞争者的了解与分析。

(三)准备和撰写创业计划

创业计划就是对企业未来行动的规划。通过调查和资料参考,深入地分析目标市场的各种影响因素,并能够得到基本客观的认识和评价。要规划出项目的短期及长期经营模式,以及创业的内容、创业资金规划、经营目标及所需条件、财务预估、营销策略、企业风险评估等。以上分析必须建立在现实、有效的市场调查的基础上,不能凭空想象、主观判断。根据计划书的分析,再制定出创业目标并将目标分解成各阶段的分目标,同时制定出详细的工作步骤。

(四)确定并获取创业资源

有了可行的创业计划,下一步就是启动创业行动,创业启动必然需要投入资源。根据创业计划估算出需要多少种类、多少数量的启动资源,从哪些渠道可以获取这些资源就是启动创业的行动开始。创业者应有效地组织交易,以最低的成本和最少的控制来获取所需的资源。

(五)创建新企业或新事业

新企业的创建和新事业的诞生是衡量创业者创业行为的直接标志,创建新企业的活动包括:设计公司制度、注册企业、选择经营地址、确定进入市场的途径等。这些工作也是在开创新事业、公司内部创业时需要思考的。

(六)运营管理新创事业

在企业经营的不同阶段,企业的工作重心有所不同。在初创时期和早期成长期,创业者直接影响着创业企业的命运,在这一时期,集权的管理方式灵活而富有效率,而到快速成长期和成熟期,制度化、规范化的分权管理方式才能使企业获得稳步的发展。

(七)实现机会价值和收获回报

回报可能是多种多样的,对回报的满意度在很大程度上取决于创业者的创业动机。

第二节 创业管理

一、创业管理的含义

所谓创业管理(entrepreneurial management),就是对创业企业进行市场机会探索、资源配置、产品和服务的创造并实现销售,从而使新事业开始赚钱并进入良性循环的管理过程;就是企业从0到1的发展阶段的管理过程。

企业的成长是一个持续的过程,很难在时间上严格地区分各个阶段,也很难预测从创业到守业的转折点。为了便于理解,将企业管理的第一个阶段(创业阶段)再细分为种子期→启动期→成长期→成熟期这样四个连续的过渡过程,在这个过程中实施的管理活动就是创业管理,在不同的阶段中创业管理的重点也是不同的。

二、创业管理的特点

(一)创业管理是“以生存为目标”的管理

新事业的首要任务是从无到有,把自己的产品或服务卖出去,掘到第一桶金,从而在市场上找到立足点,使自己生存下来。在创业阶段,生存是第一位的,一切围绕生存运作,一切危及生存的做法都应避免。因此,最危险的做法是在创业阶段提出不切实际的扩张目标,盲目铺摊子、上规模,结果只能是“企而不立,跨而不行”。在创业阶段,亏损—赚钱—亏损—赚钱,可能要经历多次反复,直到最终持续稳定地赚钱,才算是度过了创业的生存阶段。把赚钱作为唯一标志,还因为只有开始持续地赚钱,才能证明新事业探索到了可靠的商业模式(business model),因此才有了追加投资的价值和持续成长的可能。

(二)创业管理是充分调动“所有的人做所有的事”的团队管理

新企业在初创时,尽管有可能建立了正式的部门结构,但因为相关的制度、流程、规范尚未形成稳定的形式,创业组织内部的人员很难按正式组织方式运作。典型的情况是,虽然有名义上的分工,但运作起来是哪急、哪紧、哪需要,就都往哪里去。这种状态看似“混乱”,实际是一种高度“有序”的状态。每个人都清楚组织的目标、清楚自己应当如何为组织目标做贡献,没有人计较得失,没有人计较越权或越级,相互之间只有角色的划分,没有职位的区别,相互补台、相互支持,所有的人做所有的事,这就是团队,这也是创业管理与成熟的企业管理的不同之处。所谓团队的工作状态,就像篮球比赛赛场上的五个成员的合作状态:各有所长、各有职责、相互支持、全力配合,目标清晰一致。这种运作方式培养出的团队精神、奉献精神和忠诚,在事业发展之后会成为企业的文化。在创业阶段,创业者必须尽力使新事业部门成为真正的团队,否则是很难成功的。这种在创业时期锻炼出来的团队凝聚力,是经理人将来领导大企业高层管理班子的基础。

(三)创业管理是一种“经理人亲自深入运作细节”的管理

经历过创业的经理人大都有过这样的体验:直接向顾客推销过产品,亲自与供应商谈判过折扣,亲自到车间里追踪过顾客急要的订单,在库房里卸过货、装过车,跑过银行,催过账,策划过新产品方案,制订过工资计划,被经销商骗过,被顾客当面训斥过,等等。创业者只有通过对经营全过程细节的深入了解，才能做到对业务的准确把握，才能保障决策的质量和效率。这个过程就是实现从0到1的创业过程。“细节是关键”，如果生意不赚钱，那么在细节上下的功夫不够是一个重要原因。

（四）创业管理是奉行“顾客至上，诚信为本”的核心价值观管理

创业的第一步，就是把企业的产品或服务卖给顾客，企业是基于生存的需要把顾客当作衣食父母的。经历过创业艰难的企业家和经理人，一生都会把顾客放在第一位，可以说是刻骨铭心。谁会借钱给没听说过的企业？谁会买没听说过的企业的产品？谁会加入没听说过的企业？企业靠什么迈出这三步？靠的是顾客至上，只有一切从顾客的角度出发来决策，才能获得生存和发展的基础。所以，一个企业的核心价值观不是杜撰的、不是为了包装喊出的口号，是创业阶段自然形成的。创业管理是在塑造一个企业。

三、创业管理的基本内容

创业管理的内容根据其不同阶段的特征而各有侧重，我们将企业创业阶段细分为种子期、启动期、成长期、成熟期。

（一）第一阶段——种子期

种子期也就是初创企业的萌芽期，是创业者为成立企业做准备的阶段。这一阶段的主要特征有：① 企业的事业内容是作为“种子”的创意或意向，尚未形成商业计划，产品（服务）、营销模式都没有确定下来；② 创业资金没有落实；③ 创业者之间虽然已经形成合作意向，但是并没有形成创业团队。

由于此时企业尚处于“构想”之中，创业者需要投入相当精力从事以下工作：验证其创意的商业可行性并评估风险；确定产品（服务）的市场定位；确定企业组织管理模式并组建管理团队；筹集资本以及准备企业注册设立事宜等。

（二）第二阶段——启动期

创业的第二阶段为启动期，即迈出创业行动的第一步，以完成注册登记为开始标志。在这一时期，企业已经确定业务内容，并按照创业计划向市场提供产品和服务，但是业务量较小，市场对产品和企业的认知程度较低。该时期创业活动的特征为：① 企业已经注册成立，产品（服务）已经开发出来，处于试销阶段；② 商业计划已经完成，并开始进行融资；③ 人员逐渐增多，创业团队的分工日益明确等。

与上述特点相对应，初创企业在启动期的创业活动主要围绕着以下方面进行：① 根据试销情况进一步完善产品（服务），确立市场营销管理模式；② 形成管理体系，扩充管理团队；③ 撰写商业计划书，筹集起步资本等。

（三）第三阶段——成长期

初创企业的成长期是指从完成起步到走向成熟的时期。成长期的特征主要表现在以下几个方面：① 产品进入市场并得到认可，生产和销售均呈现上升势头，产量提高导致生产成本下降，市场对产品或服务的认可能够促进销售，从而形成良性循环；② 管理逐渐系统化，随着企业规模的扩大和人员的增加，各个部门之间的分工越来越明确；③ 企业的研究开发和技术创新能力不断增强；④ 企业的产品和服务形成系列，并逐渐形成品牌，企业的声誉

和品牌价值得到提升。

该时期的创业活动主要涉及以下几项内容：① 根据市场开发情况，尽快确定相对成熟的市场营销模式；② 适应不断扩张的市场规模和生产规模的需要，进一步完善企业管理，并考虑企业系列产品的开发或进行新产品开发；③ 根据企业的实际情况，及时调整企业的经营战略，募集营运资本等。

（四）第四阶段——成熟期

初创企业随着产品市场占有率的上升，会有一个快速成长的过程。当企业成长开始稳定之后，产品在市场上的影响逐步扩大，产品品牌优势形成，企业开始走向稳定的发展上升阶段，这就是创业的成熟期。

我们要理解创业企业创业阶段的各个时期与成熟企业的完整生命周期是有区别的。创业企业经过上述四个阶段才走过了企业生命周期的前两个周期：引入期、成长期，后面发展顺利就会向成熟期递进。

四、创业管理与传统企业管理的区别

创业管理属于企业管理活动的范畴，但又不同于传统企业管理，这主要表现在以下几个方面。

（一）管理性质不同

传统管理是线性的管理，创业管理则是非连续性的管理。创业企业发展的阶段性特征决定了创业管理者角色的变化和管理方法的变更。为了使企业快速地完成从种子期到成长期甚至成熟期的转化，在制定创业企业成长战略的基础上，管理者更应该适应这种阶段性的变化，才能使管理与企业的发展同步，不会出现断层。

（二）管理任务不同

企业发展的不同阶段，管理的重点和任务不同，创业阶段最重要的管理任务就是整合创业企业的资源，而发展阶段的管理重点是制度化建设，成熟阶段的管理重点是创新、再创业。

（三）管理方式不同

传统的管理是通过计划、组织、领导和控制实现企业的经营管理，注重流程和程序的管理，而创业企业要迅速地对市场变化做出反应，创业团队在应对这些紧急情况时起到了关键的作用，更大程度上是非程序化的管理。

（四）管理手段不同

传统的管理大多是制度化管理，企业的既有规章制度对于企业的管理起到了较强的约束和指导作用。而创业管理更大程度上是价值观和组织文化管理，要在各个环节上激发员工的主动性和创造性，以适应瞬息万变的外部环境，推动企业的成长。

可见，创业管理与传统企业管理有较大的差异，它是一种综合性、不确定性及动态性的管理，是更加复杂的企业管理工作。

第三节　效果逻辑与精益创业

一、不确定性时代的创业逻辑

在当前的不确定时代一定要理解创业的思维和逻辑，进而形成自己的创业思维。无论自己创建企业或是在组织的工作岗位中，都要运用创业思维，开拓进取，实现价值创造。

（一）效果逻辑与因果逻辑

美国印度裔教授萨阿斯·萨阿斯瓦斯选取了销售额从2亿到65亿美元不等的一些企业，针对它们的27位创始人利用17页的调查问卷开展了深入访谈和实验研究，主要研究发现如下。

（1）成功创业者从手段驱动而不是目标导向的行动起步。成功创业者并不是一开始就有一个明确的愿景或产品创意，而是先思考自己是谁、知道些什么，然后联系潜在利益相关者群体，寻找合作机会。随着新的资源组合被发掘和设计出来，愿景可能会形成，但推动发展的并不是愿景，而是手段、机会和利益相关者。

（2）成功创业者在评估机会时，考虑的是"可承受损失"，而不是预期收益。既然未来从本质上说不可预测，创业者就不会花时间去预测未来或计算预期值。创业者将潜在损失降低到自己可以接受的程度，即便没有那么成功，他们的损失相对那些凭借猜测潜在收益而进行大胆投资的创业者来说也要小得多。这种基于可承受损失的反复实验为获取宝贵的新资源组合创造了机会，也铺就了可行之路。

（3）成功创业者会设法利用意外而不是回避意外。这些创业者承认未来是不可预测的，最终的道路是未知的。因此，他们会保持灵活性，利用突发事件重新审视手段和目标。每遇到一个无法预料的事件，他们都会自问：这个意外是否开启了新的机会？即使面对的是负面意外，他们的热情也绝不会因此而熄灭。

（4）成功创业者会召集一些愿意加入自己的人。他们会建立大量合作关系，常把最初的客户变成合作伙伴，把最初的供应商变成投资者，把最初的投资者变成客户、员工，或任何其他身份。最终，他们会缝制一条由投资者、客户、供应商和员工等利益相关者拼成的"百衲被"，他们共同做出承诺，携手共创事业并营造相应的环境。

效果逻辑理论由此诞生，相对应的是因果逻辑理论。因果逻辑也被称为预测逻辑，因为它强调必须依靠精确的预测和清晰的目标；效果逻辑也被称为非预测逻辑，极度依靠利益相关者并且是手段导向的。

因果逻辑开展创业活动的行动思路是：首先要开展市场研究和竞争分析，找到目标细分市场；然后制定营销战略，计算边际成本并制定财务规划；最终撰写商业计划，整合资源，组建团队并建立新企业。

效果逻辑支持的做法则是：首先从你是谁、你知道什么以及你认识谁起步，尽可能利用少量资源开始做可以做的事情；然后与大量潜在利益相关者进行交互并谈判实际的投入，根据实际投入重塑创业的具体目标；重复上述过程，直到利益相关者和资源投入链条收敛到一个可行的初创企业。

【案例 1-1-3】

赵先生的海鲜店

2016 年，从筑路工程队退休的赵先生回到北方内陆的家乡想找点事做。他通过一段时间的市场调查发现当地比较流行吃小海鲜，很多社区的鲜活小海鲜店生意很红火。他了解了货源和经营海鲜店的设备、技术条件，并且在他家附近找到了一个正在出租的楼盘底商门面房，周围是几个比较大的住宅小区，还有一个重点高中，人口数量和消费能力都比较理想。他决定开一家卖鲜活海鲜的小店。

经营一个海鲜店需要每天凌晨去进货，销售活海鲜需要专门的设备和技术，海鲜一旦死掉价格就会跌掉 2/3 以上，风险较高。赵先生考虑到自己一个人不能完成全部的工作，通过沟通最后找到两个老朋友一起合伙干。

门店租下来开始规划装修、安装设备时，他们发现门店单层面积 160 平方米，主体结构有两层，每层高 5.7 米，面积浪费严重。他们通过分析市场和活海鲜的经营特点，把店铺加装分隔成四层，第一层卖活海鲜；第二、三层设一个开放式小厨房和桌椅，加工海鲜，做一个小海鲜餐饮店，搭配烧烤；第四层作办公室和员工宿舍。

经过这样的初步规划，他们开始行动，经过一年多的经营，他们发现进货量不好把握，小海鲜的死亡率较高，成本太高，导致销售价格没有竞争力，并且周围社区居民大多是上班族，对包子、饺子类的方便早餐需求量比较大。通过研究，他们调整了业务内容，在四楼增设一个面点加工车间，把当日没有销售完的小海鲜进行加工，做成虾仁、皮皮虾及各种海螺肉的包子、饺子，做熟或者速冻之后外卖。

由于在社区中经营，产品的来源、去向透明，增强了顾客的认可度，两年多来海鲜店经营红红火火，虽然没有扩大店面，但是营业额和利润越来越好。

（据笔者 2018 年对创业者的采访整理）

赵先生的创业过程就是一个典型的效果逻辑行动案例，按照最初的想法，以自身的能力和资源、市场的需求和业务特征不断调整改变，最终找到最适合的经营模式。

因果逻辑和效果逻辑都要求创业者理解基本的商业技能，要求创业团队按照初创企业的目标方向有效地执行。然而，这两种逻辑中的主要驱动力是不同的，二者的对比见表 1-1-1。

表 1-1-1　创业活动的两种逻辑

	因果逻辑	效果逻辑
对未来的认识	预测：把未来看成过去的延续，可以进行有效的预测	创造：未来是人们主动行动的某种偶然结果，预测是不重要的，人们要做的是如何去创造未来
行为的原因	应该：以利益最大化为标准，通过分析决定应该做什么	能够：做你能够做的，而不是根据预测的结果去做你应该做的
采取行动的出发点	目标：从总目标开始，总目标决定了子目标，子目标决定了要采取哪些行动	手段：从现有的手段开始，设想能够利用这些手段采取什么行动、实现什么目标。这些子目标最终结合起来构成总目标

表 1-1-1(续)

	因果逻辑	效果逻辑
行动路径的选择	既定承诺:根据对既定目标的承诺来选择行动的路径	偶然性:选择现在的路径是为了使以后能出现更多更好的路径,因此路径可能随时变换
对风险的态度	预期回报:更关心预期回报的大小,寻求能使利益最大化的机会,而不是降低风险	可承受的损失:在可承受的范围内采取行动,不去冒超出自己承受能力的风险
对其他公司的态度	竞争:强调竞争关系,根据需要对顾客和供应商承担有限的责任	伙伴:强调合作,与顾客、供应商甚至潜在的竞争者共同创造未来的市场

(二) 效果逻辑的行动五原则

萨阿斯·萨阿斯瓦斯提出的效果逻辑思维,给出了面对高度不确定性环境下的五个行动原则,就是以创业思维来指导行动,即如何利用不确定的环境创造商机的思考方式。效果逻辑和精益创业衍生出来的创业思维是一种行动导向的方法,体现了实用主义的哲学思想,对创业者具有重要指导作用。

1. 手中鸟原则

手中鸟原则,即利用手头资源快速行动。创业并非起始于对机会的识别和发现,或者预先设定目标,而是首先分析你是谁(你的身份)、你知道什么(你的知识)以及你知道谁(你的社会网络),即了解自己目前手中拥有的手段有哪些。创业行动应该是手段驱动,而不是目标驱动;创业者应该运用各种已有手段或手头资源来创造新企业,而不是在既定目标下寻找新手段。管理思维类似于五星级酒店的厨师做菜,按照菜单将所有配料都准备齐了才开始做菜。效果逻辑则是私家厨房,看一下现在有哪些配料,基于目前的材料能做出哪些菜。

2. 可承受损失原则

可承受损失原则,即根据可承受损失而不是预期收益采取行动,以"风险是存在的并且一定会发生"为决策原则。创业者必须首先确定自己可以承受的损失以及愿意承担的损失有多大,然后才投入相应的资源,而不是根据创业项目的预期回报来投入资源。毕竟,任何的预期收益都是不确定的,但失败后可能造成的最大损失是确定的。在采取每步行动之前,创业者都应该只付出自己能够承担并且愿意负担的投入。在考虑投入时,应该综合权衡各种成本,包括金钱、时间、职业和个人声誉、心理成本和机会成本等。创业思维在面对风险与收益的关系方面与管理思维的不同之处如图 1-1-4 所示。

3. 疯狂被子原则

疯狂被子原则,就是资源整合原则,寻找愿意为创业项目实际投入资源的利益相关者,通过谈判、磋商来缔结创业联盟,建立一个自我选定的利益相关者网络,而不是把精力花在机会成本分析上,更不要做大量竞争分析。这是一个转变观念的原则,通过合作共赢决定创业目标,随着联盟网络的扩大,创业目标也会不断发生变化。

4. 柠檬水原则

柠檬水原则,即不要惧怕、回避行动中的变化和偶然性,而是积极地利用和挖掘偶然事件中的机会。西方有一句谚语:"如果生活给了你柠檬,就把它榨成柠檬汁。"这实际上是要

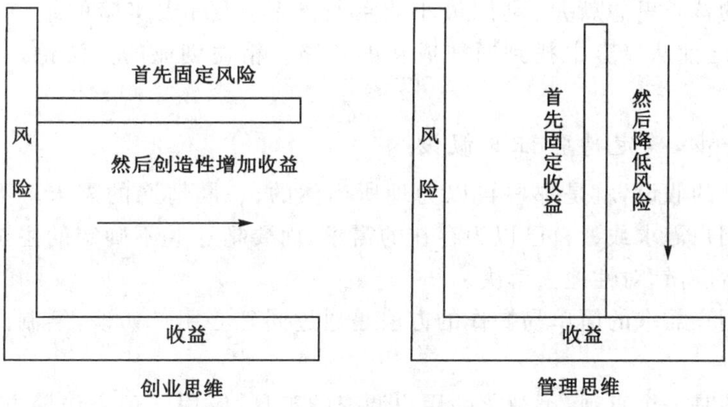

图 1-1-4 创业思维与管理思维在面对风险与收益关系时的不同之处

求创业者以积极的心态主动接纳和巧妙利用各种意外事件与偶发事件，很多时候意外同时意味着新的机会。当然，意外也可能意味着问题。如果可能，解决这个问题，你的解决方案就会变成你的资产。假如这个问题会永久存在并且你无法排除，那么它将成为你采取下一步行动的已知事实基础。例如在案例《赵先生的海鲜店》中，活海鲜很容易死掉，而死海鲜掉价很多，这促使他们开发了海鲜面食外卖这个高附加值业务，获得额外的收益。

5. 飞行员原则

飞行员原则，即做状况的掌控者。创业活动是高度不确定性的，会遇到很多挫折和意外风险，我们需要让事情在自己的把控范围内发展，这与手中鸟原则和可承受损失原则是一致的，在可控范围内、可承受损失范围内尝试、探索、前进，保持自己有一个空间和余地来应对各种意外，不孤注一掷、不冒无谓的风险。

对于创业者应该树立什么样的思维方式，或者说什么样的思维方式有助于创业成功这样的问题，不存在唯一的答案。但是从创业活动的特点和本质来分析，创业使创新、敢于挑战、逆向思考等创新性的思维变得重要；创业要应对不确定性，执着与灵活性并重就很有必要；创业要借助资源整合应对资源高度约束，合作共赢欲取先予、取舍有度自然成为决策的依据。

二、精益创业思想与行动步骤

美国创业家埃里克·里斯于 2012 年提出了精益创业理论，将精益创业（lean startup）定义为一种通过验证性学习过程来不断形成创新的创业方法。该理论秉承了精益思想，专注于在“开发—测量—认知—反馈”循环中创造客户价值和消除浪费，通过持续创新达到真正的创业成功，并强调最小可行产品（minimal viable product，MVP）、客户反馈和快速迭代三种方法的应用，更适宜指导高度不确定性环境下的创业实践。“精”在于用积极的创业理念来打破现状和激发潜能，寻求更具有效率的资源使用方式；“益”在于为企业、客户和市场持续创造价值并追求创业效益，从而实现对企业的阶段性目标进行制定、实施和控制，以持续创造价值并优化企业战略决策。精益创业思想与效果逻辑是一致的，对在高度不确定性环境下的创业行动具有指导意义。

精益创业的核心思想就是：利用最小化可行产品，从每次实验的结果中学习，快速迭代，在资源耗尽之前从迷雾中找到通往成功的道路。精益创业的方法论，非常像实验室里做实验的方法。

（一）第一步，确定待验证的假设

所谓待验证的假设，就是那些自以为理所当然的、一厢情愿的需求。不要自欺欺人地认为自己了解用户需求或者自己以为存在的需求，而要把这些不确定的主观臆断全部罗列出来，按照优先性有针对性地去解决。

一个验证用户需求的简单易操作的方法是通过同理心用户访谈，绘制同理心地图和描述用户画像。

同理心地图是一个直观、可视化的用户调查的工具，应用同理心访谈方法，实现真正的移情，尽力做到感同身受，通过观察、访谈了解用户的所见、所说、所感、所想，站在用户的角度去获取、挖掘、分析用户真正的想法和感受。同理心地图如图 1-1-5 所示。

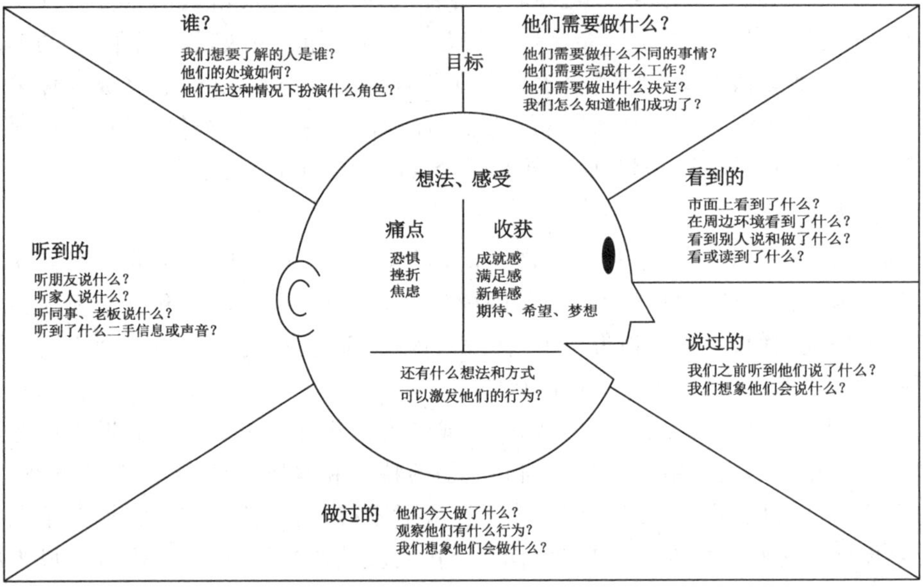

图 1-1-5　同理心地图

进行同理心访谈时应注意提问技巧：不理所当然、保持客观、详细记录、不带偏见、多问为什么、做一个好的聆听者、注意观察受访者的肢体语言、不要害怕沉默、不要引导和建议答案、不要问是或否的问题。

根据同理心访谈，进行用户定义，确定用户画像。用户画像是一种勾画目标用户、联系用户诉求与设计方向的有效工具，通过用户画像描述出来的用户特征能代表产品的主要受众和目标群体。用户画像应从用户的基本属性、行为属性、心理属性三个层面进行特征描述，最理想的用户画像是能够落实到一个具体的人，可以采用图表的形式呈现，比较直观清晰，见表 1-1-2。创业早期能够根据产品/服务定位来明确、清晰地描述出其特征的目标用户，可以称为天使用户。

表 1-1-2　用户画像信息表

特征属性	基本属性		心理特征	行为特征	
	人口统计特征	社会属性特征	兴趣偏好	使用行为	消费行为
内容	性别 年龄 居住地等	受教育程度 收入水平 婚姻状况 家庭规模及构成 职业、行业、工作地等	生活习惯 兴趣爱好 性格特征 消费目的 价值观 心理需求 情绪认知	生活方式 使用方式 使用习惯 使用场景 使用条件	个人信用 信用卡额度 消费频次 优惠折扣偏好 支付偏好 信息获取方式

【拓展阅读 1-1-3】

用户画像的七个条件

用户画像，又被称为用户角色。作为一种勾画目标用户、联系用户诉求与设计方向的有效工具，用户画像在各领域得到了广泛的应用，尤其是创业领域。David Travis 认为，一个令人信服的用户画像要满足七个条件，即 PERSONA：

P 代表基本性(primary research)，指该用户画像是否基于对真实用户的情境访谈。

E 代表移情性(empathy)，指用户画像中包含姓名、照片和产品相关的描述，该用户画像是否引发同理心。

R 代表真实性(realistic)，指对那些每天与顾客打交道的人来说，用户画像是否看起来像真实人物。

S 代表独特性(singular)，每个用户是不是独特的，彼此很少有相似性。

O 代表目标性(objectives)，该用户画像是否包含与产品相关的高层次目标，是否包含关键词来描述该目标。

N 代表数量(number)，用户画像的数量是否足够少，以便能记住每个用户画像的姓名，以及其中的一个主要用户画像。

A 代表应用性(applicable)，是否能使用用户画像作为一种实用工具进行决策。

(参见 David Travis. E-commerce usability：tools and techniques to perfect the on-line experience[M]. CRC Press，2017)

(二) 第二步，制作 MVP

MVP 提倡三个方面：具有核心功能、成本足够低、可用。用最低的成本制作一个用于检验假设的产品，可以是经过开发的产品原型，也可以是一张图纸或者一个创意陈述，只要能够让待测的用户感受到这个产品所能带来的最关键、最核心的价值并且可以做出反馈即可。

这里“最小”有两种含义：一是并非面对所有客户，只针对初期的天使顾客或者典型目标顾客；二是只提供最简功能产品。

判断一个产品核心功能的一个有效技巧是：首先将设想产品的各项功能（很多创业者会给产品罗列、堆积很多功能，以体现产品的价值）罗列出来；其次要不断地提问：是否如果缺少了某某功能，则该产品就没有价值，或者这个版本就没有意义了；最后直到发现剩下的只有少数几个功能，砍掉90%的功能后该产品还是凑巧可用的。

模拟设计一个原型：基于核心功能、以最低成本实现、可用，用于快速验证产品价值和获取市场反馈。

（三）第三步，确定衡量指标，检验假设

分析哪些客观指标可以明确表示规划的需求对用户来说确实存在，向用户展示MVP，测量衡量指标，用以验证之前的假设。衡量指标可以是：关注率/点击率、回头率/产生黏性、付费购买、向他人推荐等逐级加强。

假设是需要验证的，而验证一定会得到不同的结果。因此，前期的投入应遵循"低成本试错、小步快跑、快速迭代"这一原则，这是精益创业的行动指导逻辑。

【拓展阅读 1-1-4】

需求是真的吗？

1. 用户真的会购买商品吗？

某公司研发了一款新产品，在京东上发起了预售。预售效果非常好，有130多万台的预订量。该公司非常惊喜，于是投入生产了4万台产品。但是到了正式发售的时候，只有2 000多台的实际销售量，结果库存积压，造成了不少损失。

2. 商家会愿意使用新功能吗？

2012年，团购进入白热化阶段，某团购平台为了进一步巩固与供应商的关系，在结算方面进行了优化，由每月定期结算改成供应商自主结算。该平台在调研阶段抽取了100个忠实的供应商进行深入访谈，有98个希望有这个新功能。在新功能上线的时候，结果只有2个供应商使用。

3. 朋友会积极参加聚餐吗？

有同学组织毕业10周年聚会，初定5月份。全班60人左右，热情回应的人有42个，等到聚会前一周再确认的时候，只有7个人回应。

上述的情况说明：感兴趣的人很多，实际付诸行动的人很少，很多人不会为看起来很吸引人的需求付费，这些需求不是"真的需求"。

（参见《快速验证产品价值——MVP（最小可行产品）》，搜狐网，2021年2月24日。有改动）

（四）第四步，坚持或转型

根据收集到的结果，决定是坚持最早的规划，还是转变方向。

精益创业的核心思想如图1-1-6所示：提出概念—开发出MVP—进行市场测试、得到基础数据—获得产品认知、完善产品概念、进行快速迭代。

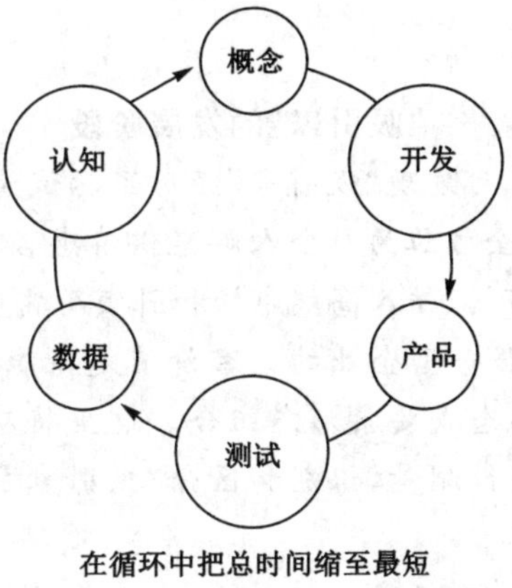

图 1-1-6　精益创业的核心思想

三、精益创业引申出的创业逻辑

(1) 创业者在创业初期一般只会有一系列未经检验的假设,也就是一些不错的"猜测",一定要总结假设,使假设清晰、明确、可验证。很多创业者在"具体要做什么"这个问题上是模糊的,或者是贪心地想要包含更多,进入似是而非的误区。

(2) 创业者必须积极走出办公室测试他们的假设,邀请潜在的使用者、购买者和合作伙伴测试假设、提供反馈,包括产品功能、定价、分销渠道以及可行的客户获取策略。这一步的关键在于敏捷性和速度,初创企业要快速生产出最简化且可实行的产品,并立即获取客户的反馈,然后根据消费者的反馈对假设进行改进。创业者要不断重复这个循环,对重新设计的产品进行测试,并进一步做出迭代。

(3) 创业者要采取敏捷开发的方式。区别于传统的瀑布式开发,敏捷开发最早源于软件行业,是一种以用户为本,强调迭代、循序渐进的产品开发模式,避开无关紧要的功能,杜绝了资源和时间浪费。

精益创业思想的核心行动逻辑是:小步快走,多次尝试。

一是快速,精益创业模式下,所有的创新行为和想法都必须在最短的时间呈现出来,抛弃一切暂不重要的功能,把极简的功能展现给客户,无论成功或失败,都能够以最快的速度知道结果。

二是低成本,过往"十年磨一剑"式的长期研发,其最终成果推出后,有可能发现花费了大量人力、物力和时间所开发出的产品,并不是客户所需要的。

三是高成功率,虽然创新充满风险,成功系数低,但也不是没有套路可遵循。按照精益创业的模式,从"最小可用品"出发,过程中每一次迭代都可以寻找客户进行试用,了解客户对产品的看法,寻找产品的不足和客户希望增加乃至修改的功能点。

我们要认识到敏捷开发与瀑布式开发在不同的应用领域各有优势,应依据行业市场和产品特征灵活运用,敏捷开发更适合快速变化的需求和市场。

【案例 1-1-4】

“吸引家”的发展阶段

聚焦“吸引家”的发展轨迹，可发现“吸引家”经历了尝试为大学生提供脱单咨询服务—为社会人群提供情感咨询服务—全方位为社会人群提供情感咨询服务的业务转型。可以将”吸引家”的发展划分为进入低端市场、转入高端市场和引领高端市场三个阶段。

“吸引家”为服务型企业，服务型企业的顾客价值是指能够为顾客创造价值并最终为企业带来显著价值的服务要素形态或要素形态组合。这里将从顾客价值要素的产品功能、个人情感和社会认同三个维度进行测量，识别和区分“吸引家”各发展阶段的顾客价值内涵和效果。

一、进入低端市场(2014—2016 年)

在成立初期，“吸引家”敏锐地识别到，既有的在位企业所提供的服务产品“高大上”，未能贴合及满足“90 后”大学生的情感需求。因此，“吸引家”采取差异化竞争策略，侧重开发面向大学生群体的低价格的脱单及恋情修复课程产品。低价课程一经推出，便引起强烈反响，市场规模快速扩大，“吸引家”获得了难能可贵的生存发展空间。

(1) 顾客需求。以低消费大学生为主体的“90 后”情感培训市场，其顾客需求体现在：在产品方面，大学生群体渴望实实在在的高性价比的恋情课程产品；在服务方面，大学生群体对服务要求不高，他们习惯于标准化的情感咨询服务，因为这样的服务往往更加便宜且能解决问题；在互动方面，双方只是停留在单一的买卖关系中，大学生们只希望多渠道快速接触以便尽快熟悉企业。因此，该阶段大学生群体的顾客需求表现为产品高性价比的需求、服务同一便宜的需求以及快速认知企业的需求。

(2) 精益创业能力。在顾客需求的驱动下，精益创业能力的试错能力、反思学习能力和敏捷开发能力呈现如下：试错能力表现为最小化产品法在市场需求验证中的运用。市场需求验证指将几个备选方案放到市场上进行试验，验证设想的需求真伪以及消费的高低频率。在实践中，“吸引家”在新产品推向市场前会进行大量的试做，之后让小部分的客户去学习感受课程的实际效果并给予反馈，再根据客户反馈对产品功能进行修改完善。反思学习能力表现为客户反馈法下目标客户遴选的运用。目标客户遴选是指预先对客户进行分类和判定，找准这类客户典型后，在小范围内精准地收集反馈意见。在实践中，“吸引家”会针对潜在客户开展广告投放，重点选取那些平常和企业互动较多的客户作为测试体验的种子用户。敏捷开发能力表现为快速迭代法下迭代决策迅速地运用。迭代决策迅速是指企业通过获取市场信息和客户的反馈，而后迅速做出决策并启动持续研发创新工作。在实践中，“吸引家”在了解到大学生主要面临脱单难、恋爱容易分手的情感难题后，快速推出系列脱单和恋情修复课程产品，及时解决了大学生群体的共性情感诉求并获得一致好评。

(3) 顾客价值提升。在精益创业能力的支撑下，“吸引家”面向顾客的产品、服务和连接三个价值维度实现了产品可视化、服务标准化以及连接单向化。

产品可视化是指将能够帮顾客解决问题的方法以具体产品的形式呈现给顾客，包括产品的外形、结构和功能等。在实践中，“吸引家”最初的课程产品直接以博客论坛帖子的形式呈现出来，简单明了且颇受欢迎。

服务标准化是指企业通过建立统一的服务流程标准为目标顾客提供相同质量的服务。

在实践中,“吸引家”建立了定期巡回制度、质量跟踪制度和定期座谈会制度以达到服务标准化。连接单向化是指通过多渠道营销宣传让更多的顾客知晓产品和使用产品,形成顾客对企业的单向的基本认知。

在实践中,“吸引家”通过投放线下广告,结合线上推广的方式,如微信推文宣传、关键词竞价、网红和抖音宣传等,加快提高顾客对品牌的认知度。

综上,通过产品可视化、服务标准化以及连接单向化三个维度的满足,实现了顾客功能性价值提升。

二、转入高端市场(2017—2018 年)

2014—2016 年的初创积累让“吸引家”具备了提供情感咨询服务的基础能力,成功打开了低端的大学生消费市场并成为该领域的领头羊。随着业务发展,“吸引家”发现低消费大学生情感市场规模虽大但单价低,致使利润规模无法持续放大。因此,2017 年年初“吸引家”大胆地做出战略调整,升级顾客群体向高端市场进军,尝试面向职场女性及家庭主妇等高消费人群提供情感咨询服务。截至 2018 年年底,“吸引家”占据高端的社会消费群体中约 20%的市场份额,在高端市场中初步站稳脚跟。

(1) 顾客需求。转入高端市场后顾客需求发生明显变化,具体表现为:在产品方面,高端市场顾客会有更多个性化的需求,职场女性及家庭主妇希望能够有定制化产品满足她们的独特情感价值诉求;在服务方面,高端市场中顾客消费能力提高,对企业提供的服务水准也要求更高,还追求服务形式的多样化;在互动方面,“吸引家”和顾客建立一定信任后,顾客希望参与到企业价值创造活动中以提升自身的认同感。因此,该阶段顾客需求转换为产品个性定制的需求、服务多样化的需求和参与价值创造的需求。

(2) 精益创业能力。顾客需求的变化驱动精益创业能力的演变。转入高端市场后,精益创业能力的试错能力、反思学习能力和敏捷开发能力呈现如下变化。

试错能力表现为最小化产品法下功能等级排序的运用。功能等级排序是指在产品不断优化更新的过程中,依据顾客的需求将产品预设功能的重要性进行重新排序。在实践中,“吸引家”服务导师会辨析客户情感侧重差异,根据每位顾客关注差异重新对功能排序,设计个性化服务方案。

反思学习能力表现为客户反馈法下主动激发反馈的运用。主动激发反馈强调企业的主动性,要求企业建立与顾客沟通互动的即时信息平台,提升消费者和企业之间的信息交流时效性。在实践中,“吸引家”通过开设专属线上网站以及 24 小时服务热线来激发和倾听每位用户的服务反馈。

敏捷开发能力表现为快速迭代法下持续迭代改进的运用。持续迭代改进是指企业对产品及服务进行不断试错,并持续性地进行创新优化。在实践中,“吸引家”从提供 24 小时的专线服务到提供线上网站服务再到提供微信公众号服务,从出品情感书籍到发布线上情感公开课再到推出情感培训短视频。

(3) 顾客价值提升。在精益创业能力的支撑下,“吸引家”将面向顾客的产品、服务和连接三个价值维度升级为产品个性化、服务模块化以及连接交互化。

产品个性化是指针对不同的顾客群体定制满足不同需求的产品和服务。在实践中,每位消费者的情感问题、价格接受度、接受服务时间和感官体验等方面均有不同,“吸引家”会因材施教,提供各异的服务产品和方案。

服务模块化指先按照类别和特性将用户需求分类成组，随后根据用户的不同需求对服务进行模块化，分解形成更多独立、完整的服务产品，以便更好地精准匹配不同类型用户需求。在实践中，"吸引家"对服务分级模块化，有的服务类别是为了吸引流量，有的是为了赚取利润，有的是为了拓展市场份额。

连接交互化是指企业建立与顾客互动反馈通道来获取顾客的意见和建议，让顾客参与到内容生产和价值创造环节。在实践中，"吸引家"建立"你说我听"的服务专线，主动采纳顾客的反馈建议。

综上，通过产品个性化、服务模块化以及连接交互化实现了顾客情感性价值的提升。顾客情感性价值主要表现为企业产品或服务极大地满足了顾客个性化情感因素所带来的效用，如顾客在产品和服务使用过程中产生的高兴、放松和兴奋等情感或情绪。

三、引领高端市场(2019—2020 年)

2019 年年初，"吸引家"开始致力于提高品牌知名度，提升顾客社会认同度。具体而言，一方面，"吸引家"利用前期积累的利润打造明星产品，延长服务价值链；另一方面，建立论坛和粉丝互动交流群，多渠道强化顾客之间的互动，提升用户的社会认同度。截至 2020 年 8 月，"吸引家"已占据高端的社会消费群体中约 42%的市场份额，一跃成为行业的领军企业。

(1) 顾客需求。在引领高端市场阶段，顾客需求又发生明显变化，具体表现为：在产品方面，顾客往往对延伸价值更为关注，如顾客更希望能够提升自己的综合社交能力；在服务方面，往往更在意服务过程中的回应能力、服务的专业性和服务的亲切度等，良好的服务关系能让他们获得归属感和安全感；在互动方面，顾客希望在媒介或平台获得更多的顾客之间的互动，互动频次越高，所获得的社会支持性资源就越多，感知到的企业所提供的价值就越大。因此，该阶段顾客需求转换为产品价值延伸的需求、服务高标准的需求以及社会互动的需求。

(2) 精益创业能力。顾客需求的变化进一步驱动精益创业能力的演进。在引领高端市场阶段，精益创业能力的试错能力、反思学习能力和敏捷开发能力呈现如下变化：试错能力表现为最小化产品法下最简产品开发的运用。最简产品开发是指开发时只关注顾客的核心功能需求，聚焦关注产品的最为重要的最小特征组，拒绝产品因豪华所衍生的无用浪费。在实践中，此阶段"吸引家"开始致力于做精简本真的产品，在产品服务设计上聚焦核心功能，致力于做一两款明星单品，形成品牌效应。

反思学习能力表现为客户反馈法下持续人际互动的运用。持续人际互动是指顾客之间进行长时间的直接交流。在实践中，"吸引家"开发自己的网站和社群，会员在粉丝群可以交友，尽情交流自己的情感话题，这大大提升了用户的归属感和彼此间的社会认同感。

敏捷开发能力表现为快速迭代法下迭代周期递减的运用。迭代周期递减指逐步缩减每次小迭代的周期，抢先竞争对手完成迭代升级。在实践中，"吸引家"开始多方合作，大大缩短产品的迭代开发周期，使得恋情修复、婚姻挽回和婚姻修复等新的课程快速上线。

(3) 顾客价值提升。在精益创业能力的支撑下，"吸引家"将面向顾客的产品、服务和连接三个价值维度进一步升级为产品延伸化、服务网络化和连接多维化。

产品延伸化指通过服务内容的延伸或品牌声誉的扩大，让顾客获得服务本身以外的价值，进而感知物超所值。在实践中，"吸引家"开始与形象塑造机构、健身馆和服装定制企业进行合作，拓展产品服务的附加价值。

服务网络化指打通与员工、合作商等内外合作关系，形成平等及互补型的服务价值共创体系。在实践中，“吸引家”与抖音上的网红合作，联合为粉丝提供多款增值型情感服务。

连接多维化是指企业建立平台社区，促进顾客间多维互动交流，提升社会归属感。在实践中，“吸引家”建立社群平台后，顾客反馈称在社群中认识了很多新朋友，在交流当中形成了强烈的共鸣，彼此间获得了认可和尊重。

综上，通过产品延伸化、服务网络化和连接多维化实现了顾客社会性价值的提升。顾客社会性价值主要表现为顾客在产品和服务的使用过程中，获得的社会认同方面的感知，如顾客获得他人的尊重、得到他人的羡慕和身份提升等。

（参见张延平、郭波武、王满四：《后发企业跨入高端市场的顾客价值提升路径》，《经济管理》2020 年第 11 期，第 40～55 页。有改动）

【思考题】

1. 创业的意义在哪里？
2. 什么是创业？创业的关键活动和本质特征有哪些？
3. 创业管理的过程是怎样的？
4. 精益创业思想的行动逻辑是什么？其对于不确定时代的创业活动的意义是什么？

【实践练习】

1. 采用随机方式或者个人发起方式成立学生活动小组（每组 4～8 人，根据班级人数情况来定）。
2. 小组讨论选择一个公益项目创意，通过市场调研，完成同理心地图。
3. 通过同理心地图，描述用户画像。
4. 小组讨论规划公益创业项目内容。

【案例讨论】

VUCA 时代与不确定性：灰犀牛与黑天鹅

《灰犀牛：如何应对大概率危机》是米歇尔·渥克创作的金融类著作。该书提出：“灰犀牛”主要指明显的、高概率的却又屡屡被人忽视、最终有可能酿成大危机的事件。人们把大量时间和精力用在那些会对心理和情感造成冲击但发生概率极低的事情上，因此没能注意到那些发生概率极高、应该提早预防的事情。如果正在寻找的是“黑天鹅”，那么就不可能看到“灰犀牛”。

黑天鹅事件（black swan incidents）指非常难以预测且不寻常的事件，通常会引起市场连锁负面反应甚至颠覆。

一般来说，黑天鹅事件是指满足以下三个特点的事件：具有意外性；产生重大影响；虽然具有意外性，但人的本性促使我们在事后为它的发生编造理由，并且或多或少认为它是可解释和可预测的。

黑天鹅事件存在于各个领域，无论是金融市场、商业、经济还是个人生活，都逃不过它的控制。“灰犀牛”是与“黑天鹅”相互补足的概念，灰犀牛事件太过于常见，是人们习以为常的风险，黑天鹅事件则是极其罕见的、出乎人们意料的风险。

黑天鹅事件：新冠疫情，金融风暴，“9·11”事件……

环境的改变带来机遇：2003年非典期间，刘强东把中关村的实体店搬到了线上，创办了京东。2020年的新冠疫情改变了人们的生活、学习、工作模式。网络技术的发展改变了企业的生产及销售模式，创造了新的生产技术、经营方式：线上办公、智能制造、数字孪生、智慧医疗……

讨论：后疫情时代，我们的生活还会有哪些改变？有什么痛点？

第二章　洞察创业机会与可行性评估

【学习目标】

◈ 理解创业机会的含义、特点及来源
◈ 掌握创业机会的识别方法
◈ 理解创业机会评估的逻辑框架
◈ 掌握创业机会评估的方法

创业行动从识别创业机会开始，经过机会的评估、可行性分析，才能进入下一步的创业行动计划，如图 1-2-1 所示。

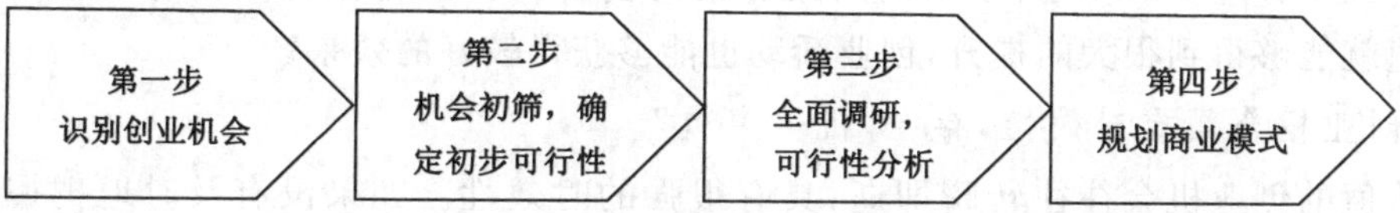

图 1-2-1　创业行动中创业机会的决策过程

创业机会是可以实施创业行动的、可能带来未来收益的一系列情境条件。创业机会能够成为"机会"与创业者及其创业行动密切相关，具有极高的主观性和后验性，是具有丰富、独特内涵的概念体系，在创业过程中具有重要的地位和作用。

创业机会以实现具有时效性的新的价值为核心，体现在新的价值的发现、为实现价值而进行的资源配置及价值实现的一系列过程中。

真正的创业过程开始于创业机会的发现。创业活动表现为一个创业机会被创造或识别、评估、开发和利用有利的机会情境并进行开拓新的领域、从事新的活动、取得新的进展的活动过程。创业过程的核心是创业机会问题，创业过程是由多种来源的机会所驱动的。

第一节　创业机会概述

一、创业机会的含义及特征

(一) 创业机会的含义

熊彼特指出，创业机会是通过把资源创造性地组合起来，满足市场的需要，并创造价值的一种可能性。结合已有创业领域的研究成果，本书认为以下阐述更能体现创业机会的本质含义：由于未来的不确定性和价值的可塑性，创业机会作为一种事后概念，其本质上更倾向于是一个社会构建的过程。作为一种事后概念的创业机会，是创业主体在创业情境中以私人产生知识、产生特定预期并采取行动的竞争性过程中所发展出来的，是与创业者的认知过程和行动模式无法分割的。创业机会更多地具有主观性，与创业者和情境条件密切相关。

（二）创业机会的特征

狭义的创业机会具备如下重要特征。

1. 创业机会具备市场价值，具有潜在的盈利性

这一特征有两个层面的含义：一方面，价值是创业机会存在的根本基础。创业者追逐创业机会的根本目的是基于市场价值而组建企业，进而获得财富。另一方面，创业机会的盈利性是潜在的，并非一目了然。这就需要创业者拥有一定的创新意识和能力，并且采用有效的行动才能实现盈利。因此，这也对创业机会的识别和评价造成了一定的难度。

2. 创业机会基于创新，需要不断开发提升其潜在价值

创业机会并非一成不变，其潜在价值依赖于创业者的创新活动。创业机会并非只是被发现的，也是可以被“创造”出来的。创业机会的潜在价值具备很强的不确定性，可能仅仅是一些散乱的信息组合，而且并非即刻就可实现。在创业活动中，创新思维、创新意识和创新理念起到十分重要的作用，创新的战略方案与创业机会的特征得到良好的匹配，创业机会的价值就能够得到很大的提升，创业活动也能够获得较好的效果。

3. 创业机会具有时效性，存在“机会窗口”

有价值的创业机会往往转瞬即逝，具有很强的时效性。如果没有及时地把握住，一旦时过境迁，由于条件所限原有市场不复存在，或者已经有其他创业者抢先一步占据市场先机，优先具有巨大价值的创业机会也会沦为毫无价值的一条市场信息。

因此，存在“机会窗口”这个概念，机会窗口是指将创意市场化的时间区间。创业者可能会有很多创意，但是如果其他竞争者也存在类似的创意并且已经将其市场化，机会窗口就关闭了。在创业机会的识别上，创业者应当做好准备，一旦发现有价值的创业机会，就及时行动。

创业机会特性的研究主要关注机会的市场需求性、时效性、价值性、风险性、获利性等，而这些机会特性有很大一部分相互重叠，比如价值性和获利性都涵盖了创业机会价值的特性。根据谢恩（Shane）和文卡塔拉曼（Venkatarame）的经典且被广泛认可的定义——创业是“新”产品、服务、原材料及组织方式等形式（新颖性），以高于成本的方式出售（即获利），创业机会的特性重点应是机会的新颖性（创新）、获利性（价值）。所谓识别机会，就是创业者敏锐地注意到有利情况，捕捉甚至创造出创业机会的过程。

二、创意、商业概念开发与创业机会

分析创业机会，我们要厘清创意、商业概念开发在创业过程中的含义和作用。

（一）创意

创意是创造性或创新性的想法。它是指在对现实存在事物的理解以及认知的基础上，所衍生出的一种新的抽象思维和行为潜能。创意是逻辑思维、形象思维、逆向思维、发散思维、系统思维、模糊思维和直觉、灵感等多种认知方式综合运用的结果。

创意的核心是创新，创业最难得的是创意。从创业角度分析，创意是一种突破，在产品、营销、管理、体制、机制等方面主张的突破，是具有一定创造性的想法或概念，但其是否具有商业价值存在不确定性。

具有价值潜力的创意一般有三个基本特征：一是新颖性。这意味着新的技术和新的解决方案，可以是差异化的解决办法，也可以是更好的措施。同时，这还意味着一定程度的领先性，具有模仿的难度。二是真实性。有价值的创意绝对不会是空想，而要有现实意义，具有实用价值，能够开发出可以把握机会的产品或服务，而且市场上存在对产品或服务的真实需求，或可以找到让潜在的消费者接受产品或服务的方法。三是价值性。创意的价值特征是根本，好的创意需要进行市场测试。

（二）创意的商业概念开发

产生创意后，创业者会把创意开发为可以在市场上进行检验的商业概念。

商业概念（business concept），就是对一个创意的实际市场需求的商业定义的描述。这一概念既体现了顾客正在经历的也是创业者试图解决的种种问题，又体现了解决问题所带来的顾客利益和获取利益所采取的手段。这种利益是顾客认可并愿意为此付款的价值。

商业概念的核心是产品，广义的产品定义包含了把普通人变成顾客的所有价值来源。顾客在与企业的互动中体验到的任何事与物，都应该被认定为公司的产品，包含一个组织为客户提供的全部产出（产品、服务流程、态度等），产品本身并不是目的，解决顾客的问题才是最终目标。

因此，商业概念的核心是以解决顾客问题、满足用户需求为基础的产品。

（三）从创意到创业机会

创业离不开创意的产生与创业机会的发现，创意与机会既有联系又有区别。① 创意是一种内在主观想法，机会是外在客观实现。② 创意是提出的产品或服务，主要是满足别人的需求，给别人带来实际的好处和用处；机会是指一个创意可以在特定环境中行得通的可能，是给自己带来好处的可能。③ 创意可以产生机会，但并非所有的创意都是适合自己的机会。感知到机会的创意才是好的创意，在机会识别阶段至少需要有价值的创意和较为清晰的商业概念。

【拓展阅读 1-2-1】

概 念 拓 展

产品：把普通人变成顾客的任何价值来源，包含实物、服务、过程、感观、情绪价值等所有顾客获得价值，以及顾客在与厂商的交易中的任何事与物。产品本身并不是目的，解决顾客的问题才是目的。

顾客：参与产品交易过程和消费过程中的组织和个人，接受产品的和付款的可能不是同一个群体，因此存在“顾客链”和“顾客群”两个概念。

市场：提供交易的环境和机制。

痛点：未被满足的刚性需求。

商业概念：具备可交易特征的事与物。

商业价值：事物在生产、消费、交易中的经济价值，通常以货币为单位来表示和测量。

商业价值不同于市场价值。相对于事物的本体价值,商业价值是一个更窄的概念。

未来的商业价值:未来具体可以开发的项目,可以拓展的市场、地区以及品牌的可宣传、可维护、可升级性。

商机:商业经营的机遇。例如西部开发带来了许多机遇。商机转化为财富,必定满足五个“合适”:合适的产品或服务,合适的客户,合适的价格,合适的时间和地点,合格的渠道。

商机无论大小,从经济意义上讲一定是能由此产生利润的机会。商机表现为需求的产生与满足的方式上在时间、地点、成本、数量、对象上的不平衡状态。旧的商机消失后,新的商机又会出现。没有商机,就不会有“交易”活动。商机无论大小,从经济意义上讲一定是能由此产生利润的机会。

第二节　创业机会的来源

识别创业机会的第一步是选择一个能够满足消费者需求、为消费者带来独特价值的创意。如果一家新企业提供的产品与市场上现有的产品没有显著区别,这个企业的发展就会很艰难,因为人们的消费习惯与行为很难改变,即使新产品更好或价格更低,也很难使消费者放弃他们原本使用的产品。变化的环境趋势、尚未解决的问题、市场缝隙,这三个商业创意源泉有助于形成成功、新颖且价值独特的商业创意。

一、变化的环境趋势

商业创意的第一个源泉是变化的环境趋势。最重要的几个环境趋势是经济趋势、社会趋势、技术进步、政治行为与政策变化。这些领域的变化通常能刺激新商业创意产生。在分析环境趋势以识别商业创意时,有两点需要记住。第一,区分趋势与流行非常重要。流行是一种社会心理现象,指社会上一段时间内出现的或某代表性人物倡导的事物、观念、行为方式等被人们接受、采用,进而迅速推广以至消失的过程,可以由某些偶然因素引导、制造;而趋势则是由于某些系统因素影响的社会客观发展规律,可以分析预测。对于初创企业而言,流行不容易把握,而对发展趋势的预测则十分关键。第二,尽管我们将各种趋势单独分析,但事实上它们相互关联,在寻找商业创意的时候应该综合考虑这些趋势。例如,线上销售能够迅速形成规模,与技术发展、人们经济生活水平提高、城市化进程加快、年轻人生活节奏加快等多方面趋势相关。

例如:由于环保政策和技术进步因素引发的节能环保趋势,促生了新能源汽车、可再生能源使用的创业机会。经济发展、生活水平提升、人口老龄化等社会因素引发了养老多层次、个性化需求趋势,相关的创业机会有建设养老社区、乡村旅居养老园区、房车产业发展、智能老年生活用品等众多创业机会。

(一) 经济趋势

了解经济趋势有助于我们辨别哪些是商业创意实施条件成熟的领域、哪些领域要回避。当经济强劲的时候,人们更愿意购买非必需消费品来提高生活质量。例如,利率下调通常会导致住房、汽车、家具和电器等销售量的增长。与此相反,经济周期呈现下降趋势时，企业裁员、收入水平下降会导致高价产品需求的下降。

在研究经济因素如何影响商机时，重要的是判断谁有可支配的经济能力，以及这些人会把钱花在何处。例如，随着女性受教育水平的提高，女性的独立意识和经济能力提升，以职业女性为目标客户的女性服饰用品店数量显著增加。再如，随着“60后”“70后”逐步进入退休年龄，老年人的消费能力提升，对退休生活的品质需求提升，他们的很大一部分支出将用于购买能使其退休生活更加丰富、有品质的产品或服务。这一趋势必将使得许多产业中出现初创企业，最有潜力的产业包括医疗保健、金融、旅游、住房和休闲娱乐。

了解经济趋势还有助于我们识别创业需回避的产业。例如，高能耗、高排放的产业，依赖低水平价格竞争的产业，收益水平低的产业，都不是好的选择。

（二）社会趋势

社会趋势对人们的生活方式和所需产品服务类型有一定影响，了解这一点也有助于我们形成商业创意、发现创业机会。许多情况下，商品带给人们社会需求的满足，而不仅仅是商品表面的使用价值。例如，网上外卖送餐大量出现的主要原因不是人们喜欢快餐而是因为人们过于忙碌、没时间自己做饭。同样，微博和微信这样的社交网站之所以备受欢迎，不是因为人们可以在上面上传信息和照片，而是因为人们在这样的网站上能相互交流，这是人类自然的社交倾向。

社会趋势的变化能改变个人和企业的行为方式与决策，进而改变影响产品服务的生产与销售方式。当前正在影响人们行为方式与优先选择的社会趋势有以下方面：① 人口老龄化；② 计划生育政策改变，多子女家庭数量增加；③ 个性化需求增强（人们希望定制符合自己品位与需求的产品与服务）；④ 城镇化率提高；⑤ 个人与家庭娱乐需求增长；⑥ 教育投入增加（包含基础教育和继续教育）。

上述每种趋势都能刺激商业创意的产生。例如，人口老龄化催生了很多商业创意，包括家庭保健服务，提醒人们按时服药的设备，为活动不便的老年人设计的时尚服饰等。

（三）技术进步

技术进步为商业创意提供了持续不断的源泉。很多情况下，技术本身并不是识别创业机会的关键，关键在于认识到如何利用技术来帮助满足人们基本的和变化的需求。例如，智能手机的发明是一项技术成果，但它被接受和普及却是因为人口流动性增加，人们发现了随时随地都能够与同事、客户、朋友和家人通话的诸多好处。同时，由于移动互联的技术支持，我们的生活与各种 App 深度绑定。

（四）政治行为与政策变化

政治行为与政策变化也是商业创意形成的基础，新的政策和法律出台也提供了创建新企业的机会。党的二十大报告中提出加快构建新发展格局，着力推动高质量发展，在建设现代化产业体系、全面推进乡村振兴、促进区域协调发展方面做出了战略部署，提出要增进民生福祉、提高人民生活品质，坚持在发展中保障和改善民生，鼓励共同奋斗创造美好生活，推进健康中国建设，要推动绿色发展、促进人与自然和谐共生，牢固树立和践行绿水青山就是金山银山的理念，站在人与自然和谐共生的高度谋划发展，坚持山水林田湖草沙一体化保护和系统治理，统筹产业结构调整、污染治理、生态保护应对气候变化，加快发展方式绿色转型，深入推进环境污染防治，提升生态系统多样性、稳定性、持续性，积极稳妥推进碳达峰碳中和等一系列的发展规划。因此,相关领域一定会带来更广阔的创业空间、更丰富的创新创业机会。

二、尚未解决的问题

形成商业创意的第二个源泉是尚未解决的问题。工作、休闲、日常生活中人们都可能会感受到或发现问题。党的二十大报告指出,“必须坚持问题导向。问题是时代的声音,回答并指导解决问题是理论的根本任务。今天我们所面临问题的复杂程度、解决问题的艰巨程度明显加大,给理论创新提出了全新要求。”解决问题的过程本身就是创业的过程,在解决大大小小的各种问题中就蕴含着商业机会和社会价值。许多企业的创建者的确在生活中遇到了某个问题,或看到他人遇到问题,于是他们创办一个企业来解决这个问题。

当华人女孩 Jane Chen 得知世界贫困地区每年有接近 400 万早产儿会因为没有昂贵的保温箱而夭折时,她决心发明一种“拥抱”保温袋。一个特殊布料做成的婴儿袋,一台加热机器,一片可以重复加热的加热块,就可以持续温暖新生儿 6 个小时,保护无数个新生儿度过危险期。

2016 年,浙江女孩胡玮炜针对城市短途出行和公交接驳不方便的问题,研发了互联网短途出行解决方案,人们通过智能手机就能快速租用和归还一辆共享单车,创建了北京摩拜科技有限公司。而共享模式、共享单车现在已经成为生活中的常见方式。

如果你在解决某个问题时遇到困难,不妨想一想其他人是如何解决类似问题的,然后看看别人的解决办法是否适用于你的问题,是否有很多人都会遇到这个问题,是否可以做点什么帮助别人解决这个问题,这就是创业可能的机会。

三、市场缝隙

商业创意的第三个源泉是市场缝隙。市场缝隙是指需要跳出原有的思维定式才能发现的市场,也可以是时间、空间错开的市场。任何市场都不会是铁板一块,总是有一些缝隙暂时未被人注意,等待着后来者去开发。市场缝隙之所以会被先行者忽视,往往是因为原有的竞争者没有跳出思维定式,而后起之秀因为能站到行业之外,换一个角度去分析,反而能发现被人遗忘的市场。

汽车生产厂家肯定不会想到造厕所,房地产商也不会留意不如商住楼和店铺赚钱的厕所,但一家名为南京协力环保科技有限公司的企业,设计生产一种车载型移动公厕,租售给环卫部门,产品已打入全国三十几个大城市。

发现市场缝隙,更需要做耐心细致的市场调查,对潜在的消费需求进行巧妙的开发。要通过走访、问卷调查、客户座谈和投诉受理等各种形式,了解消费者的消费心理、消费偏好的变化,开发出相应的产品,或者在原有产品的基础上增加相应功能,满足消费者的需求,填补市场缝隙。当共享单车已经成为城市普遍的短距离交通解决方案,从而引发白热化竞争时,ofo 小黄车率先发现了大学校园内交通这个市场空白,并在北京大学开始了他们的创业项目,虽然由于商业模式的问题导致经营问题,但是其创业机会的发现可圈可点。

发现市场缝隙,有时候还需要重新定位,为产品找出新的卖点。很多企业都在寻找某个还未开发的市场，但又不知道从何处着手。精明的厂家则能通过重新定位，使潜在的消费需求变成商机。这在全球市场上不乏例证。在机械手表的时代，瑞士手表因其制作精良、走时准确而蜚声世界，占据了世界手表绝大部分的市场份额，到了20世纪70年代，电子手表、石英手表以其廉价、准时的优势抢占了世界市场，使得瑞士手表在全球的市场份额下滑到15%左右。现在，瑞士手表重回市场巅峰，就在于其市场的重新定位：传统制作工艺、品牌历史文化，手表不再看走时准确而是拼品牌和创新，部分高档产品成为投资保值、收藏品。斯沃琪则另辟蹊径，将手表定位为时装的一部分，以时尚、前卫为特征，以不断更新的个性化设计满足年轻人的时尚消费需求，在中低端手表市场中独树一帜。

许多消费者需要的商品在特定地区购买不到，或者市场上根本就没有。其部分原因是大型零售商主要进行价格竞争，如大型超市面对主流消费者经营大众商品，虽然使得大型零售商实现了规模经济，但是却留下许多市场缝隙。时装精品店、特色店、社区便利店和其他商务网店就在市场缝隙中生存。这些店铺所售商品的需求量不大，所以它们并不在大型零售连锁店里销售。

【拓展阅读 1-2-2】

德鲁克提出机会的七种来源

(1) 意外之事。一是意外的成功。没有哪一种来源比意外的成功能提供更多的成功创新的机遇，而且，它所提供的创新机遇风险最小，探索的过程也最不艰辛。但是。意外的成功几乎完全受到忽视，更糟糕的是，管理人员往往积极地将其拒之门外。二是意外的失败。与成功不同的是，失败不能够被拒绝而且几乎不可能不受注意，但是它们很少被看作机遇的征兆。当然，许多失败都是失误，是贪婪、愚昧、盲目追求、设计或执行不得力的结果。但是，如果经过精心设计、规划及小心执行后仍然失败，那么这种失败常常反映了隐藏的变化，以及随变化而来的机遇。

(2) 不协调的事件。所谓"不协调"(incongruity)，指事物的状态与事物"应该"的状态之间，或者事物的状态与人们假想的状态之间的不一致、不合拍。也许我们并不了解其中的原因，事实上，我们经常说不出个所以然来。但是，不协调是创新机遇的一个征兆。引用地质学的术语来说，它表示下面有一个"断层"，这样的断层提供了创新的机遇。它产生了一种不稳定性，四两可拨千斤，稍做努力即可促成经济或社会形态的重构。

(3) 程序需要。与意外事件或不协调一样，它也存在于一家企业、一个产业或一个服务领域的程序之中，程序需要与其他创新来源不同，它并不始于环境中(无论内部还是外部)的某一件事，而是始于需要完成的某项工作。它以任务为中心，而不是以状况为中心。它是完善一个业已存在的程序，替换薄弱的环节，用新知识重新设计一个旧程序，等等。

(4) 产业和市场结构。产业和市场结构有时可持续很多年，从表面上看非常稳定。实际上，产业和市场结构相当脆弱，受到一点点冲击就会瓦解，而且速度很快。产业和市场结构的变化同样也是一个重要的创新机遇。

(5) 人口统计数据。在所有外部变化中，人口变化被定义为人口、人口规模、年龄结构、人口组合、就业情况、教育情况以及收入的变化等，最为一目了然，并且能够得出最可预测的结果。

(6) 认知的变化。从数学上说，"杯子是半满的"和"杯子是半空的"没有任何区别，但是这两句话的意义在商业上完全不同,造成的结果也不一样。如果一般的认知从看见杯子是"半满"的改变为看见杯子是"半空"的,那么这里就可能存在着重大的创新机遇。

(7) 新知识。基于知识的创新是企业家精神的"超级巨星"。它可以得到关注,获得钱财,它是人们通常所指的创新。当然,并不是所有基于知识的创新都非常重要,有些的确微不足道。但是在创造历史的创新中,基于知识的创新自古就有很重要的分量,然而,知识并不一定是科技方面的,基于知识的社会创新甚至更重要。

(参见彼得·德鲁克:《创新与企业家精神》,蔡文燕译,机械工业出版社 2019 年版,第 36 页。有改动)

问题:分析德鲁克的机会七种来源的特点,总结其共性和个性所在。

第三节　创业机会的识别

一、识别创业机会的影响因素

广义的创业机会识别包括创业机会识别和创业机会评价。创业机会识别是指依据一定的标准和方法,从大量创意当中挑选出具有顾客需求的创意,是从市场角度对创意的评估,体现创业机会的有用性。影响创业机会识别的因素,包括创业者的指导思想与价值取向、先前经验、认知因素、社会关系网络、创造性五类。

(一) 指导思想与价值取向

识别创业机会首先受到创业者的关注点影响,关注的落点受创业者的人生观、价值观和世界观的影响。对于时代与世界发展形势来说,具有高度历史使命感、社会责任感的创业者将关注点放在与国家发展战略、民族命运兴旺、人民期望紧密结合的问题上,一定会发现蕴含着重大的、丰富的创业机会资源,会发现时不我待,机会多多。党的二十大在乡村振兴、绿色经济、科技创新领域指明了发展方向,这就是国家、民族发展的需要,也是创业者寻找创业机会的方向与定位,而这样的机会更具有生命力和成长性。

【案例 1-2-1】

江苏恒神——做国产碳纤维新材料领军者

恒神股份一代创业者钱云宝说:"老板做大做小不重要,重要的是对国家、对社会、对他人所尽力量的大小。""做国家需要的事情,别说赔光了家产,就是搭上性命,也值!"

在企业中,估值超过 10 亿美元,同时在各自领域取得了不凡成绩的创业公司都被誉为"独角兽"企业,在科技部火炬中心发布的《2017 中国独角兽企业发展报告》中,列出了 164 家"独角兽"企业名单。在这一版名单中,排名第 107 位的江苏恒神股份有限公司显得有些不一样:它是榜上唯一的县级市企业,是一家没有"互联网"背景的制造实体企业,还是唯一的新材料领域企业。2017 年,恒神与中国中车紧密合作,研制出了世界上首辆全碳纤维复合材料地铁车体,填补了行业空白。

众所周知,碳纤维是我国新材料领域亟待攻克的关键性材料,也是国防军工急需的战略性新材料,长期以来国外对我国进行技术封锁和市场垄断。恒神股份牢记国家使命,投入巨资,倾尽全力,打破了国外企业对技术和市场的垄断,为航天航空和轨道交通提供了系列化碳纤维轻量化材料。

(1) 以党员之心，担负国家重任，产业报国精神感人至深。恒神创业者钱云宝是一位具有高度使命感、责任感的企业家。2007年，他创办的恒宝股份上市。国产碳纤维短板受发达国家垄断制约情况，激发了他产业报国的民族情怀，他立志为了国产碳纤维，刀山火海也要上。在第二届军民融合发展高技术成果展上，钱云宝作为民营企业代表，向前来观展的党和国家领导人介绍恒神集团碳纤维系列产品。国务院原副总理马凯曾高度评价："恒神把国产碳纤维研发当作关乎国家利益和民族未来的事业，锲而不舍地开拓进取，体现了高度的历史责任感和民族使命感。"

(2) 以民企之力，专注实业制造，全产业链规模独一无二。恒神股份一直专注实业制造，累计投资达到50亿元，成为国内碳纤维、织物、预浸料及复合材料全产业链龙头企业。其碳纤维产业化能力5 000吨/年；树脂1 000吨/年，织物和预浸料1 500万平方米/年，复合材料制品5 000吨/年。如今，恒神的碳纤维产能已经占据了国内大半市场，承担众多国家和省级科技计划项目，并且屡屡在重装航空航天、通用航空、轨道交通、海洋工程、工程机械等"国之重器"中崭露头角，国内市场占有率18%，排名前二。

(3) 以十年之时，填补国家空白。创办十年，恒神承担国家和省级科技计划16项，重大装备配套项目14项，参与863计划2项。恒神已获公司有效授权专利115项，其中发明专利43项。参与1项行业标准制定，两项国家标准制定，获得江苏省高新技术产品6项，国家重点新产品1项。经过国家有关部门检测，恒神公司产品T800S排名第一，T800H进入前三名，T700S进入重大装备应用。恒神中标建设碳纤维国家工业强基项目工程。与中国中车合作，研发世界上第一辆具有自主知识产权的碳纤维地铁车体，与世界第三大民用飞机生产商庞巴迪签署了战略合作协议，成为第一个进入国际大型民机生产商碳纤维预浸料供应链的中国企业。

(根据网络资料及作者2017年企业调查资料整理，有改动)

钱云宝的经历说明：把个人的发展同国家、民族的需要与命运联系起来，才能在国家发展的大趋势中找到发展机遇、持久的发展动力及长远的发展前景。

(二) 先前经验

在特定产业中的先前经验有助于创业者识别机会。同时，创业经验也非常重要，一旦有过创业经验，创业者也就很容易发现新的创业机会，这被称为"走廊原理"，指创业者一旦创建企业，他就开始了一段旅程，在这段旅程中，通向创业机会的"走廊"将变得清晰可见。这个原理提供的见解是：某个人一旦投身于某产业创业，将比那些从产业外观察的人，更容易看到产业内的新机会，从这个方面也说明创业机会的发现是一个与创业行动交互作用的过程。

调查发现，创业者创业前所担任过管理职位的多样性越高、行业经验相关性越强，往往越能收获好的企业绩效。相对于创新性较低的机会而言，创新性较强的机会更多地被经验多样性高的创业者所识别和开发。

【案例1-2-2】

大学生杨树军的创业机会

杨树军，一名会计学专业的学生。大学学习期间，他从家里借了5万元，和两个朋友合资10万元创办了北京安平融信会计账务有限公司，其创业的生涯也正式拉开了序幕。谈及以会计公司起家的原因，杨树军兴奋地说："首先，是自己内心的一股劲头，是一种不服输的斗志和怀揣梦想的信念；其次，是想利用自己所学的专业知识，发挥自己的专长。"

其实，摆在杨树军面前的现实是非常残酷的。由于缺乏创业所必需的知识和经验，创业时准备得不是很充分，加上不太熟悉企业经营的规则，刚开业的公司举步维艰，第一个月没有任何收入。"在创业过程中遇到的最大困难就是自己太年轻了，给客户的印象是工作经验不足，能力低。"杨树军说，"尽管当时理论学得比较扎实，但业务能力明显不足，这是创业过程中的一大难题。"但是，他并没有因公司的惨淡状况失去斗志，而是用实际行动去有针对性地解决公司面临的问题：客户不信任，他就用更加专业而周到的服务去打动他们，或者让公司里社会经验较丰富的员工出面与客户沟通；公司规模小，缺乏激励机制，员工流动频繁，他就自己先去全面熟悉公司所有部门的业务，哪里缺人就补在哪里，并通过机制建设让新人能够很快熟悉业务，同时用自己的执着尽最大努力向来到其身边的每个人传递一种"通过不断拼搏而获取成功"的信念；工作经验不足，他就想方设法从多个方面努力，去拜访同行，去请教专家。经过半年多的努力，杨树军的公司有了明显改观，员工增加了4个人，客户群也增加到近60家。

随着业务量的扩大，为了公司更好地发展，杨树军只好做出休学1年的决定。这一年，杨树军开始全身心地投入到公司的经营中来。在开展业务的同时，他亲自研究行政管理、服务细则、绩效考核、员工激励等方方面面的业务，使公司快速步入了正常的运营轨道。

2007年，杨树军以他独到的眼光，投资了一个有关污水废弃处理技术的研发项目，适时创立了北京鼎盛鸿宇科技有限公司。至此，可以说他的创业路上有了引人注目的闪光点。

杨树军的努力也赢得了老乡们的尊敬。在与家乡人的频繁接触中，杨树军的思乡情和回报家乡的愿望也愈加强烈。2010年7月，杨树军在河南省宁陵县创立了宁陵鼎盛农业科技有限公司。"是国家有关农业的新政策给了我如何回报家乡的灵感，并进一步萌发了产供销一条龙的计划"，杨树军微笑着说。公司的第一个项目就是建立有机果蔬生产基地。当然，成立之初，由于他自己对诸多农业技术不了解，以及当地农民缺乏必要的文化知识等原因，在具体实施中，杨树军走了不少弯路。在2010年9月的那场大雨中，温室大棚被毁了60%。大棚育苗，虽有技术人员指导，但农民操作不规范导致大棚蔬菜种苗死亡……面对一系列问题，杨树军一直咬紧牙关坚持着，通过考察并学习其他优势公司的技术和管理模式，最终克服了种种困难。现在，这家农业科技公司的发展风生水起，解决了当地50%的富余劳动力，带动周边1 000余户家庭跟进，发展设施农业2 000多亩。公司被认定为农业龙头企业，并通过科技部"星火计划"立项，成为大学生村干部创业实践基地、青年创业示范基地。杨树军也荣获"百名豫籍在京创业有为青年""河南省模范团干部""商丘市十大杰出青年"等荣誉称号。

在杨树军创业过程中，他的第一个创业项目的选择来自他的专业，第二个来自他对市场热点的敏感，第三个项目来自对家乡、对社会的责任感。对杨树军来说，机会来源各有不同，但是都有规律可循。

（参见郎宏文、郝婷、高晶：《创业与创新管理》，中国铁道出版社2019年版，第65～66页。有改动）

（三）认知因素

机会识别可能是一项先天技能或一种认知过程。有些人认为创业者有“第六感”，使他们能看到别人错过的机会。多数创业者以这种观点看待自己，认为自己比别人更警觉。警觉很大程度上是一种习得性的技能，拥有某个领域更多知识的人，往往比其他人对该领域内的机会更警觉。比如，一位计算机工程师，就比一位律师对计算机产业内的机会和需求更警觉。

创业警觉意味着高度敏感性和关注倾向，本质上是一种个体禀赋，是对信息的敏锐把握和解读能力，它受到个体创造力、先验知识、社会网络关系等因素的影响。

认知的视角被认为比特质论和行为论更能够解释创业者与非创业者，甚至成功创业者与一般创业者。张玉利教授也指出认知理论能更好地说明创业领域最基本的问题，即当个体面对相同的信息时，为什么有些人能识别出机会并愿意对其进行开发，而其他人则不能识别或不愿意开发。例如，对于学校的共享洗衣机内桶的卫生问题，机械专业的学生会考虑设计一款可拆卸的内筒，自动化专业的学生可能会提出用智能检测的方式进行自动化清洗，商学院的学生则提出引入竞争机制来提高共享洗衣机的服务维护水平以解决问题，不同的方案中蕴含着不同的创业机会。

（四）社会关系网络

个人社会关系网络的深度和广度影响着机会识别。建立了大量社会与专家联系网络的人，比那些拥有少量网络的人容易得到更多的机会和创意。在社会关系网络中，按照关系的亲疏远近，我们可以大致将各种关系划分为强关系与弱关系。强关系以频繁相互作用为特色，形成于亲戚、密友和配偶之间；弱关系以不频繁相互作用为特色，形成于同事、同学和一般朋友之间。研究显示，创业者通过弱关系比通过强关系更可能获得新的商业创意，因为强关系主要形成于具有相似意识的个人之间，从而倾向于强化个人已有的见识与观念。而在弱关系中，个人之间的意识往往存在着较大差异，因此某个人可能会对其他人说一些能激发起全新创意的事情。

（五）创造性

创造性是产生新奇或有用创意的最基础能力。从某种程度上讲，机会识别是一个创造过程，是不断反复的创造性思维过程。创造性包含在许多产品、服务和业务的形成过程中，创造性思维很难找准定位，但有时它又非常具体，几乎每家创业企业都希望能尝试一些创新。在不同的现实背景下，那些具有前瞻性思维的创业者，不仅自身具备了一些高效的创造性思维习惯，而且早已把培养创造性思维的文化潜移默化地融入自己的企业中。

产生创意的过程可分为五个阶段，如图 1-2-2 所示。

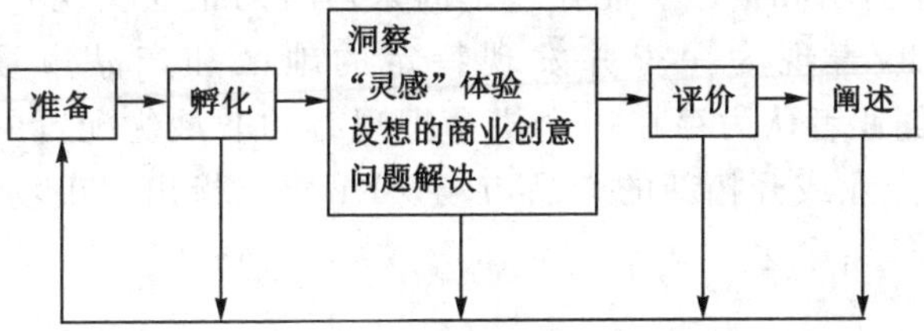

图 1-2-2　产生创造性创意的五个阶段

在图1-2-2中，从一个方框指向另一个方框的水平箭头，表示创造过程持续发展经过了五个阶段。垂直箭头表示，如果在某个阶段，某个人停顿下来或没有足够信息使认识继续下去，他的最佳选择就是回到准备阶段，以便在继续前进之前获得更多知识和经验。

准备是指创业者带入机会识别过程中的背景、经验和知识。就像运动员必须通过练习才能变得优秀一样，创业者需要利用经验来识别机会。研究表明，50%～90%的初创企业创意，来自个人的先前工作经验。

孵化是个人仔细考虑创意或思考问题的阶段，也是对事情进行深思熟虑的时期。有时，孵化是有意识的行为；有时，它是无意识行为并出现在人们从事其他活动的时候。

洞察是识别闪现，此时问题的解决办法被发现或创意得以产生。有时候，它被称为"灵感"体验，在商务环境中，这是创业者识别出机会的时刻；有时候，这种经验推动过程向前发展；有时候，它促使个人返回到准备阶段。例如，创业者可能意识到机会的潜力，但认为在追求机会之前需要有更多的知识和考虑。

评价是创造过程中仔细审查创意并分析其可行性的阶段。许多创业者错误地跳过这个阶段，他们在确定创意可行之前就去设法实现它。评价是创造过程中特别具有挑战性的阶段，因为它要求创业者对创意的可行性采取一种公正的看法。

阐述是创造性创意变为最终形式的过程，详细情节已构思出来，并且创意变为有价值的东西，比如新产品、新服务或新的商业概念。在创业活动中，这正是撰写商业计划书的时候。

二、创业机会的识别过程

创业机会是客观现象，而创业机会识别是主观过程。在这一过程中，个体对客观的创业机会进行主观的辨认和判断。因此，创业机会识别是指个体辨识出创业机会，并判断是否确为创业机会的认知过程。

（一）感知过程

感知是指感觉或认识到市场需求或未得到充分利用的资源。每种机会都有可能被一些人所识别。一些人对市场需求或问题很敏感，他们能够在自己所处的任何环境里不断认识到可能出现的新产品或提出解决问题的方法。但并非每一个善于提出问题的人都同样善于解决问题，即认识到这些未利用资源的人并不一定能够指出这些资源应如何加以利用才能创造价值。

（二）发现过程

发现是指识别或发现特定市场需求和专门资源间的配合。要感知到市场需求和资源配合，前提条件是这些需求和资源可能在一个尚未运转的企业实现匹配。对已经匹配的市场需求和资源的感知，表现为探查并发现特定的地区和产品市场空间。根据柯兹纳(Kirzner)的理论，当创业者认为存在一个机会把现有的非最优配置的资源重新配置时，他们就会决定创建新的企业或开拓新的产品市场。Kirzner指出："市场参与者任何时候都会参与到非均衡的经济体系中去。"

（三）创造过程

创造是指以商业概念等形式创造一个独立的需求与资源间的新的配合。从逻辑上来说，创造商业概念紧随感知需求之后，使市场需求和资源相匹配。但是，创造又不仅仅是感知和发现。商业概念创造包括资源的重组和重新定位，这是为了创造和传递比现有情况更多的价值。商业概念等形式的创造不仅是调整现有资源和市场需求的配合，还可能导致对现有企业进行重组或彻底的改革。创造性的机会识别活动通常与机会利用活动结合在一起，涉及人力、物力资源的投入。

三、创业机会的识别方法

对于创业机会的识别，可以采用多种多样的方法，这里主要介绍五种常用的方法。

（一）调查法

阅读某人的作品、利用互联网搜索数据、寻找包含你所需要的信息的报纸文章等都是二级调查的形式，进行全面的二级调查将为进行初级调查做好准备，因为大量地获取信息对发现问题以及更加快速地切入问题有帮助，你将知道应该注意哪些问题以及如何更加快速地切入问题的核心。同时，通过不断获取信息，你将开始建立自己的直觉，“新眼光”也将不断发展。

当通过二级调查对行业、顾客、供应商和竞争对手有了基本的了解后，就可以开始进行初级调查了。初级调查应秉持同理心的原则，实施前需要准备比较完善的调查问卷或者调查提纲。

“新眼光”调查可以提供很多看问题的新方法，要训练自己的大脑接受新的想法、新的信息、新的统计数据等，观察一切，把想法记录下来，想法越多，就越有可能找到最适合的业务和目标市场。

调查法实施有线上线下、访问、问卷、专家会议等多种方式，进行信息调查的基本步骤如图 1-2-3 所示。

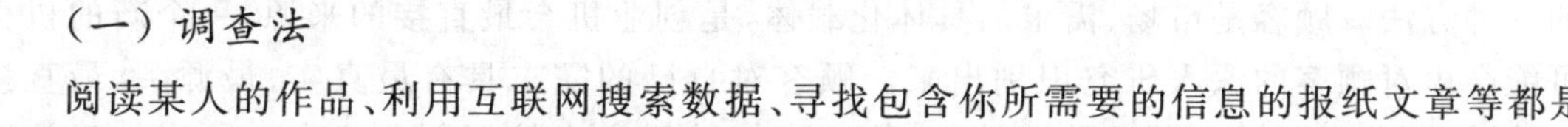

图 1-2-3　信息调查步骤图

（二）系统分析法

系统分析法在机会发现中是比较普遍使用的方法，创业者可以从企业的宏观环境（政治、法律、技术、社会、人口等）和微观环境（顾客、竞争对手、供应商等）的变化中发现机会。借助市场调研，从环境变化中发现机会，是机会发现的一般规律。例如 HD 环保科技有限公司的创业项目、大学生杨树军的农业科技项目都是在对政策、经济、技术发展等宏观环境、行业环境的充分调查分析的基础上创建的。

（三）问题导向分析法

党的二十大报告指出“必须坚持问题导向”。问题导向分析从问题开始，发现、洞察个人或组织的痛点以及面临的问题，这些痛点和问题可能很明确，也可能不明确；创业者可能识别它们，也可能忽略它们。问题导向分析可以首先问：“痛点是什么？”“有什么问题？”一个有效解决方案对创业者来说是识别机会的基础。这个分析需要全面了解问题的关键点，以及可能的解决问题的方案。

2015年"中国五四青年奖章"获得者、高维资本创始合伙人、高维科技创始人兼CEO郭鑫建议大学生创业不要找社会热点，而要找"社会痛点"。他所谓的社会痛点是指社会有问题存在，要么很难解决，要么存在解决方法瓶颈，要么解决方法不够有效率，需要革命。他表示这个地方才是有机会的地方。"创业者要提高成功率的话就要找到瓶颈，瓶颈是由什么造成的，是技术不行、模式不行还是产业不行。"这个"不行"就是创业机会的所在。

（四）顾客建议法

顾客建议本质上是调查法的一种，是对顾客的调查，但是也是最具特色、最直接有效的一种方法。顾客是市场、需求的具体化载体，是创业机会最直接的来源，一个新的机会可能会由对顾客的深入研究识别出来。顾客对自己的需求具有最真实、最源头、最直接的感受，创业者可以在顾客的感性的、简单直接的反应中挖掘创业机会。顾客的建议多种多样，例如可能是"如果×××那样就好了""如果不×××那样就更好了"这样的非正式建议，或者是顾客的抱怨，等等。这些来自顾客的意愿表达都是对创业者有价值的创业机会信息。

（五）需求创造法

这种方法在新技术行业中最为常见，它可能始于明确拟满足的市场需求，从而积极探索相应的新技术和新知识，也可能始于一项新技术发明，进而积极探索新技术的商业价值。通过创造获得机会比其他任何方式的难度都大，风险也更高，而如果能够成功，其回报也更高。这种情况下所产生的创新在人类所有重大影响的创新中，居于压倒性的主导地位。

移动支付就是利用科技力量创造出来的一个市场需求，基于互联网的一些新技术改变了人们的生活方式。新技术的开发是创造需求的主要推动力量。

第四节　创业机会评估

创业机会的实现本身是一个演进和迭代的过程，从创业想法（ideal）到商业计划（BP）到实现成功创业之间存在着鸿沟。阿迪奇威利（Ardichvili）等便明确地提出了从"市场需求"到"成功企业"需要跨越的四道鸿沟，即从市场需求到商业概念，从商业概念到商业计划，从商业计划到业务形成，从业务形成到成功的企业。

创业机会评估过程并非简单的创业机会开发的事前环节，而可以看作创业行动本身，是动态的、交互的、迭代的和实验性的，是一个社会建构的过程。麦肯卡恩（McCann）和弗鲁姆（Vroom）认为创业过程中的一个重要组成部分是对机会的持续评估，从而导致学习和信仰的改变，创业从根本上说是一种变革的体验。

一、创业机会评估框架

如何快速高效地识别和评估创业机会潜在的商业价值，既是创业实践中创业者所承担的重要任务，也是创业机会理论需要解答的重要问题。

基于蒂蒙斯的创业机会评估标准体系，马林斯的市场、行业和团队评估框架，孙洪义的创业机会、创业机会与创业团队匹配、创业机会与创业资源匹配三阶段评估框架，本书引入郑可等(2021)研究团队提出的包含"需求端鸿沟、供给端鸿沟、连接端鸿沟"的评估框架，如图 1-2-4 所示。该评估框架回答了创业机会的可能性、可行性和可实施性。①

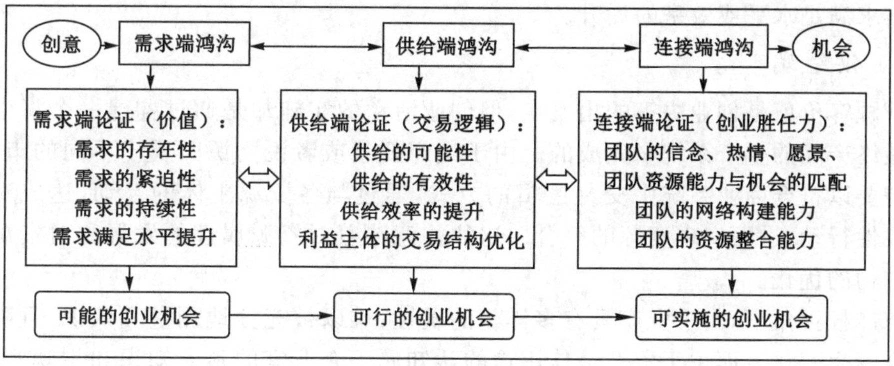

图 1-2-4　"需求端鸿沟、供给端鸿沟、连接端鸿沟"的评估框架

（一）需求端

需求端鸿沟在理论上根源于米塞斯的"消费者主权"思想，即消费者是生产过程的终极支配者，他们"买"和"不买"的决定，控制了最终的市场价值能否实现，是企业家生产经营决策的出发点。消费者主权正是创业机会客体属性的根源。尤其当创业情境日益呈现出所谓的 VUCA 特征时，消费者偏好与行为的复杂性和动态变化性日益增强，消费情境随着信息技术的发展和互联网商业模式的变革而不断演进，使得对价值的论证成为创业机会评估的关键环节。近些年来在硅谷创业实践中流行的"精益创业"思想，其实质也是一种以市场为导向的和以试错为核心的实验性的创业方法论。他们将"精益创业"思想类比于科学实验过程，将创业者对于市场价值的主观判断提炼为"价值假设"，并聚焦于如何以更低的成本通过试错的实验性过程来对价值假设进行论证。

创业机会的可能性评估要解决需求存在的真实性、紧迫性和持续性问题，需求端的创业机会论证评估实质是围绕着需求的存在性和需求的满足程度的提升来进行的。

1. 需求的存在性、紧迫性和持续性

需求具有情境性，同时也具有塑造性。其情境性意味着需求的存在性将受制于一系列具体的客观条件，并取决于该条件下消费者的心理过程和行为选择。但由于消费者本身也是分散的私人信息的载体，其对自身需求的判断也具有主观局限性，而创业机会所针对的是未来的价值。

克里斯坦森"开辟式创新"理论认为，企业可以针对市场潜在的甚至连用户都不自知的需求开辟出一个前所未有的、潜力巨大的市场。与存在性紧密相关的是需求的紧迫性和持续性问题，反映在创业者构建的创业机会所针对的目标客户群体是否具有强烈的购买欲望和长期的购买需求。

2. 需求满足水平的提升、满足效率的提高

如果说存在性问题针对的是可能性，那么满足性问题针对的则是竞争性。对于一种存

① 参见郑可、王燕、王雨林、吴秀敏：《创业机会的本质与评估框架》，《创新与创业教育》2021 年第 2 期，第 10～17 页。

在的需求,不同产品和服务所带来的满足程度和效率是不一样的。这也为行业、跨行业之间的竞争提供了空间。而创业者需要证明其所构建的创业机会能够通过更有效的供给模式实现需求满足水平或效率的提升。

（二）供给端

尽管顾客价值是创业决策的出发点,但创业活动的实施却是通过构建一个将生产要素转化为最终产品的生产系统来完成的。由于生产要素或者说资源归属于不同的市场主体,创业者需要以符合商业系统中交易逻辑的方式,通过与各资源主体的互动,达成对资源使用的一致性行动,进而实现资源的整合。这往往意味着对资源属性的发掘和对资源主体之间交易结构的优化。

动态产权视角下,由于资产具有多样化的属性,难以被充分地测量和认识,且随着时间的推移会发生变化。而关于资产最佳用途的认知属于企业家的私人知识和主观判断,企业作为发现、发明和创新的团队,本质上就是一个对产品、生产系统和组织模式进行试验的场所,是企业家个人意志的体现。

一般而言,与成熟企业的企业家相比,处于资源匮乏情境中的创业者所进行的试验会更大程度上依赖于与外部资源所有者的互动与协调,并就未来价值达成一致性认识,进而才能采取适应性的行动。而这种一致性认识需要通过沟通互动的过程,也体现了特定商业制度情境中的交易逻辑。

创业机会的可行性评估的实质是围绕着创业资源供给的可能性、有效性和竞争性展开的。

1. 供给的可能性

法律法规、技术、现行制度、资源条件等是实现供给可能性的硬性约束,而既有价值链关系以及固有商业模式的刚性存在则约定了资源主体之间的交易模式和利益分配结果。供给可能性既来源于硬性约束的变化,也来源于可能由此引发的交易关系的重构。通常创业者对于资源属性进行了重新发掘,并使得资源主体对于资源新的结合方式和利用方式所带来的预期收益形成共识,从而降低调整或构建新的交易关系所导致的成本。

2. 供给的有效性

从“收益—成本”视角来看,供给有效性来源于供给效率的提升,而供给效率则取决于利益主体的交易结构优化。国内研究商业模式的著名学者魏炜和朱武祥建立了以“利益相关者交易结构”为研究对象和分析单位的商业模式理论,并由此发展了所谓“新交易理论”。在该理论视角下,资源、能力、归属关系、利益诉求是四种交易对象属性,不同属性的分化与整合能够产生新的交易价值。优化的交易结构能够导致交易价值的提升、交易成本的减少和交易风险的降低,进而提升交易效率。

3. 定位与竞争优势的塑造

供给的可能性和有效性反映的是外部合作性,而定位与竞争优势反映的则是竞争性,更倾向于创业组织内部的资源整合能力。高效的资源整合能力往往是拓展定位空间和竞争优势塑造的基础。

（三）连接端

创业机会与创业主体的关系是非常具体的。创业过程中的核心环节是识别和构建与个体相关的创业机会。创业主体的动机、信念、情感、知识技能、背景经历等都在个性化创业机会构建过程中产生重要影响。若把创业者作为一种特殊的职业,可以以职业胜任力的视角来理解创业者应当具备的职业素养。柯兹纳认为胜任力是做特定工作的人所需要完成这项工作的知识技能和价值观等。钱德勒(Chandler)和汉克斯(Hanks)认为创业胜任力表现为对机会的辨别、预见和运用,并认为其会因为对市场的运行规则等的不断熟悉而不断加强。创业机会的可实施性评估即是对创业者作为实现需求端和供给端的连接功能的胜任力的论证,涵盖从内在价值观到外在的能力及其动态发展空间的一系列相关内容。

1. 团队的信念、热情、愿景

创业情境作为一种创业者所面对的极端的决策环境,高度不确定性是其最为显著的特征。细致而理性的决策过程几乎难以执行,因而创业者往往会形成不同于常规的信息处理过程、思维方式以及独特的决策方式。其中情感因素在应对创业情境的过程中产生重大影响。主观信念被认为是创业者内在认知和外在行动的内核。如克鲁格(Krueger)认为创业行为的背后是创业意图,创业意图的背后是创业态度,创业态度的背后是深度认知结构,而深度认知结构的背后则是深度信念;麦肯齐(McKenzie)认为创业行为在根本意义上,就是创业者个人身份发展的一部分,而创业者身份认同本身即为一种深度信念。创业热情同样被认为是一种投入创业活动体验到的可感的、强烈的正向情感,对于创业者的自我认同意义重大。

2. 团队资源能力及其动态发展空间与机会的匹配

在主体层面,创业机会的构建过程即是创业团队与创业机会之间的内外匹配过程。从动态的过程来看,这种匹配不仅在于当下团队是否具备构建创业机会所必需的资源和关键能力的问题,更在于以动态发展的眼光来看其能否通过社会网络关系的构建和沟通互动行为,拓展未来的资源获取的可能性。

“需求端鸿沟、供给端鸿沟、连接端鸿沟”的形式评估框架,正是为创业者提供一个在事前思考作为一种事后概念的创业机会的思维框架。其中需求端论证围绕着需求的存在性和需求满足程度的提升来进行;供给端论证围绕着供给的可能性、有效性和竞争性展开;连接端鸿沟论是对创业者作为实现需求端和供给端的连接功能的胜任力的论证,涵盖从内在价值观到外在能力及其动态发展空间的一系列相关内容。

同时基于社会建构视角的评估过程框架,用以反映创业主体在创业机会构建中的认知转变和适应性行动的发展,以此弥补静态形式的评估框架的不足。创业机会本质的争论,根源于创业机会的事后属性。

二、创业机会评估内容与方法

(一)创业机会可能性评估

创业机会的可能性主要体现在市场需求方面:需求是真实的、可持续的并且具有合理的数量与规模。对于直接为客户提供价值获取回报的客户价值型业务,需求的真实性体现在目标客户会以项目确定的价格付费来购买产品或服务而满足需求。而对于以用户规模作为资源的平台类业务,需求的真实性体现在免费用户在一定的时间、空间上能够达到合理的规模以获得客户的付费，其可能性的关键在于是否能够达成预期的免费用户规模。需求的真实性评估可以采用调查法、问卷法、专家调查法、标准打分法等来进行分析，评估的关键是确认目标客户会在确定的价格上付费。

需求的可持续性和规模数量评估可以采用PEST方法，通过对宏观环境的政治法律环境、经济发展趋势、社会文化变化趋势、技术变革因素进行综合评估，以预测需求的持续性和规模。

（二）创业机会的可行性评估

创业机会的可行性评估主要包含经济可行性（即行业利润水平和竞争关系）评估及技术可行性（即产品技术创新性）评估。

行业利润水平和竞争关系的一般评估可采用迈克尔·波特的五力模型分析方法、行业生命周期方法、关键成功因素方法等，评估的关键是了解行业的平均利润水平、行业的发展阶段和行业的竞争关键要素。

技术可行性评估主要是对项目产品自身的独特性、创新性和经济性进行评估，以确认本项目的产品是否能更好地、更高效地满足需求。

（三）创业机会的可实施性

创业机会的可实施性本质上是指创业机会是否是“你的机会”，评估包含机会所需资源的可获得性、商业模式的可实施性和团队方面。

资源的可获得性需要回答：实施创业机会所需资源有哪些？关键资源有哪些？你或你的团队能否以可行的成本获得这些资源？

商业模式的可实施性是上述问题能够得到解决的一个重要因素，创业者必须重视设计规划一个相对完整的、系统的、适合的商业模式。商业模式不是一蹴而就的，可以在创业过程中逐步调整、改善。

对于创业机会来说，最重要的评估因素是创业团队。风险投资之父乔治·多里奥特曾说：“我更喜欢拥有二流创意的一流创业者和团队，而不是拥有一流创意的二流创业团队。”创业团队的评估主要包含：在价值观、目标和利益上的一致性；在能力、素质、性格、资源、背景、专业、经历等方面的互补性。具体评估方法见第三章创业团队建设。

【思考题】

1. 机会、创意、商业概念、创业机会之间存在着怎样的区别和联系？
2. 识别创业机会受到哪些因素的影响？
3. 有价值的创业机会有哪些特征？
4. 哪些机会适合用于创业？哪些机会适合于现存企业？
5. 机会评估的逻辑框架的核心内容有哪些？

【实践练习】

1. 区域性产业与企业调查。本练习以一个社区、商圈、园区为对象，以业务分类为线索，调查存续企业的状况，内容见表1-2-1。

表 1-2-1　存续企业状况

服务经济	主要分类构成	主要企业和业务
分配性服务	交通运输、仓储、快递	
	批发、零售	
生产性服务	金融	
	房地产	
	信息传输、计算机服务、软件	
	租赁、商务服务	
消费性服务	住宿、餐饮	
	文化、体育、娱乐	
社会服务	教育	
	技术服务、地质勘探	
	水利、环境、公共设施管理	
	卫生、社会保障和社会福利	
	居民服务和其他服务	
	公共管理和社会组织	

2. 由上表的调查结果，结合创新方法，提出本学习团队的新业务创意。

【案例讨论 1】

阅读大学生杨树军的创业机会案例，讨论下面的问题：

(1) 杨树军的 3 个创业项目是如何产生的？你觉得人最容易把握什么样的机会？

(2) 如何对杨树军的创业项目进行评价？

(3) 与杨树军相比，你的创业优势和劣势是什么？

【案例讨论 2】

百伯的创业机会

百伯成立于 2011 年 1 月，是百度旗下独立运营子公司。百伯原名为百度人才，2011 年 9 月 22 日正式更名为百伯。母公司百度对百伯注资近 1 亿元，另外还通过 SEM、百度联盟、全流量广告等形式提供价值约 1 亿元的推广资源。百伯希望两年内进行业三强。2011 年 11 月，百度再次注资超过 1 亿元，用于百伯产品研发和品牌建设。

百伯面向国内人力资源市场提供涵盖网络招聘、校园招聘、企业培训、人才测评等特色服务在内的全方位专业支持。百伯已完成全国七大重点城市分公司的组建，客户涉及 IT、互联网、电信、金融、房地产、快消、汽车和能源等多个行业。百伯坚持“真实，可信赖”的企业理念，面向个人用户和企业客户提供便捷、高效的人力资源服务。为营造和谐进步的网络招聘环境，百伯将积极致力于人力资源生态价值的持续优化与提升，引领行业健康发展。

在网络招聘市场，百伯是个“富二代”。为了创办百伯，百度不惜在智联招聘、51Job、中华英才三大龙头招聘网站高薪挖角，挖来了曾在智联招聘有过 8 年从业经验的集团副总裁李珍文任 CEO,智联招聘的原集团代理 CTO 刘平川任 CTO,百伯半数以上的员工都是来自上述三大招聘网站。

对于传统招聘网站来说,竞争的最大优势是求职者的质量。越来越多的社交招聘网站加入这个行业中来时,社交类招聘网站在招聘行业会有一定的市场,但是社交网络的成熟度目前还有待观察。2012 年春天,百伯从招聘服务网站转变成了一个信息聚合和垂直搜索的网站,相当于是职位搜索的"小百度"。百度想把百伯打造成一个求职搜索的入口,这相当于百度要做一个 C2C 的搜索入口。但找个工作职位,有几个人会去百度上搜索求职信息?

百伯一度被竞争对手视为巨头入侵,让他们如临大敌。然而轰轰烈烈运作两年有余,不待和同行开战,百伯便夭折了。

讨论:

(1) 什么是创业机会?创业机会应具备哪些特征?试从市场角度和创业机会来源的角度,分析本案例的创业机会属于哪种类型。

(2) 你认为百伯创业失败的原因是什么?

(3) 百伯的案例,对于你选择创业机会有怎样的启示?

【案例讨论 3】

电动平衡车

电动平衡车由美国发明家迪安·卡门(Dean Kamen)领导的团队发明设计。在平衡车上市前,坊间传闻这将是一款革命性的都市人群代步工具,风险投资家约翰·杜尔(John Doerr)预测电动平衡车公司赛格威会成为历史上最先取得 10 亿美元销售成绩的公司,并且它将"比因特网的影响还要巨大"。上市时,一台平衡车定价大约为 5 000 美元(也就是一台像样的二手车的价格)。在这种平衡车上,驾驶人只需要改变自己身体的角度,车辆就会根据倾斜的方向前进或后退。只要运行正常并且有充足的电力,驾驶人在上面就没有跌落的可能。不过,叫座不一定叫卖。赛格威公司的平衡车于 2001 年 12 月开始量产销售,迪安·卡门希望产品能在 2002 年结束以前,每周卖出 1 万台,这样一年内的销量就有 50 万台,但在之后的 6 年里,平衡车总计只卖出 3 万台。

讨论:电动平衡车项目的困境产生的原因是什么?参考创业机会评估框架的内容,你认为可以从哪些方面挖掘它的创业机会?

第三章　创业团队建设

【学习目标】

◇ 理解创业团队的内涵与特征
◇ 了解创业团队的组建原则和程序
◇ 掌握创业团队成员评估方法
◇ 掌握团队管理的一般原则
◇ 掌握团队激励机制建设及激励方式

【案例 1-3-1】

雷军组建小米创业团队

2010 年，从金山出来休息了几年的雷军，准备“出山”干件大事——用互联网电商模式卖手机。雷军很清楚，创业无非三要素：人、事、钱。人是最关键的。于是，他拿着小本本去搭班子，第一个找的是林斌。作为“李开复的左臂右膀”，林斌那时候在谷歌（中国）负责安卓的研发，他因为谷歌与 UC 的业务来往认识了在 UC 担任董事长的雷军。

有一天，两人如常约在咖啡馆里见面，雷军还没开口，林斌已告诉他正准备出来创业，方向是互联网音乐。雷军听完大喜，赶紧搭话：“不如跟我一起做安卓手机吧！”

俗话说，打铁要趁热，雷军随即摊开一张餐巾纸，在上面画出小米的商业模式：先从开源的安卓操作系统切入，做好用户体验，等操作系统被用户接受了，再做手机，然后通过电商模式卖产品，最终靠软件和互联网服务来盈利。

最后雷军还把小本本掏出给林斌看，里面是潜在的合伙人名单。

亲眼看见过谷歌电商失败的林斌没有急于表态，电商模式能否做成、创业资金从哪里来这些都是他所担忧的。显然，雷军是有备而来的，他以做过卓越的过来人身份力证电商能成功：“林斌，你就相信我吧，我一定能把电商做起来。”

随后，他搬出自己在金山的股票并抛出一句热血的话：“你拿着谷歌和微软的股票无非是为了投资，但最好的投资是投资自己。”如此诚意十足，林斌自然敢押上一切，于是他卖掉大部分谷歌和微软的股票，全部投入到小米中。

合伙计划一经敲定，两人便分头找人，雷军找来在金山时的老下属黎万强。黎万强毕业于西安工程大学设计专业，从 2000 年开始加入金山。10 年间。从底层员工做到金山软件设计中心设计总监，再到金山词霸总经理，长于用户界面和人机交互。

黎万强私底下与雷军十分要好。有一天，黎万强找雷军聊辞职的事，雷军问他辞职后有什么打算，他扬言要开个摄影棚。雷军一听就笑了，说：“跟着我干吧！”就这样，黎万强成为小米的第三位联合创始人。

特别有意思的是，林斌以同样的方式“俘获”了在微软时的同事黄江吉。那时候，黄江吉所在的微软研发团队正在重组，苦闷的黄江吉去找林斌诉苦。原本黄江吉只是打算跟老友吐槽一下目前的苦恼而已，谁知道林斌突然来了一句：“别在微软干了，出来跟我们一起创业吧！”林斌单刀直入，力劝黄江吉出来和他以及雷军一起创办一家中国人自己的公司。这让本来在微软碰壁又有了改换门庭心思的黄江吉异常动心。

看到黄江吉的反应，林斌趁热打铁，随后把他介绍给了雷军，双方很快约好了面谈。在北京知春路上的一家咖啡馆里，雷军、林斌和黄江吉三个人坐在一起聊天。初次见面，雷军很识趣，对于创业的事儿只字不提，只是和他们一起聊各种电子产品，从手机到计算机，从iPod到电子书。就这样，三个人一聊就是几个小时，雷军毫无保留地展示了自己作为一个超级产品“发烧友”的素质。

在那场长达几个小时的面谈中，黄江吉当场断定，对面坐着的两个人是要做点什么事情的，虽然他彼时还不知道他们具体要做什么，但是在临走之时，他放下一句话：“我先走了，反正你们要做的事情，算上我一份！”

除了黄江吉，林斌还挖来了自己在谷歌时的下属洪锋。跟雷军一样，洪锋是一个不折不扣的宅男极客，只要能用手解决的，绝不动口，但一出口言语必精炼，常常一击即中，全在点上。

2010年，春寒料峭的4月，13个人，一锅小米粥，一场携风裹雨的创业在中关村的银谷大厦里就此开始，启动的第一个项目是小米手机。

从谋划创业开始，雷军就设定每一个创始人都是某一方面的专才，且独立运作，互不干涉。创业的蓝图已经摊开，但人才还是迟迟未能集齐，向来沉稳的雷军这时也不免有点着急。

好在只是好事多磨。在洪峰的推荐下，长于工业设计的刘德加入。刘德在工业设计界赫赫有名，曾创办了北京科技大学工业设计系，是美国艺术中心设计学院建校80多年来招收的20多位中国毕业生之一。

这年5月，刘德在北京出差，洪锋邀请他去小米跟雷军等人见一下，在那场长6小时的见面会上，雷军说他要做手机，“这是个非常好的机会”，并邀请刘德加入。一个从未在主场打过仗的人，突然被自家兄弟喊上场干一仗，刘德的热血一下子澎湃起来，一个月后，刘德彻底加入进来：“雷总给大家‘忽悠’的这个愿景够好，那就干呗！”

雷军盘算着，工业设计、用户界面和人机交互、软件工程、移动互联网应用开发和产品设计等人才已经聚齐，但唯独差了做硬件的，这可万万不行啊。

随后3个月的时间里，他足足面试了上百人，还是没有找到合心意的。直到周光平的出现，才打破了这个局面。周光平从1995年开始就在摩托罗拉工作，他是做手机方面的专家，已经55岁。刚开始有人推荐他的时候，雷军觉得应该没戏。但事已至此，也只好试一下。双方接连见面约谈好了几次，有一天，正在出差的雷军突然接到林斌的电话，林斌说：“周博士同意了！”

至此，6位联合创始人全部到位。

（参见李迎：《雷军组建小米团队的那些事》，《电商报》2018年10月23日。有改动）

第一节　创业团队的内涵与特征

荀子《劝学》中说："假于马者，非利足也，而致千里；假舟楫者，非能水也，而绝江河。君子非生异也，善假于物也。"创业活动更是如此，需要"一个好汉三个帮"，借助团队的力量形成合力来完成。

一、群体、团队、创业团队

团队(team)是群体的特殊形态，它是为了实现某一共同目标而由协同工作、相互依赖、共担责任的个体组成的正式群体。

团队和群体有一些根本性的区别：群体成员以某些共同特征集合在一起，团队成员以共同目标或任务集合在一起；群体成员角色一般是可以互换的，团队成员的角色是互补的；群体成员承担个人的成败责任，团队成员承担团队整体的成败责任。概括来说，群体是个体的机械集合，团队是个体的有机结合。

创业团队的概念有广义和狭义之分。

狭义的创业团队是指拥有共同创业目标、共享创业收益、共担创业风险的一群创建新企业的人。

广义的创业团队在目标上不仅仅是创建新企业，还包含为了拓展新的领域、探索新的问题、攻克新的任务等广义创业层面的目标而组成的创业团队；在团队人员构成方面，还包括与创业过程有关的各种利益相关者，如风险投资家、供应商、专家顾问等，他们在创业团队成长过程中的某个阶段中起着至关重要的作用。

创业团队与普通团队有着较大的区别，见表 1-3-1。

表 1-3-1　创业团队与普通团队的区别

维度		创业团队	普通团队
目标明确性	目标来源	成员自行确定目标	组织下达目标或第三方委托目标
	目标定位	建立新的企业，寻找合适的企业发展路径	完成组织安排的指定任务
任务依赖性	个体与组织关系	创业者与创业团队的关系密切	普通团队的失败不一定会导致其成员离职
	个体与个体关系	创业者之间相互依赖，每个成员的任务都会深刻影响其他成员	成员之间关系并不密切，每个人的任务对别人的影响并不显著
角色合理性	角色类型	风险投资者、资本运营者、经营开发者等	跨职能部门成员、财务人员、营销人员等
	角色界限	比较模糊	相对明晰

目标明确性是指创业团队的目标是内生性的，普通团队的目标是外部赋予的，因此目标激励的程度是有差异的。

创业团队的任务依赖性是指团队成员必须依赖彼此才能够完成任务。团队需要完成的工作任务一般来说都比较复杂和高度专业化，同时又很难明确地区分每个成员的具体任务，因此往往需要相互依赖才能完成。团队成员之间的彼此依赖是团队合作的源泉，只有彼此依赖才能进一步产生团队信任。由此可见，任务依赖性对团队协作和信任都十分重要。在创业团队中，创业者与创业团队的关系密切，生死相依，每个成员的任务都会深刻地影响到团队中的其他成员。在普通团队中，团队成员之间的关系并不密切，团队的失败并不一定意味着团队成员的失业；同时由于跨职能等原因，每个人的任务对别人的影响较小。

创业团队成员在团队中实际上扮演着不同的角色。所谓团队角色，就是指团队成员为了推动整个团队的发展而与其他团队成员交往时所表现出来的行为方式以及态度。创业团队的角色类型一般包括风险投资者、资本运营者以及经营开发者等，各个角色之间的界限相对模糊、并且呈现互补状态。而在普通团队中，其角色类型一般包括跨职能部门成员、财务人员以及营销人员等，角色之间的界限比较清晰。

二、创业团队的类型

一般说来，创业团队大体上可以分为星状创业团队和网状创业团队两大类。

（一）星状创业团队

星状创业团队中有一个核心主导人物充当领袖的角色。这种团队在形成之前，一般是核心领袖有了创业的想法，然后根据自己的设想组织创业团队。因此，在团队形成之前，核心领袖已经就团队的组成进行过仔细思考，根据自己的想法选择适合人选加入团队，团队成员更多的时候是支持者的角色。例如，小米的雷军就是先有了创业的想法，再去按照项目设想的需要来组建创业团队。

星状创业团队的优点：结构紧密，向心力强，主导人物在组织中的行为对其他人影响巨大；决策程序相对简单，组织效率较高。其缺点是容易形成权力过分集中的局面，从而使决策失误的风险加大。特别是在团队发生冲突时，团队中其他非主导成员往往会处于被动地位，并且在冲突严重的情况下选择离开团队，从而对团队的组织产生较大影响。

（二）网状创业团队

在网状创业团队中，没有明确的核心人物，成员之间一般在创业之前就有密切的关系，由志同道合的伙伴发展成为创业团队。因此，在企业初创时期，各位成员基本上扮演着协作者或者伙伴的角色，在共同的工作中逐渐根据各自的特点进行自发的组织角色定位。例如，雅虎的杨致远和斯坦福电机研究所博士班的同学大卫·费罗，微软的比尔·盖茨和童年玩伴保罗·艾伦，惠普的戴维·帕卡德和他在斯坦福大学的同学比尔·体利特等，多家知名企业的创建多是先由于关系和结识，基于一些互动激发出创业点子，然后再合伙创业。

网状创业团队的特点：① 组织决策时，一般采取集体决策的方式，通过大量的沟通和讨论达成一致意见，因此组织的决策有效性较高而效率相对较低；② 团队没有明显的核心，整体结构较为松散，当团队成员之间发生冲突时，一般采取平等协商、积极解决的态度消除冲突，团队成员不会轻易离开；③ 由于团队成员在团队中的地位相似，因此容易在组织中形成多头领导的局面，如果团队成员间的冲突升级，使某些团队成员撤出团队，就容易导致整个团队的涣散。

（三）两种创业团队的比较

星状创业团队是先有创业点子再有创业团队，而网状创业团队则恰好相反，先有核心创业团队的结识再有创业点子的提出；此外，网状创业团队比有核心领导的星状创业团队更强调人际关系在创业团队构成中所扮演的角色。从中国的创业团队类型来看，由于中国特有的文化特征和数千年来形成的行为方式，网状创业团队的数量远远超过了星状创业团队。

从团队的稳定性来看，网状创业团队不如星状创业团队。其主要原因在于有核心主导的星状创业团队是由一个核心主导来组成所需要的团队，他在挑选成员的时候就已经考虑到成员的个性、能力、技术以及未来的价值分配模式，这就保证了团队成员的能力不会因为公司规模的扩张而不适应经营的要求，同时不会出现由于创业成员间因为自身性格、兴趣不合而导致创业团队解散的情况。

三、创业团队的特征

创业团队中的不同成员拥有不同的特质，这些特质让他们能够互补优势，相互配合，相互帮助，以良好的沟通促进团队协作。创业团队与一般团队相比具有显著的特征，具体如下。

（一）异质性和互补性

创业团队最大的特点就是创业团队成员之间的异质性和互补性。创业团队由于面临着巨大的市场挑战，唯有组建创业团队，利用团队成员之间的异质而实现互补，才能一起对抗风险，实现成功创业。

异质性是团队结构的一项重要指标，牛芳、张玉利和杨俊(2011)将创业团队的异质性分为任务相关异质性和身份相关异质性。①

任务相关异质性反映了团队所具备知识、经验和技能的多样性。团队的知识、经验和技能在一定程度上决定了团队的认知能力和模式，团队中多样化的知识、经验和技能能够为分析问题提供全方位的视角，从而提高决策质量和企业绩效。特别是在处理非程序化问题时，异质性团队比同质性团队具有更大的优势。新企业成长过程中面临的主要问题是非结构化问题，由此，任务相关异质性有利于企业的成长。

关于身份相关异质性方面，根据身份认同理论，年龄、性别等相关异质性可能导致成员之间存在偏见、缺乏信任、引发矛盾和冲突，从而削弱团队凝聚力。特别是在缺乏制度和行为规范约束的初创企业中，身份相关异质性可能给创业团队和新企业带来更加严重的负面影响。因而，为了促进组织绩效的提高，创业团队成员应该尽量增加任务相关异质性而减少身份认同异质性。

（二）高度不确定性

创业团队的高度不确定性体现为创业者本身的不确定性、创业团队内部的不确定性以及外部环境的不确定性。创业者本身的不确定性主要是指创业者由于自身知识、能力的不

---

① 牛芳、张玉利、杨俊：《企业团队异质性与新企业绩效：领导者乐观心理的调节作用》，《管理评论》2011 年第 11 期，第 110～119 页。

同导致创业者在创业过程中会提早离开或中途加入创业团队，使得创业团队内部人员呈现不确定的状态。同时，由于创业初期存在规章制度不完善、不健全的问题，创业团队内部可能会经常修改、更换团队内部的相关制度，并由此产生创业团队内部的不确定性。此外，由于外部环境瞬息万变，创业团队也面临着外部环境不确定性的挑战。

（三）目的的创造性

一般团队成立的目的往往是解决某类或某种具体的问题，并只是对过去存在的问题进行分析；而创业团队成立的目的往往是创造性地开拓新企业或新事业，主要强调对未来的开拓。创业团队拥有创造性的目的，往往要求开拓新的市场、开发新的技术、形成新的管理理念等。目的的创造性要求创业团队必须具有极强的创新意识和创业精神，不断开拓，锐意进取。

（四）时间的持续性

一般团队是为了解决特定问题而临时组建的，若问题解决则团队也随之解散，一般持续时间较短。而创业团队不是临时组建的，它会长期存在——从创业机会识别到创业过程再到企业巩固时期。这要求创业团队必须长期合作，直至实现最终的目的。

（五）问题解决的全面性

一般团队解决问题的范围是局部性、任务性的，创业团队解决的问题必须是广泛的、涉及各个层面的。这主要是因为创业过程是一个全面性而非局部性的过程，这就要求创业团队必须基于创业过程的各个环节解决各种可能出现的问题，要求创业团队能力结构的全面性。创业团队面对的是不确定的市场环境，机遇和风险可能在各个方面出现，创业团队如果没有全面的能力是无法解决可能出现的各种问题的。

（六）平等性

创业团队内部往往具有高度的平等性，这种平等并不意味着股权和各种权力的绝对平等，而是立足于公正基础上的平等，也就是在团队内部客观评定各个成员对于团队的贡献程度的基础上的平等性。事实证明，绝对的平等不仅不利于企业的发展，反而会阻碍企业的发展，其原因是权力的过度分散会导致公司在运营过程中机会的丧失。团队需要建立以能力和贡献为基础、以实现组织效率为目标的激励政策和薪酬制度，合理的激励政策和薪酬制度是保持团队稳定和团队绩效的基础，也是团队公正性的体现。

（七）极高的组织承诺

一般团队中个人对所属组织的目标和价值观的认同处于较低水平，个人及团队没有强烈的归属感和高度的凝聚力。创业团队的成员则往往有着极高的组织承诺，各个成员之间高度凝聚，为了共同目标密切合作，在组织内部有着强烈的归属感，能够将自己与团队融为一体，具有荣辱与共的精神。

第二节 创业团队的组建

创业团队的组建是团队创业活动的起点，团队成员要共同抵抗在高度不确定性环境下开拓事业的风险和压力的挑战，能够经历“生存下来→成功转型→规范建设”这个充满艰险的过程胜利靠岸，需要在组建过程中奠定良好的基础。

一、创业团队组建原则

（一）一致性原则

“道不同不相为谋”是中华文化传承千年的智慧，创业团队形成的基础在于其成员的相互信任、相互支持关系，所以招募创业成员、组建创业团队需要充分的沟通、调研、评估。

创业团队成员间最重要的，也是首先应考虑的是价值观与经营理念一致。创业活动面临很多非常规性的、高风险性、紧急的问题需要决策，价值观和经营理念是面临问题进行选择和决策的根本依据。

其次是发展战略目标与愿景一致。团队成员间对创业的未来目标和愿景的期待是一致的，才能建立信任，相信团队的目标并为之付出努力、投入热情，团队协作采取一致行动，实现团队效能，达成一致成果。

最后是利益一致，利益一致原则需要建立完善的制度机制来保障。利益一致性有两个层面的含义，一是集体层面，指团队利益要高于个人利益，团队成员的决策和行动应以团队整体利益为最高利益；二是个人层面，指团队成员的个人利益是一致的，形成“一荣俱荣、一损俱损”的认同感，以实现团队成员共同进退。

（二）互补性原则

创业团队成员的异质性和互补性，对于创业团队和初创企业取得高绩效具有十分重要的意义。互补性的创业团队成员可以贡献差异化的知识、技能、能力、资金以及关系等各类创业资源，这些资源能够帮助初创企业更好地克服创新的风险和资源的约束。

企业能否快速成长不仅取决于领导者个人的个性、行为和背景，也取决于全体高层执行团队成员的个性、行为和经验，以及他们合作共事所发挥的优势。

因此，在创业团队成员的选择上，必须充分注意人员的知识结构，合理配备技术、管理、市场、销售等人员，充分发挥个人的知识和经验优势。

此外，企业在不同阶段对社会资源有不同的要求。对于种子期的项目，团队往往以技术人员为主；对于发展扩张期的项目，需要技术人员和市场开拓人员并重；对于成熟期、规模较大的项目，必须加大管理人才的权重。

爱迪思（Adizes）的 PAEI 管理角色模型为我们进行创业团队组建提供了一个很好的指导。PAEI 管理角色模型是指在一个成功管理团队中的四个关键角色：业绩创造者（producer）、行政管理者（administrator）、企业家（entrepreneur）、整合者（integrator）。PAEI 的潜在思想是没有哪一个管理人员能够单独应对企业的所有挑战。面对日益复杂的世界和生存环境，任何一个企业都必须组织管理团队来应对。PAEI 模型并非要求所有的管理团队都要一一设置上述四个角色，现实中的管理团队可能超过或少于这四个角色。在企业生命周期的各阶段发展过程中，这四个角色的作用也是变化的，如图 1-3-1 所示，其中大写字母表示重要作用，小写字母表示次要作用，没有则表示作用被忽略。

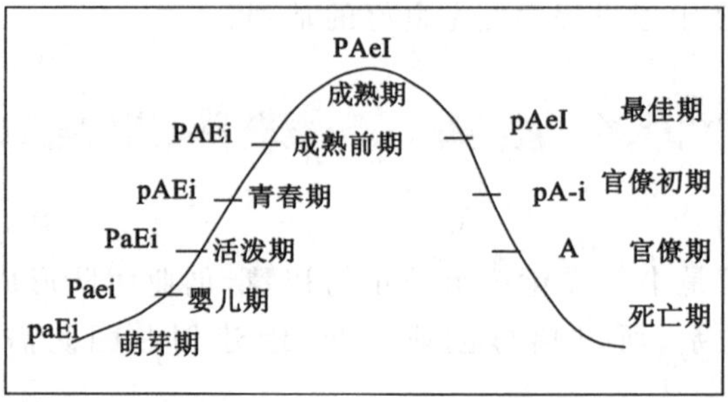

图 1-3-1　企业生命周期不同阶段管理团队能力的变化

二、创业团队组建的程序

创业团队的组建是一个非常复杂的过程，不同类型的企业所需要的创业团队不一样，因此，创业团队组建的步骤也是不一样的。由创业者发起的星状创业团队的一般程序如图 1-3-2 所示。网状创业团队一般是先有团队再共同发起创业，因此更重要的是团队的管理和激励问题。

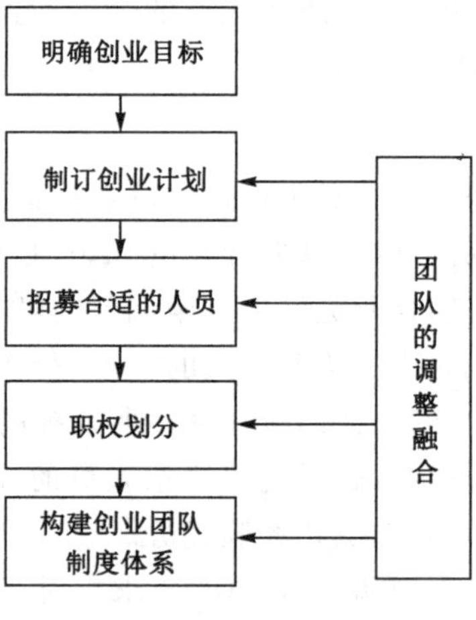

图 1-3-2　创业团队组建一般程序

（一）明确创业目标

创业团队的总目标就是要通过完成创业阶段的技术、市场、规划、组织、管理等各项工作来实现企业的从无到有、从起步到成熟。总目标确定之后，为了推动团队最终实现创业目标，还要再将总目标加以分解，设定若干可行的、阶段性的子目标。

（二）制订创业计划

在确定了总目标以及一个个阶段性子目标之后，紧接着就要研究如何实现这些目标，这就需要制订周密的创业计划。创业计划是在对创业目标进行具体分解的基础上，以团队为整体来考虑的行动计划。创业计划确定了在不同的创业阶段需要完成的阶段性任务，通过逐步实现这些阶段性目标来最终实现创业总目标。

（三）招募合适的人员

招募合适的人员是创业团队组建的关键一步。关于创业团队成员的招募，主要应考虑两个方面：一是考虑需求性，一般而言，创业团队至少需要管理、技术和营销三方面的人才。只有这三方面的人才形成良好的沟通协作关系后，创业团队才可能实现稳定高效发展。二是考虑适度的团队规模，适度的团队规模是保证团队高效运转的重要条件。团队成员太少则无法实现团队的功能和优势，而成员过多又可能会产生交流的障碍，团队很可能会分裂成许多较小的团体，进而大大削弱团队的凝聚力。一般认为，创业团队的规模控制在2～12人为最佳。

（四）职权划分

为了保证团队成员执行创业计划、顺利开展各项工作，必须预先在团队内部进行职权的划分。创业团队的职权划分就是根据执行创业计划的需要，确定每个团队成员具体所要担负的职责以及相应享有的权限。团队成员间职权的划分必须明确，既要避免职权的重叠和交叉，也要避免无人承担某项职权等现象的发生。

必须强调的是，创业团队是成果共享、风险共担的，因此职权既要清晰明确又要能够做到相互支持辅助，不能有“独善其身”只完成本职工作就可以了的意识。此外，初创企业由于尚处于创业过程中，面临的创业环境动态复杂，会不断出现新的问题。团队成员也可能不断更换，因此创业团队成员的职权也应根据需要不断地进行调整。

（五）构建创业团队制度体系

创业团队制度体系体现了创业团队对成员的控制和激励能力，主要包括团队的各种约束制度和各种激励机制。一方面，创业团队通过各种约束制度（主要包括纪律条例、组织条例、财务条例、保密条例等）指导其成员避免做出不利于团队发展的行为，实现对其行为的有效约束，保证团队的稳定秩序。另一方面，创业团队要实现高效运作的激励机制（主要包括利益分配方案、奖惩制度、考核标准、激励措施等），使团队成员认识到其自身利益随着创业目标的实现会发生何种程度的改变，从而充分调动成员的积极性，最大限度地发挥团队成员的作用。

要实现有效的激励，首先，必须把成员的收益模式界定清楚，尤其是关于股权、奖惩等与团队成员利益密切相关的事宜。其次，创业团队的制度体系应以规范化的书面形式确定下来，以免造成不必要的混乱。

（六）团队的调整融合

完美组合的创业团队并非一开始就建立起来的，很多时候是在企业创立一段时间后随着企业的发展逐步形成的。随着团队的持续运作，团队组建时在人员匹配、制度设计、职权划分等方面的不合理之处会逐渐暴露出来，这时就需要对团队进行调整融合。由于问题的暴露需要一个过程，因此团队调整融合也应是一个动态持续的过程。在完成了前面的工作步骤之后，团队调整融合工作要专门针对运行中出现的问题不断地对前面的步骤进行调整，直至满足实践需要为止。在进行团队调整融合的过程中，最为重要的是要保证团队成员间有效的沟通与协调，培养并强化团队精神，提升团队士气。

三、创业团队人员招募

（一）创业团队人员招募原则

要清楚需要什么样的人，要结合工作分类、角色定位等情况梳理出招募人才的需求，并且进行人才评估，要找到价值观、经营理念及具有相同创业基因和创业精神的人。

采用招聘STAR法则，即从过去发生的事情中询问应聘者：当初事情是在什么情境（situation）下发生的？你当时是如何确定你的目标（target）的？为了完成目标，你采取了什么行动（action）？最后的结果（result）是什么？

团队招募一要注意营造团队文化，通过团队文化的凝聚力和影响力进行团队建设；二要关注团队内部人才的发展，建立人才梯队，防止出现文化稀释现象。

创业团队人员招募的过程事实上是价值观确认和传播的过程，要将企业的价值观在招募的过程中明确地告知团队成员，这样才能找到与企业最为匹配的成员加入创业团队。

（二）团队人员评估要素及评估方法

1. 创业者自我评估

在任何情况下，选择合适的创业伙伴的过程，都应当开始于创业者所做的仔细的自我评估。这是因为，从非常现实的角度看，除非创业者知道他们已经拥有什么，否则，他们不可能知道他们需要从别人那里得到什么。为了选择与自己在知识、技能和特性方面具有互补性的合作者，创业者首先必须对自己的人力资本进行认真的自我评估。这是一件非常困难的事情，因为人们通常意识不到自身的行为，而且在许多情况下，只能根据其他人对自己的反应来理解自己的特征。创业者自我评估的内容见表1-3-2。

表1-3-2　创业者自我评估的内容

评估事项	评估内容
知识基础	创业者所接受的教育以及经验可以表明创业者知道什么和不知道什么，以及需要从其他人（包括潜在合作者）那里获得什么
专门技能	每个人都有一系列独特的完成某些任务的能力，创业者应当去理解并列举出自身技能，并将其作为创建新企业的初始步骤
创业动机	思考创业动机有利于评判创业者和那些潜在合作者之间的动机差异，防止未来发生隐患
承诺	承诺是指完成事情（即使逆境中也继续前进）以及实现与新企业相关的个人目标的意愿
个人特质	创业者要了解自身在责任感、外倾性、友好性、情绪稳定性、经历开放性这五大关键维度上处于什么位置

2. 团队成员的互补性与相似性评估

选择优秀的创业伙伴并发展与他们的良好工作关系是一项复杂的工作，需要很多努力，因为新企业的成功在很大程度上取决于它所获取的人力资源，以及最初的、早期的员工所带来的人力资源。其中一个需要考虑的首要问题是，在角色安排上，创业者应当选择那些在各个方面都与自己相似的，还是以互补的方式选择那些有差异的人，以便他们提供自己所缺少的知识、技术和能力？

【拓展阅读 1-3-1】

真格基金投资判断人和团队的哲学

真格基金从四个角度来判断人。

① 学习力：包括过去、现在和未来的学习能力，比如学历就代表一个人过去的学习能力。

② 工作力：包括工作经验、技能和资源等。

③ 影响力：也叫个人魅力，就是感染他人的能力。

④ 坚持力：能够克服困难走过去的能力。

真格基金从三个角度来判断团队。

① 团队吸引力：团队成员之间是否有互相爱慕仰慕的情感，觉得能跟这个人一起工作很棒。

② 团队互补力：团队成员间互补，但也不单纯地指能力，也包括性格。

③ 团队协调力：一堆人一起做事，一定会有冲突，团队从冲突走向妥协的能力非常重要。

（根据网络资料整理）

人们往往愿意同在许多方面与自己具有相似性的人交往，觉得相互之间更加了解，而且更容易自信地对彼此未来的反应和行为加以预测，从而更容易选择他们作为自己的合作伙伴。创业者也会遵循“相似性导致喜欢”的规则，多数人倾向于选择那些在背景、教育、经验上与他们非常相似的人，许多新企业就是由来自同一领域或同一职业的创业者所组成的团队创建的。但是，此趋向存在的最重要的缺点就是冗余问题：相似的人越多，他们的知识、培训、技能和欲望重叠的程度就越大。例如，当所有人都是技术专家时，这在设计一个现实中可行的新产品时十分有用，但对市场营销、法律事务或者有关员工健康与安全等方面的规定知之甚少。这通常不利于企业获取必要的财务资源以及有效运营，而且如果所有人都在同一领域，他们往往具有相互重叠的社会网络，因而他们所接触的能够从对方获取财务支持等资源的人就很有限。

创业团队中宽泛的知识、技术、经验信息和能力有利于新企业，因此，在互补性基础上选择合作创业者通常是一种更有用的策略。如果一个团队成员所缺少的东西可以由另一个或者更多的其他成员提供，那么，整体的确大于各部分之和，创业团队获得成功的可能性增强。相似性也是有利的：它增加了沟通的便利性并有助于形成良好的人际关系，动机方面的相似性也非常重要。因此，一种平衡的方法是，在知识、技能和经验方面主要关注互补性，而在个人特征和动机方面则考虑相似性。

创业者组建创业团队的第一规则是：不要屈从于只和那些背景、教育、经历状况与自己相似的人一起工作的诱惑。

（1）知识评估。

随着科学技术的进步和产品更新换代速度的加快，知识成为最为重要的生产力要素。初始合伙人团队的受教育水平在一定程度上可以反映其知识掌握的程度，具有较高受教育程度的初始合伙人团队往往具备与创业有关的重要技能，可能在研究能力、洞察力、创造力等方面表现得略胜一筹，而这些素质是创业成功的关键性因素。如果初创企业所从事的行业领域具有较强专业特征，那么，接受过高等教育的初始合伙人团队就会从工程技术、计算机科技、管理科学、物理、化学、生物等专业教育中获得显著优势。

（2）经验评估。

初始合伙人团队所拥有的相关产业经验，有利于更为敏锐地理解相关产业发展趋势，可以更加迅速地开拓市场和开发新产品。例如，对创建一家生物制药企业来说，初始合伙人团队是否具有相关领域的生物制药技术经验就特别重要，如果他采取边学习边创业的方式，那么想成功地创建并经营好一家生物制药企业则十分困难。另外，对团队成员的经历评估也十分重要，具有创业经历的初始合伙人团队，无论曾经取得成功还是遭遇失败，都可以成为初创企业成功经营的有利因素，甚至成为一种独一无二的优势。因为，他们要比初次接触创业过程的创业者更熟悉创业过程，并可以在初创企业中复制以前的成功创业模式，或者有效规避导致巨大失败的错误。

（3）关系评估。

具有广泛社会关系网络的初始合伙人团队往往更容易获得额外的技能、资金和消费者认同。初创企业应当善于开发和利用网络化关系，构建并维持与兴趣类似者或能够给企业带来竞争优势者的良好人际关系，这种网络化关系也是创业者社会资本的具体体现。初始合伙人团队请业务上的熟人或朋友介绍投资者、商业伙伴或潜在消费者，在新企业创建过程中是经常采取并行之有效的方法。

（4）能力评估。

虽然董事会具有正式的治理职责，但是，董事会所发挥的最大作用还是为企业管理者提供指导和支持。实现这一点的关键是企业挑选的董事会成员要有能力、有经验，愿意给予建议并能够提出具有洞察力和深入性的问题。因为管理者需要依靠董事会成员的忠告和建议，所以一定要有目的地选择外部董事，要让他们填补企业管理者和其他董事在经验与背景方面的空缺。

（5）资质评估。

董事会是由股东大会选举产生的，负责处理公司诸种重大经营管理事项。具有较高知名度和地位的董事会成员能为企业带来即时的资信。没有可信资质，潜在消费者、投资者或员工很难认同初创企业的高质量。一般认为，高素质的人不会愿意在低水平的企业董事会任职，因为这对他们的名誉和声望而言是有风险的。所以，当高素质的人同意在企业董事会任职时，他们本质上是在发出某种质量信号，即这家公司很有可能取得成功。

【案例 1-3-2】

新东方团队

1996 年，俞敏洪邀请王强、徐小平一起创业，新东方开始从个体户变为合伙人制度，三个人各自承包一部分内容。俞敏洪说：“选择合伙人，一定选择比自己强、比自己牛的人。王强是我大学时的班长，徐小平是我在北京大学的老师。他们对学生的感召力、他们对新东方发展的建议、他们带回来的人力资源聚集、他们带来的震撼性影响，都很有价值。”

（根据网络资料整理）

四、优秀创业团队的创建

(一)创业团队的行动原则

1. 以创业机会为线索

如果创业机会所蕴含的不确定性较高,价值创造潜力较大,往往意味着创业过程中面临的任务也就越复杂、越具有挑战性,此时,理性地组建创业团队可能会更好地应对创业过程中的复杂任务,有助于创业成功。例如,在高技术领域,大部分创业者都在依据理性逻辑来组建创业团队,强调团队成员之间在技术、营销、财务等职能经验领域的互补性。如果创业机会所蕴含的不确定性较低,价值创造潜力一般,在这样的条件下,创业团队成员之间的齐心协力和信任感更加关键。

2. 以凝聚力为核心

创业团队中每个成员都是紧密相关、不可分割的,企业的成功既是每位成员共同努力的目标,也能使成员从中获取精神上和物质上的收益。优秀创业团队中的成员明白单纯依靠个人的力量不可能成功,任何个人离开企业的整体利益都不能单独获益。同样,任何个人的损失也将损害整个企业的利益,从而影响每个成员的利益。

3. 以合作精神为纽带

具有成长潜力的企业最显著的特点就是创业团队的整体协同合作能力。优秀的创业团队注重相互配合以减轻他人的工作负担从而提高整体的效率。他们注重在创业团队的成员中树立榜样模范,并通过奖励制度激励员工。

4. 以完整性为基础

任务的完成必须建立在保证工作质量、员工健康或其他相关利益不被侵犯的前提下。因此,艰难的选择和利弊权衡应综合考虑客户、企业利益以及价值创造,而不能以纯粹的功利主义为依据,或是狭隘地从个人或部门需求的角度来衡量。

5. 以长远目标为导向

和大多数组织结构一样,新企业的兴衰存亡取决于其团队的敬业精神。一支敬业的团队,其成员会朝着企业的长远目标努力,而不会指望一夜暴富,他们将在长远目标的指引下不断奋斗直到取得最后的胜利。创业企业靠"今天进入,明天退出(或经营发生困难之际退出)"而在短期内获得意外横财是不具备可持续性的。

6. 以价值创造为动力

创业团队成员都致力于价值创造,即努力把蛋糕做大,从而使所有的人都能获利,包括为客户提供更多的价值,帮助供应商从团队的成功中获取相应收益,以及使团队的赞助商和持股人获得更大的盈利。对于创业团队的成员而言,企业最终获得的收益才是衡量成功程度的标准,而非他们个人的薪水、办公条件或生活待遇等。

7. 以公正性为准绳

尽管法律或道德都没有规定创业者在企业收获期要公平、公正地分配所获利益,但公正性是企业组织持续生存的基础。对关键员工的奖酬以及职工股权计划的设计,应与个人在一段时期内的贡献、工作业绩和工作成果相挂钩。意外和不公平的情况往往在所难免,因此必须随时做相应的增减调整。

（二）创业团队组建的一般要求

1. 形成一致的创业理念和创业思路

一致的创业理念和创业思路是形成团队凝聚力、相互信任和有效沟通的基础。如果未能形成一致的创业思路，创业团队成员的经营理念与方式不一致，即使有再多高技能的人组合在一起也难以保证创业目标的实现。许多创业团队后来的分化和解体，根本原因就在于缺乏共同的创业思路。

2. 建立共同的行动纲领和纪律制度

如果一个创业团队没有经过大家共同议定的行动纲领，就会使团队失去目标，因而很难形成凝聚力；如果没有完善有效的纪律制度，则很难保证成员相互工作的协调一致。在团队创业过程中，逐步形成规范的管理制度是企业发展的必要过程。

3. 设计合理的工作绩效评估和激励体系

企业在创业之初，就应建立适合团队性质、任务和行为规范的绩效评估体系。绩效考评应关注业绩、体现成员的贡献差异、具有一定的灵活性，能够为成员的奖惩、职务调整和薪资安排提供依据，为成员与领导者之间提供一个正式沟通的机会，也能让员工了解自己工作的实际效果以及企业对他的期望，使员工有明确的改进方向和目标。绩效考评应是全方位的，主要包括对工作效果、工作潜能、工作态度、工作精神、人际沟通能力以及员工行为过程的考评。绩效考核的方式，可以采取量化或者面对面交流的方式，这两种方式各有所长，创业企业可以参考其实际情况采取不同的方式。只有考核制度和指标体系还不够，还要有对员工的职业发展规划，帮助员工在工作中、企业内部培训中以及自学中不断提高自己的能力和职级。在高新技术企业中，职业发展规划有时候比丰厚的薪酬更能吸引和激励高素质的员工。

4. 动态地调整团队成员

优秀的创业团队并非一蹴而就，往往是在新企业发展过程中逐渐孕育并形成的。创业团队中或许有的人不认同团队的理念，或许有的人有其他的打算，或许有的人不称职。创业企业在发现问题以后要果断换人，使企业保持行为和意识的一致性，只有这样才能保持企业的活力。

第三节　创业团队管理

一、创业团队的管理要素

创业团队管理的重点是在维持团队稳定的前提下发挥团队多样性优势。创业团队需要具备五个重要的要素，即目标、人员、定位、职权和计划。

（一）目标

创业团队应该有一个既定的共同目标，为团队成员导航，让其知道要往何处去。目标要在创业企业的管理中以创业企业的愿景、战略等形式体现出来。

（二）人员

在一个创业团队中，人力资源是所有创业资源中最活跃、最重要的资源。应充分调动创业团队成员的各种资源和能力，将人力资源进一步转化为人力资本。目标是通过人员来实现的，所以人员的选择是创业团队中一个非常重要的部分。一个团队中需要有人出主意，有人做计划，有人负责实施，有人协调不同的人一起工作，还有人监督创业团队工作的进展、评价创业团队的最终贡献。不同的人通过分工来共同完成创业团队的目标。在人员选择方面，要考虑人员的能力如何、技能是否互补、人员的经验如何。

（三）定位

创业团队的定位包含两层意思：一是创业团队的定位。即创业团队在企业中处于什么位置，由谁选择和决定团队的成员，创业团队最终应对谁负责。创业团队应采取什么方式激励下属。二是个体（创业者）的定位。即个体成员在创业团队中扮演什么角色，是制订计划还是具体实施或评估，是大家共同出资、委派某个人参与管理，还是大家共同出资、共同参与管理，或共同出资、聘请第三方（职业经理人）管理。这体现在创业实体的组织形式上，即是合伙企业还是公司制企业。

（四）职权

创业团队中领导者的权力大小与其团队的发展阶段和创业实体所在的行业相关。一般而言，创业团队越成熟，领导者所拥有的相应权力就越小；在创业团队发展的初期，领导权相对比较集中。

（五）计划

计划有两层含义：一是目标的最终实现，需要一系列具体的行动方案，可以把计划理解成达到目标的具体工作程序。二是按计划进行，可以保证创业团队工作的顺利进展。只有在计划的指导下，创业团队才会一步一步地贴近目标，最终实现目标。

二、创业团队领导与冲突管理

创业是基于理想的追求，来自激情的支持，创业伙伴也可能是多年好友，创业团队组成之初可能彼此都有高度的承诺与无悔的付出，但随着时间流逝和事业成长，矛盾、认知差距、利益冲突等问题就会浮出水面。其中，经常会出现的管理问题包括以下几种。

（一）团队中唯一权威主管问题

企业需要权威的主管，同样，创业团队要成功也必须有强势领导人。大家一同创业，谁应该是主导者？谁来做最后决定？当发生严重利益冲突或彼此意见不一致的时候，由谁来决定？在创业企业中，团队的创始人是至关重要的，他必须有创业者的胸怀和品质，有素养和能力来组建团队和发挥团队的作用，并在企业的发展过程中随时做好团队成员间的协调工作，使团队的整体水平不断提高，以适应企业发展的需要。

（二）团队成员间相互信任问题

互信是形成团队的基础，但互信往往要经过长期合作才能形成。事实上，自私自利当属大部分人的本性，能义无反顾将团队利益置于个人利益之上者，恐怕还是少数。因此，盲目地信任团队成员，恐怕也是非常不明智的。自相矛盾的是，不能互信难以形成团队；盲目互信，却又要冒很大的风险。可见，建立团队时，既要培养和发展团队中人与人之间的信任，又要建立正常的监督约束机制，以避免产生用错人的风险。

（三）团队成员间不同意见和矛盾问题

创业团队成员经常会执着于创业构想，极力维护自己的主张，同时逃避自己的失误。这种固执己见、争权夺利、逃避弱点等人性缺失，往往会使团队难以追求问题的最佳解决方案。有的团队成员会非常在意自己的地位与利益，将自己凌驾于团队之上、将感性凌驾于理性之上。尤其是创业的初始团队成员很难接纳比自己更为优秀的新成员加入团队，因此必须有善于倾听意见并善于概括总结出正确意见的领导者来克服这些矛盾。创业者在组织团队和领导团队时，应体现出高超的领导能力和协调能力。

（四）团队成员间利益分配问题

创业者必须十分重视处理好团队成员利益分配问题，设计好激励机制，以在创业企业内形成一种良好的共同创业氛围。创业团队应当致力于为企业建立一个最佳的激励机制，这个激励机制能够尽可能公平、公正地反映所有团队成员的责任、风险和为企业所作的贡献。一个好的激励机制应当能够体现出特定的企业目标，同时能够有助于团队成员个人价值的实现。

第四节　创业团队股权分配及激励机制

在确定好创业团队成员之后，创业者面临的一个关键问题就是决策成员之间的工作分工与所有权分配方案。工作分工是对成员之间所承担任务以及协调方式的规划，而所有权分配则是对创业利益分配方式的约定，是维系创业团队凝聚力的基础。工作分工有助于在短期内维持创业过程以及新企业早期运营的有序性，所有权分配则有助于在长期内维持团队稳定和新企业的稳定成长。

在现实中，创业者经常问的一个问题就是股权分配问题。在股权分配问题上，创业者要在公平和激励之间做出良好的权衡。创业团队的股权分配及激励机制是团队管理的底层制度设计，是创业企业良性发展的制度保障。对于创业团队来说，股权系统体现在法律责任、财务决策、税务责任和管理职权四个方面，股权代表着话语权和财产权，对创业企业的可持续发展至关重要，如图 1-3-3 所示。

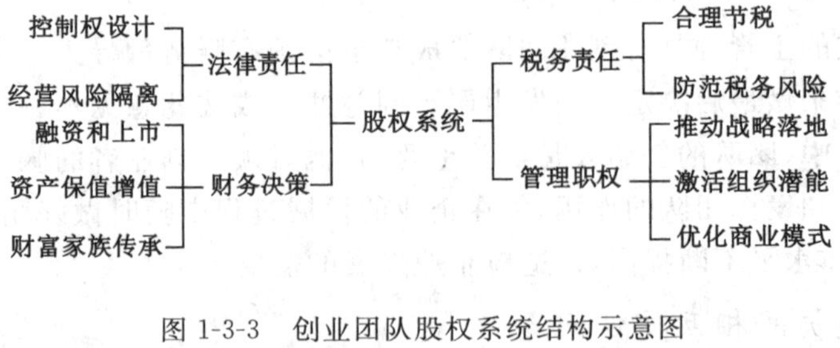

图 1-3-3　创业团队股权系统结构示意图

一、创业团队股权分配原则

关于创业企业团队成员之间的股权和报酬分配问题，企业创始人在制定分配制度时应当关注以下原则：

（一）不能搞平均主义

平均主义的分配方式所包含的风险很大。一般情况下，不同的团队成员对企业的贡献不可能完全一样，那么企业制定的报酬分配制度就应该合理地反映出这种差异。为此，应该根据每一个团队成员对企业贡献价值的大小制定差异化报酬分配制度。

（二）要体现工作业绩

对于企业而言，不管团队成员的努力程度如何，最终都必须体现在工作的业绩上。这里的业绩是指团队成员在创业企业早期发展的整个过程中所表现出来的业绩，而不是在这一过程中某个阶段的工作业绩。

（三）股权分配要有灵活性

平均分配的方式会带来许多负面后果，另一种极端情况是把股权高度集中在几个人手里，导致无法发挥全体员工的积极性。在企业发展过程中，需要及时调整股权，使新进入企业的主要技术骨干和高级管理人员也能得到合理的股权。

除了能否把股权分配给对企业发展有贡献的新伙伴以外，能否及时转让股权以使企业加快发展，也是个重要的问题。是守住企业创始人对企业的控制权，还是为了企业发展可以放弃或部分放弃控制权？是注重于绝对控制，还是可以考虑相对控制？这些问题都涉及创业者和创业团队的利益，必须妥善处理。事实上，如果创业的目的不是绝对掌控新企业，则自己所拥有股权的比重高低并非关键，关键的是要懂得利用股权交易来增加企业的价值。应当懂得，拥有一个平庸企业100%的股权，还不如拥有一家成功企业20%的股权，因为后者的价值往往是前者的数十倍。

（四）要考虑某些特定方面的价值

例如，提出创业思路的团队成员，尤其是这个团队成员提供了极为重要的商业机密、某方面的技术诀窍、对产品和市场进行的重要开发等，那么在制定报酬分配制度时这位团队成员的贡献应当予以特别考虑；由于制订一份能够吸引投资者的商业计划需要耗费相当的精力与时间，为此，在制定报酬分配制度时这部分团队成员在这方面的贡献应当予以考虑。有的团队成员在企业创办时把大部分个人净资产投资于企业，这是需要承担极大风险的，这种奉献精神和所承担的风险在制定报酬分配制度时必须予以考虑。此外，团队成员为创业企业带来的工作技能、工作经验，以及在营销、金融、技术等方面的社会关系，对创业企业至关重要，那么团队成员的这些技能、经验、业绩和社会关系在制定报酬分配制度时也必须予以考虑。

二、创业团队股权激励步骤

实施股权激励主要有以下步骤，称为“九定法”。

第一定目标。设计股权激励计划时，首先要明确股权激励的目的，只有这样才能更好地选择股权的激励模式，达到实施的效果。一般来说，股权激励的目标主要是提高业绩、回报老员工、降低成本压力、吸引并留住人才，达到以股权稀释“兵权”并完成“换血”。

第二定对象。企业选择激励对象时会综合考虑两个因素。其一，不同的企业发展阶段有不同的激励对象，比如在企业初创期，公司发展目标很明确，主要工作是技术和产品的开发。此时企业人员结构也相对简单，在各类人员中技术人员所占的比例是最大的，并且其作用也更为重要。这一阶段股权分配的重点是那些在企业技术研发中做出了贡献和将对企业研发工作产生贡献的企业技术骨干，包括掌握了企业核心技术的员工。其二，员工的自身资格，主要是员工自身的职位、工龄、业绩和能力。

第三定模式。企业股权激励模式有很多，不同模式各有利弊，也有其不同的使用条件，企业应根据行业特性以及客观情况灵活选择合适的激励模式或组合。一般需要考虑以下因素：一是企业的规模。如中小型企业应该选择出资少、激励力度大的模式，如赠予股份、技术入股等。二是企业的发展阶段。比如初创企业对企业的高层管理人员、技术人员的依赖比较大，企业没有重组的现金流量，经常以技术、资金、人力资本等选择员工，实施股权激励模式。

第四定数量。影响企业股权数量的因素有四个方面：一是企业的股本。一般来说，企业给予股权激励的总量占总股本的份额不超过10%。二是企业的薪酬规划。要平衡员工总收入中股权占的比重。三是公司留存的股权数量。四是公司的福利待遇。福利待遇好的公司，激励总量机会比较少。

第五定价格。它主要指的是确定股权的行权价格。公司设置股权的行权价格时，不宜过高或过低。一般来说，行权价格根据当天股票的市价确定，通常差额在10%以内。

第六定时间。即确定激励计划中的时间安排，包括股权的授予日、有效期、等待期、可行权日及禁售期等。通常股权授予日和获授股权首次可行权日之间的间期不得少于一年，并且需要分期行权。

第七定来源。即定股票来源或资金来源，股票来源一般有发行股票、回购公司股票以及采取法律、行政法规允许的其他方式。资金来源一般有激励对象直接出资、激励对象奖金、资金分工、企业资助。

第八定条件。确定股权获授权条件和行权条件，获授权条件主要和业绩有关，行权条件主要和激励对象自身的资格符合条件有关。

第九定机制。要配套一系列的管理机制，包括激励计划的管理机制、计划的调整机制、计划的修改与终止机制等。

三、实施股权激励的方式

实施股权激励的方式很多，各种方式都有其优缺点，创业企业可以根据自身的条件选择一种或几种不同的方式。创业企业实施股权激励的方式有以下几种。

（一）虚拟股权

员工获得虚拟股权比例，并不获得实际的股权，获益多少与对应公司股权的分红情况相关。

（二）股权增值权

员工按照一定的股权比例获得对应的股权增值收益。如果创业企业在短期内资金有限，那么虚拟股权和股权增值权方式将会给公司造成较大的现金支付压力，并且虚拟股权的方式并不会对员工的长期表现产生较大的激励作用，因为收益与业绩有关，即使业绩下滑也可能得到分红。尽管股权增值权方式能将员工利益与公司未来业绩的增长挂钩，但是员工未得到实际股权，并不和其他股东一起承担公司的经营风险，因而获得的激励作用比较有限。

（三）股权直接授予

在一定条件下，直接向员工授予公司的股权。采取股权直接授予方式，员工可获得实实在在的股权。一般情况下授予人是公司的大股东，公司可以采取此种方式减少现金支付，从而节省成本。同时，员工获得股权后，其利益便与公司的整体利益挂钩，这对于锁定员工的长期贡献具有重大意义。从员工角度来讲，一旦获得真实的股权，不仅可在公司有盈利时获得分红，而且在未来会享受到公司发展带来的收益。

（四）股权期权

授予员工在未来某一时间购买或获得股权的权利。就股权期权而言，可以设定获取股权的对价和对股权的评估，从而将员工收益与股权的增值锁定，在激励效果方面比直接授予股权要强很多。获取股权的对价和对股权的评估对于股权期权的实施非常重要，这些都涉及公司价值评估的问题。

股权激励的工具是“股权”，它对公司来说是一种“稀缺资源”，因此，需要严格界定被授予者的范围，同时还应谨慎设计方案，争取用最小的成本达成最大的激励效果。

四、创业团队股权分配一般方法

创业团队的不同成员有着不同的追求目标，创始人注重企业的控制权，合作伙伴关注企业经营决策的制衡权，创业企业的核心员工关心分红权，投资人的目标在于高净值回报。因此，对股权结构的设计也应差异化，运用差异化的股权设计机制来实现不同角色的关注点，以达到制衡与激励目的。

创业团队的股权总的来说体现在财产权和话语权两个方面，可以细分为：所有权、分红权、表决权、公司净资产增值权、选举管理权、建议与质询权、知情权、诉权、剩余财产分配权和优先认股权等。上述权力可以通过“一致行动人协议”“委托投票权协议”“AB 双层股权机制”来实现，以保障利益相关各方的利益。

（一）一般股权设计方案

创业团队根据初创人员的数量，可以参考图 1-3-4 的比例设计分配方案，并协议预留出后期企业扩张的空间，由一方或多方代持。股权分配中有几个股权比例比较关键：股权达到 67％以上，就是完美控制线，掌握话语权；股权达到 51％以上就是绝对控制线；股权达到 34％就掌握否决权；股权达到 10％有权申请解散董事会。

（二）初创团队持股比例计算方法

依据股权分配原则，初创团队原始股份分配可以参考贡献值占比计算方法，其中分值

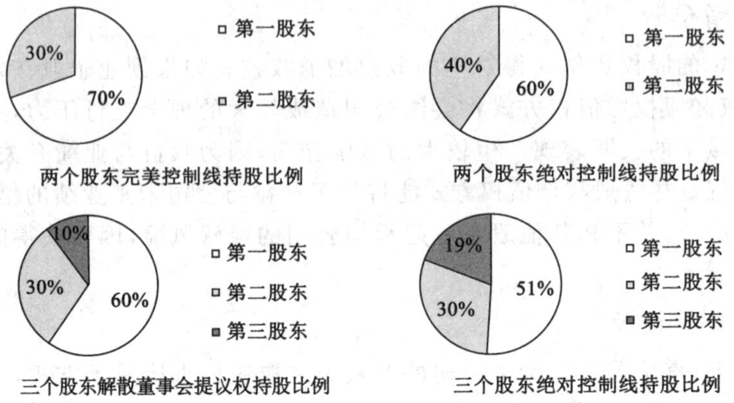

图 1-3-4　创业团队成员一般持股比例

可以根据实际情况协商赋分，计算方法见表 1-3-3。

表 1-3-3　初创团队股权分配计算表

事项	量分	理由
初始基数	100	每位创始人以 100 分作为计算基数
担任项目发起人	＋20～50	可能是 CEO，或者不是，但是他发起项目，如今大家创业，可以额外获得股权
迈出第一步	＋20～100	某创始人提出的概念已经着手实施，如申请专利、已有演示原型、已有产品的早期样本或者对于吸引投资有力的其他事情，可增加股权
担任总经理	＋10～50	承担更多责任和贡献
全职创业	＋200～300	贡献和风险
有投资信用	＋50～300	有创业成功的经历，对于投资人来说更有投资人才吸引力，一定程度上消除了“创办阶段”的风险
现金投入者		按照投资金额计算最初的股权，中间加入可根据公司第一次融资时的合理市场估值，按照比例获得股权
最终计算		所有股东的得分相加得到分母，每个人的得分作为分子，计算每位股东的持股比例

一方面，所有权分配要在团队成员内部体现出公平性，符合贡献决定权利的标准，另一方面又要让所有权分配对团队成员有一定的激励作用，让每个成员都感到所分配的股权比例超出了自己的预期。要做到这一点并不是一件容易的事情，首先要挑战的就是创业者自己的心胸和气度。在这里，有一个重要的原则就是，要与帮助你创造价值和财富的人一起分享财富。一旦过了这一关，创业者就不会在持股百分比的问题上斤斤计较了。毕竟，0 的 51%结果还是 0，关键在于如何把蛋糕做大。如果创业者过分强调控制权，把公司大部分所有权都揽在自己手里，而不是与其他创业伙伴共同创造并分享一块大蛋糕，那一切都可能会成为泡影。

（三）初创团队股权分配原则

在确定股权分配时，如果创业者遵循三个重要原则，可能会避免后续纠纷和冲突。

首先是重视契约精神。在创业之初，就要把确定的股权分配方案以公司章程形式写入法律文件，以契约形式明确创业团队成员的利益分配机制，这有助于在长期内保障创业团队的稳定。

其次是以贡献决定权利原则分配股权比例。团队的目的是把创业蛋糕做大，而不是在蛋糕没有做大之前就吵着在未来怎么分家。在现实操作中，依据出资额来确定股权分配是常见的做法，但对于没有投入资金但持有关键技术的团队成员，则需要谨慎考虑技术的商业价值，在资金和技术之间做出合理的权衡。

最后是控制权与决策权统一原则。股权分配本质上是对公司控制权的分配方案，在实践中，股份比例最大的团队成员在不拥有公司控制权的条件下，在创业初期非常危险，因为他在心理上会比其他成员更看重创业和新企业，更容易去挑其他成员的决策错误，甚至挑战决策者的决策权威，进而容易引发团队矛盾和冲突。在创业初期，更需要集权和统一指挥，控制权和决策权统一至关重要。

【案例 1-3-3】

难得的创业五兄弟

1998 年秋天，马化腾与他的同学张志东“合资”注册了深圳腾讯计算机系统有限公司。之后公司又吸纳了曾李青、许晨晔、陈一丹作为股东。为避免彼此争夺权力，马化腾在创立腾讯之初就和四个人定下“各展所长、各管一摊”的约定。

之所以将创业五兄弟称为“难得”，是因为直到 2005 年的时候，这五人的创始团队还保持着稳定的合作阵形，不离不弃。在企业迅速壮大的过程中，要保持创始人团队的稳定合作极其不易。在这背后，工程师出身的马化腾一开始对团队合作的理性设计功不可没。

从最初的股份构成上看。五个创始人一共凑了 50 万元，其中马化腾出资 23.75 万元。占 47.5%；张志东出资 10 万元，占 20%；曾李青出资 6.25 万元，占 12.5%；其他两人各出资 5 万元，各占 10%。虽然主要资金由马化腾投入，但他自愿把所占的股份降到 50%以下，“要他们的总和比我多一点点，不要形成垄断、独裁的局面”。同时，他自己坚持出主要的资金、占大股，“如果没有一个主心骨，股份大家平分，到时候也肯定会出问题”。

马化腾在接受多家媒体的联合采访时表示，他最开始也考虑过和张志东、曾李青三人均分股份的方法，最后还是采取了五人创业团队根据分工占据不同的股份结构的策略。即便是后来有人想加钱占更大的股份，马化腾也没有同意，“根据我对你能力的判断，你不适合拿更多的股份”。因为在马化腾看来，未来的潜力要和应有的股份匹配，不匹配就会出问题。如果拿大股份的不干事，干事的股份又少，矛盾就会产生。经过几次稀释，最后公司上市时他们所持有的股份比例都只有当初的 1/3，即便是这样，他们每个人的身价也都达到了数十亿元人民币，是一个皆大欢喜的结局。

可以说，在中国的民营企业中，能够像马化腾这样，既包容又拉拢，选择性格不同、各有特长的人组成一个创业团队，并在成功开拓局面后还能长期保持默契的合作，是很少见的。马化腾的成功之处在于其从一开始就很好地设计了创业团队的权、利，能力越大，责任、权力、收益就越大。

（根据网络资料整理）

【思考题】

1. 什么是创业团队？

2. 创业团队的优势是什么？

3. 你觉得创业团队领导者应该具备哪些素质？

4. 创业团队经常包括哪些成员？

5. 组建创业团队应该注意什么？

6. 请你通过实地访谈或者网络途径，搜集关于一两家公司创业团队的案例，并注意比较和分析高管团队成员变化对企业不同成长阶段策略选择与具体方案的影响。

【实践练习】

1. 古典名著中的创业团队。《水浒传》《三国演义》《西游记》等古典名著都详细地刻画了创业团队，请选择其中的几个团队，从团队的组建、角色扮演、冲突解决、团队演化等多个方面，认真剖析比较，总结团队运营所涉及的关键要素和一般规律。

2. 企业的创业团队。以小组为单位，搜集 BAT(百度、阿里、腾讯)、JMD(今日头条、美团、滴滴)、PKQ(拼多多、快手、趣头条)这三类企业创业团队的资料，通过比较这些团队的异同之处，提炼创业团队组建和管理的规律，分析未来创业团队领导者面临的机遇和挑战。

第四章　商业模式设计与创新

【学习目标】

◇ 理解商业模式的逻辑与含义

◇ 理解商业模式的构成要素

◇ 掌握用商业模式画布分析商业模式，进行创业项目商业模式设计

◇ 理解商业模式创新的含义及创新方法

【案例 1-4-1】

首旅如家酒店集团的商业模式

2021 年度“全球酒店集团 225 强”发布，首旅如家酒店集团位居全球排名前十强。

首旅如家酒店集团由原首旅酒店集团与如家酒店集团合并后成立。合并后的首旅如家集团实现了资源整合，达成了产品全系列、信息全覆盖、会员全流通、价值全方位的整合效果，成为专业住宿业管理平台。

首旅如家酒店集团旗下拥有以住宿为核心的近 20 个品牌系列、近 40 个产品，覆盖“高端”“中高端”“商旅型”“休闲度假”“社交娱乐”“联盟酒店”全系列的酒店业务，积极跨界创新，打造一个面向未来，覆盖吃、住、行、游、购、娱的顾客价值生态圈。截至 2023 年 3 月底，首旅如家酒店集团在国内 600 余个城市运营超 6 000 家酒店。

如家酒店是首旅如家酒店集团旗下的产品品牌，其价值主张——温馨便捷，舒适如家。

品牌定位：温馨舒适的商旅型连锁酒店品牌。如家酒店是国内商务酒店品牌中规模最大的品牌，在全国 349 个城市拥有 2 700 家酒店，多年获得中国金枕头奖“中国最受欢迎经济型连锁酒店品牌”殊荣。如家酒店自创建以来，始终满足大众多元化的住宿需求和引领未来趋势，为宾客提供工作与旅途中温馨舒适的“家”。

酒店使命：通过公司专业和激情的工作，引领大众旅行住宿方式，满足顾客的旅行住宿需求；把公司“快乐的微笑，亲切的问候，热情的服务，真心的关爱”献给每一位顾客、同事和合作伙伴；为股东创造持续稳定的回报，为社会承担企业公民的责任。

如家酒店的商业模式选择基于以下宏观环境条件因素的影响：① 我国近年来经济发展、私人旅游出行规模呈现高速增长，私人顾客的住宿需求暴涨；② 互联网平台技术的普及支持酒店连锁管理运营，同时影响了顾客的消费习惯和偏好，网上预定成为酒店销售的主要方式；③ 公共基础设施发达、城市交通便利的条件，能在远离火车站等交通核心区以更低的价格投资酒店。如家酒店采用连锁规模化经营模式，形成优质低价、方便快捷的品牌核心价值。

价值定位：便捷、高质低价。

目标用户：私人出行。

渠道模式：主要通过携程网和其他合作平台线上销售、电话预定。

客户关系：会员制、自助预定。

主营业务：住宿。

重要资源：品牌、高覆盖率的连锁门店、基于规模化运作的低成本优势。

重要合作：酒店用品、线上销售渠道平台。

成本构成：门店成本、管理成本、员工成本、耗材成本。

利润：客房销售。

（根据网络公开信息整理）

讨论：查阅首旅如家酒店集团的不同产品系列的市场定位及商业模式，深入理解商业模式的含义。首旅如家酒店集团整体的组织架构、各子品牌的市场定位、关键活动、盈利模式是怎样的？商业模式与其市场定位是否匹配？

第一节　商业模式的含义与逻辑

在现实中，很多看起来引人入胜或逻辑严谨的创意并不一定会实现经济上的成功。创业的关键不是要开发某种产品或服务，而是要发展一个可持续成长的业务。关于产品或服务的创意只是创业的起点，通过一系列的经营活动将创意变成一项业务才是关键所在，而驱使创业者做出此类思考的重要工具就是商业模式，一个完整的商业模式支持产品的价值得以实现。

一个具有创新价值的创业项目，其商业模式对市场和顾客应该具有“独特价值”，面对竞争还要具备“难以模仿的独特价值”，为了创业企业获得持续发展还要具备“可持续提升的难以模仿的独特价值”。

按照精益创业的观点，创业企业是一个暂时性的组织，必须找到可重复、可升级的商业模式才能开始蜕变，逐渐化身为一个生生不息的伟大事业体。创业者意图开发的创新产品或服务能否为顾客、合作伙伴、企业创造价值，更多取决于创业者对商业模式关键变量的选择取舍，而不仅取决于产品或服务本身的内在特征。

许多创业企业的成功，并不是因为产品创新性有多强，而是因为开发出了一套切实可行的商业模式。商业模式不仅能使初始创业资源得到最好的利用并让机会背后的价值得到最好的开发，还有助于潜在的投资者充分理解初创企业的商业逻辑并对是否投资做出快速决策。此外，围绕产品或服务开发商业模式的过程，也迫使创业者更为深入地思考产品或服务本身能否真正满足用户需要及是否具有经济上的可行性。因此，认真设计并深入了解自己商业模式中的每个环节，并且不断去分析、精进，必然是身为一个创业者需要掌握的最基础的功课。

一、商业模式的内涵

商业模式的定义有很多，目前最为管理学界接受的是奥斯特瓦德（Osterwalder）、皮格内尔（Pigneur）、塔奇（Tucci）在 2005 年发表的《厘清商业模式：这个概念的起源、现状和未来》一文中提出的定义:"商业模式是一种包含了一系列要素及其关系的概念性工具,用以阐明某个特定实体的商业逻辑。它描述了公司所能为客户提供的价值以及公司的内部结构、合作伙伴网络和关系资本等用以实现(创造、营销和交付)这一价值并产生可持续、可盈利性收入的要素。"

这个定义明确了商业模式的五个核心内容:① 它包含企业诸多要素及其关系;② 它是一个特定公司的商业逻辑;③ 它是对客户价值的描述;④ 它是对公司的构架、合作伙伴网络及关系资本的描述;⑤ 它产生盈利性和可持续性的收入流。

二、成功商业模式的特征

(一)成功的商业模式要能为用户提供独特价值

商业模式能够提供的独特价值是针对其目标市场和顾客细分的独特价值。例如,社区连锁小超市针对社区群众提供的便捷购买日用品的价值,共享单车为公共交通人群提供的最后一公里的高效低成本交通的价值等。这个独特的价值可能是新的思想,也可能是产品和服务的独特性的组合,这种组合要么可以向客户提供额外的价值,要么使得客户能用更低的价格获得同样的利益,或者用同样的价格获得更多的利益。

(二)具有依靠完整的组织运作系统支撑的、难以模仿的核心特色

企业通过向目标市场提供自己的与众不同的产品或服务来谋求市场地位和竞争优势,从而获得利润回报。这种与众不同是以自己独特的、难以模仿的商业模式为基础和保障的。

(三)成功的商业模式是具体的、可以操作的

商业模式是对与企业的客户、经营活动和投入资源相关的要素的系统构建和对活动流程逻辑的设计,具备完整性、系统性和逻辑性。这个系统的构建和活动流程逻辑的设计应建立在对内外部环境和资源的周密的调查研究的基础上,紧密结合实际条件,并且具有行动的指导性,才能保障企业的持续运营发展。

三、商业模式的逻辑

商业模式是企业创造价值的核心逻辑。商业模式的这一逻辑性主要表现在层层递进的三个方面,如图 1-4-1 所示。

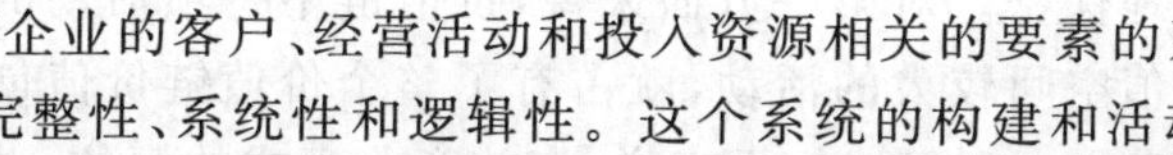

图 1-4-1　商业模式的开发逻辑

(一)价值发现:明确价值创造的来源

价值发现是对机会识别的延伸,价值发现的起点和归宿是目标用户。创业者通过可行性分析所认定的创新性产品和技术,只是创建新企业的手段,企业最终盈利与否取决于它是否拥有顾客。创业者在对创新产品和技术识别的基础上,进一步明确和细化顾客价值所在,确定价值命题,是商业模式开发的关键环节。

绕过价值发现的思维过程，创业者容易陷入“如果我们生产出产品，顾客就会来买”的错误逻辑，这是许多创业实践失败的重要原因之一。

（二）价值匹配：明确合作伙伴，实现价值创造

新企业不可能拥有满足顾客需要的所有资源和能力，即便新企业愿意亲自去打造和构建所需要的所有能力，也常常面临很大的成本和风险。因此，为了在机会窗口内取得先发优势，并最大限度地控制机会开发的风险，几乎所有的新企业都要与其他企业形成合作关系，以使其商业模式有效运作，因此创业企业面临产业链的管理问题。

例如，现在广泛布置于社区和公共场所的自动售货机，需要有自动售货机制造商、售卖商品供应商、智能支付平台、互联网公司、社区地面维护等组织和个人参与合作，才能实现自动售卖机的正常运营。而微信的免费模式是如何实现的呢？微信起初是腾讯公司开发的一个社交软件，而后微信基于用户群体的规模优势开发出平台模式，依托于平台形成了一个庞大的企业网络。我们点开微信的“服务”菜单，里面的所有业务：微信支付、生活服务、交通出行、购物消费等等链接构成了微信的收入来源，而其中每一个业务背后都是无数的厂家合作伙伴构成的一个企业网络，这些企业合作的结果是支持微信成为一个具有十二亿规模的用户群，为这个用户群提供免费的即时通信服务。

（三）价值获取：制定竞争策略，占有创新价值

价值获取是价值创造的目标，是新企业能够生存下来并获取竞争优势的关键，因此是有效商业模式的核心逻辑之一。许多创业企业是新技术或新产品的开拓者，但不是创新利益的占有者。这种现象发生的根本原因在于这些企业忽视了对创新价值的获取。

价值获取的途径有两方面：一是为新企业选择价值链中的核心角色；二是对自己的商业模式细节最大可能地保密。对第一方面来说，价值链中每项活动的增值空间是不同的，哪一个企业占有了增值空间较大的活动，就占有了整个价值链价值创造的较大比例，这直接影响到创新价值的获取。对第二方面来说，有效商业模式的模仿一定程度上将会侵蚀企业已有利润，因此创业企业越能保护自己的创意不泄露，就越能较长时间地占有创新效益。

例如，Google 公司通过以下几种方式赚取收入：① 巧妙地安排随同搜索结果一起出现的广告；② 向门户网站（如美国在线）许可搜索技术；③ 向企业许可搜索技术，以建立企业内部搜索引擎；④ 即使有见识的观察者也难以觉察的其他获利途径。Google 公司严守其商业模式秘密，避免其他企业成功复制其运作方式。Google 有效商业模式的细节保密的时间越长，就越能长时间地获得巨额投资回报。

总体来看，价值发现、价值匹配和价值获取是有效商业模式的三个逻辑性原则，在其开发过程中，每一项思维过程都不能忽略。新企业只有认真遵循这一原则，才能真正开发出同时为顾客、企业以及合作伙伴都创造经济价值的商业模式。

第二节　商业模式的构建

商业模式是对创业企业运营构成系统的要素组合框架和运作活动逻辑的安排。其核心是价值创造，依据价值发现、价值匹配、价值获取的逻辑构成一个有机的体系。价值本身应注重实质而非概念，包含自身的价值主张与定位、业务的关键活动与关键资源的规划、目

标市场与顾客细分等关键问题的决策。构建商业模式的一个有效工具是瑞士企业家、商学理论作家亚历山大·奥斯特瓦德(Alexander Osterwalder)发明的商业模式画布。

一、商业模式画布

亚历山大·奥斯特瓦德将一个完整的商业模式以结构化的方式划分出四个视角、九个模块,作为一种设计、测试、构建和管理商业模型的战略管理工具,可以用来简单高效地设计和表述一整套商业模式。

商业模式画布的四个视角是客户视角、产品或服务视角、基础设施视角和财务能力视角,帮助我们从这四个角度规划和审视商业模式的逻辑和完整性。九大模块是客户细分(CS)、价值主张(VP)、渠道通路(CH)、客户关系(CR)、收入来源(RS)、关键资源(KR)、关键活动(KA)、关键合作伙伴(KP)和成本结构(CS),构成商业模式的构成要素。

九个模块按照其相互关系设计成画布模型,每一个方格都代表着成千上万种可能性和替代方案,完整地呈现了将一个商业创意进行实际运营所应定义清楚的计划和行动,你要做的就是找到最佳的那一个。商业模式画布示例如图 1-4-2 所示。

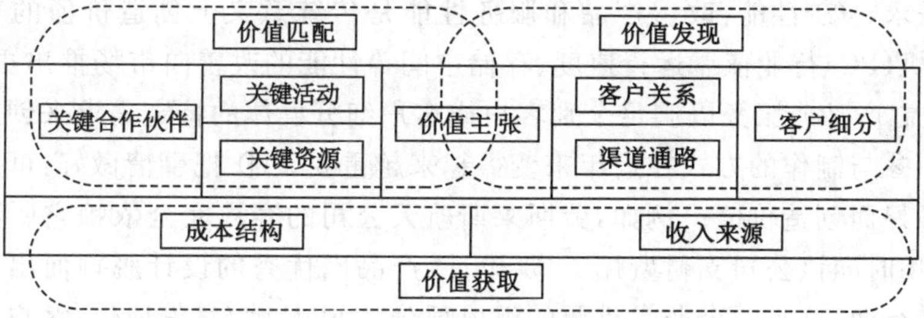

图 1-4-2　商业模式画布

二、商业模式画布模型板块的内容

以价值主张为核心的商业模式画布的右半部分是市场侧要素,包含客户细分、客户关系和渠道通路,它们构成企业的收入来源。左半部分是供给侧要素,包含关键资源、关键活动和关键合作伙伴,构成企业的成本结构。

(一) 客户细分

客户细分是商业模式设计的起点。创业活动无论是从技术创新出发的主动出击还是从市场需求引发的迎合,都应首先对目标客户进行细分,清晰描述一个企业想要接触和服务的不同人群或组织。

这一板块主要回答以下问题:

① 我们正在为谁创造价值?

② 谁是我们最重要的客户?

一般来说,可以将客户细分为以下群体类型。① 大众市场:价值主张、渠道通路和客户关系全都聚集于一个大范围的客户群组,客户具有大致相同的需求和问题。这类客户经常能在消费类电子行业中找到。② 利基市场:是指在较大的细分市场中具有相似兴趣或需求的一小群顾客所占有的市场空间。大多数成功的创业型企业一开始并不在大市场开展业务，而是通过识别较大市场中新兴的或未被发现的利基市场而开展业务。③ 区隔化市场：客户需求略有不同，细分群体之间的市场区隔有所不同，所提供的价值主张也略有不同。④ 多元化市场：经营业务多样化，以完全不同的价值主张迎合完全不同需求的客户细分群体。⑤ 多边平台或多边市场：服务于两个或更多的相互依存的客户细分群体。例如，信用卡公司需要大范围的信用卡持有者，同时也需要大范围的可以受理那些信用卡的商家。

（二）价值主张

价值主张用来描绘为特定客户细分创造价值的系列产品和服务，主要回答以下问题：

① 我们该向客户传递什么样的价值？

② 我们正在帮助我们的客户解决哪一类难题？

③ 我们正在满足哪些客户需求？

④ 我们正在提供给客户细分群体哪些系列的产品和服务？

一般来说，价值主张主要包括以下方面。① 新颖：产品或服务满足客户从未感受和体验过的全新需求。② 性能：改善产品和服务性能是传统意义上创造价值的普遍方法。例如，个人计算机（PC）行业依靠运行速度、存储空间等性能的改善向市场推出更强劲的机型。③ 定制化：定制产品或服务以满足个别客户或客户细分群体的特定需求来创造价值。大规模定制和客户参与制作的方式在近年来变得越来越重要。④ 把事情做好：可通过帮助客户把某些事情做好而创造价值。例如，劳斯莱斯航天公司的客户完全依赖它所制造和服务的引擎，按引擎用时向该公司支付费用。⑤ 设计：产品因优秀的设计脱颖而出。在时尚和消费类电子产品行业，这是一个非常重要的组成部分。⑥ 品牌/身份地位：客户可以通过使用和显示某一特定品牌而发现价值。例如，佩戴一块劳力士手表象征着财富。⑦ 价格：以更低的价格提供同质化的价值满足价格敏感客户细分群体。如今免费产品和服务正在越来越多地渗透到各行各业，如网易邮箱、360 杀毒软件。⑧ 成本削减：帮助客户削减成本是创造价值的重要方法。例如，Salesforce. com 销售的在线客户关系管理系统（CRM），减少了购买者的开销并免除了用户自行购买、安装和管理 CRM 软件的麻烦。⑨ 风险抑制：帮助客户抑制风险也可以创造价值。例如，对于二手车买家而言，为期一年的服务担保规避了在购买后发生故障和修理的风险。⑩ 可达性：把产品和服务提供给以前接触不到的客户。例如，美国共同基金（Mutual Funds）使那些微富的人建立多元化的投资组合成为可能。⑪ 便利性/可用性：使事情更方便或易于使用可以创造可观的价值。例如，苹果公司的 iPod 和 iTunes 为用户提供了在搜索、购买、下载和收听数字音乐方面的便捷体验。

（三）渠道通路

渠道通路用来描绘公司如何沟通接触其客户细分群体而传递其价值主张，主要回答以下问题：

① 通过哪些渠道可以接触我们的客户细分群体？

② 我们如何接触他们？我们的渠道如何整合？

③ 哪些渠道最有效？

④ 哪些渠道成本效益最好？

⑤ 如何把我们的渠道与客户的例行程序进行整合？

企业可以选择接触客户的渠道通路主要包括三种类型：① 自有渠道：包括自建销售队伍和在线销售。② 合作伙伴渠道：包括合作伙伴店铺和批发商。③ 两者混合。

虽然合作伙伴渠道导致更低的利润，但是企业凭借合作伙伴的强项，扩展了企业接触客户的范围和收益。自有渠道有更高的利润，但其建立和运营成本也很高。每个渠道都会经历五个不同的阶段或其中的一部分，见表 1-4-1。

表 1-4-1　渠道通路各阶段内容

<table>
<tr><th colspan="3">渠道类型</th><th colspan="5">渠道阶段</th></tr>
<tr><td rowspan="3">自有渠道</td><td rowspan="2">直接渠道</td><td>销售队伍</td><td rowspan="5">1. 认知
如何在客户中提升公司产品和服务的认知</td><td rowspan="5">2. 评估
如何帮助客户评估公司价值主张</td><td rowspan="5">3. 购买
如何协助客户购买特定的产品和服务</td><td rowspan="5">4. 传递
如何把价值主张传递给客户</td><td rowspan="5">5. 售后
如何提供售后支持</td></tr>
<tr><td>在线销售</td></tr>
<tr><td rowspan="3">非直接渠道</td><td>自有店铺</td></tr>
<tr><td rowspan="2">合作伙伴渠道</td><td>合作伙伴店铺</td></tr>
<tr><td>批发商</td></tr>
</table>

（四）客户关系

客户关系用来描绘公司与特定客户细分群体建立的关系类型，主要回答以下问题：

① 每个客户细分群体希望我们与之建立和保持何种关系？

② 哪些关系我们已经建立了？

③ 这些关系的成本如何？

④ 如何把它们与商业模式的其余部分进行整合？

一般来说，应用现代的大数据技术，可以采用以下六种类型建立客户关系：① 个人助理：基于人与人之间的互动，可以通过呼叫中心、电子邮件或其他销售方式等个人自助手段进行。② 专用个人助理：为单一客户安排专门的客户代表。例如，银行会指派客户经理向高净值个人客户提供服务。③ 自助服务：公司与客户之间不存在直接的关系，为客户提供自助服务所需要的所有条件。④ 自助化服务：整合了更加精细的自动化过程，可以识别不同客户及其特点，并提供与客户订单或交易相关的服务。例如，在线提供图书或电影推荐。⑤ 社区：利用用户社区与客户或潜在客户建立更为深入的联系，如建立在线社区。⑥ 共同创作：与客户共同创造价值，鼓励客户参与全新和创新产品的设计和创作。例如，自媒体平台请用户来创造视频供其他用户观看。

（五）收入来源

收入来源用来描绘公司从每个客户群体中获取的现金收入（需要从收入中扣除成本），主要回答以下问题：

① 什么样的价值能让客户愿意付费？

② 他们现在付费买什么？

③ 他们是如何支付费用的？

④ 他们更愿意如何支付费用？

⑤ 每种收入来源占总收入的比例是多少？

一般来说，收入来源可分为以下七种类型：① 资产销售：销售实体产品的所有权；② 使用收费：通过特定的服务收费，如旅馆按照客户入住天数计费；③ 订阅收费：销售重复使用的服务；④ 租赁收费：暂时性排他使用权的授权；⑤ 授权收费：知识产权授权使用；⑥ 经纪收费：提供中介服务收取佣金；⑦ 广告收费：提供广告宣传服务收费。

（六）关键资源

关键资源用来描绘让商业模式有效运转所必需的最重要因素，主要回答以下问题：

① 我们的价值主张需要什么样的关键资源？

② 我们的渠道通路需要什么样的关键资源？

③ 我们的客户关系需要什么样的关键资源？

④ 我们的收入来源需要什么样的关键资源？

一般来说，关键资源可以分为以下四种类型：① 实体资产：包括生产设施、不动产、系统、销售网点和分销网络等；② 知识资产：包括品牌、专有知识、专利和版权、合作关系、客户数据库等；③ 人力资源：在知识型产业和创意产业中，人力资源至关重要；④ 金融资产：金融资源或财务担保，如现金、信贷额度或股票期权池。

（七）关键活动

关键活动用来描绘为了确保其商业模式可行，企业必须做的最重要的事情，主要回答以下四个问题：

① 我们的价值主张需要哪些关键活动？

② 我们的渠道通路需要哪些关键活动？

③ 我们的客户关系需要哪些关键活动？

④ 我们的收入来源需要哪些关键活动？

一般来说，关键活动可以分为三种类型：① 制造产品：与设计、制造及发送产品有关，是企业商业模式的核心；② 平台/网络：网络服务、交易平台、软件甚至品牌都可看成平台，与平台管理、服务提供和平台推广相关；③ 问题解决：为客户提供新的解决方案，需要知识管理和持续培训等业务。

（八）关键合作伙伴

关键合作伙伴用来描述让商业模式有效运作所需的供应商与合作伙伴的网络，主要回答以下问题：

① 谁是我们的重要伙伴？

② 谁是我们的重要供应商？

③ 我们正在从伙伴那里获取哪些关键资源？

④ 合作伙伴都在执行哪些关键活动？

一般来说，关键合作伙伴可以分为四种类型：① 在非竞争者之间的联盟关系；② 在竞争者之间的战略合作关系；③ 为开发新业务而构建的合资关系；④ 为确保可靠供应的“购买方—供应商”关系。

（九）成本结构

成本结构用来描述运营一个商业模式所引发的所有成本，主要回答以下问题：

① 什么是我们商业模式中最重要的固有成本？

② 哪些关键资源花费最多？

③ 哪些关键活动花费最多？

一般来说，成本结构可以分为两种类型：① 成本驱动：创造和维持最经济的成本结构，采用低价的价值主张，最大限度地自动化和广泛外包；② 价值驱动：专注于创造价值，增值型的价值主张和高度个性化的服务通常是价值驱动型的商业模式。

与成本结构密切相关的一组概念是：① 固定成本：不受产品或服务的产出量变化影响的成本，如生产设施、租金等，制造业企业往往固定成本比例很高；② 变动成本：伴随着产品或服务的产出量的变化而按比例变动的成本，如原材料、动力费等。

【案例 1-4-2】

四川航空公司免费接送机业务的商业模式画布

四川航空公司免费接送机业务的商业模式画布见图 1-4-3。

<table>
<tr><td rowspan="2">伙伴生态圈

机场
川航
车商
司机
媒体广告
机票销售</td><td>工作任务
与车商谈判、交易
招募司机，卖车，签订协议
宣传推广
开展运营：机票销售
机场站点规划
广告商谈判
品牌价值经营</td><td rowspan="2" colspan="2">价值主张
川航乘客免费往返市区交通</td><td>与客户关系
免费服务
专属服务</td><td rowspan="2">用户画像

航空乘客的高净值人群

付费者：司机、车商、广告商
与用户关系：买卖
付费动机：客流、广告效益</td></tr>
<tr><td>所需资源
管理团队
川航的企业背景、资源
机场的服务设施</td><td>渠道通路
直接渠道：机票销售
间接渠道：
车商、司机
自有渠道：
线上、线下销售
合作渠道：广告</td></tr>
<tr><td colspan="3">成本结构
一次性支出：车辆购置
固定支出：人工、税费</td><td colspan="3">收入来源
一次性收入：车辆买卖差价
经营性收入：广告费、机票销售</td></tr>
</table>

图 1-4-3　四川航空公司免费接送机业务的商业模式画布

（资料来源：根据网络案例信息整理）

第三节　设计商业模式的一般过程

商业模式设计过程如图 1-4-4 所示。创业企业设计商业模式的一般过程从分析并确定目标顾客开始，根据目标顾客的价值诉求来定义并检验企业的价值主张，根据初步检验过的价值主张来设计营收模式，匹配关键活动和所需资源，整合资源和合作伙伴。需要注意的是，这个过程并不是线性的，可能经历各种反复，不断修改调试。

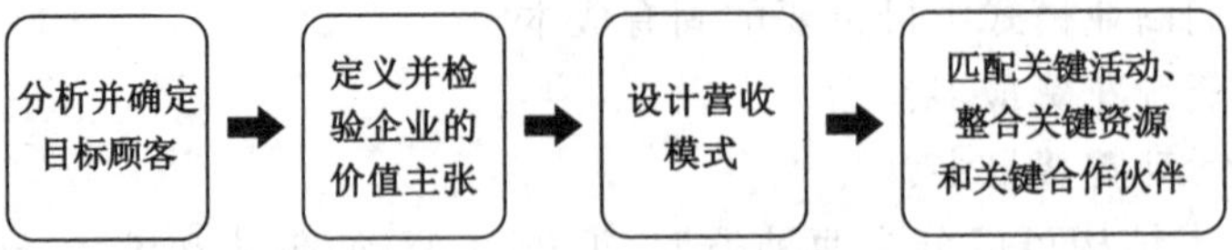

图 1-4-4 商业模式设计过程

一、分析并确定目标顾客

商业模式设计的第一步也是最重要的一步，就是确定你的顾客是谁。不知道顾客是谁，几乎是初次创业者最常犯的错误，因为大多数人往往是从自己想提供的产品或功能出发，而不是从顾客想要什么出发。创业归根到底经营的是市场而不是技术，出售的是价值而不是专利，所以你必须要清楚地知道顾客是谁，顾客为什么要购买你提供的产品。这个过程可以采用用户画像的方法。

目标顾客分析也是对创业机会的再次评估和验证。

二、定义并检验企业的价值主张

价值主张是商业模式的基础，它说明了我们向选定的目标顾客传递什么样的价值或者帮助顾客完成什么样的任务。任何类型的企业都有价值主张，因为企业都需要提供产品或服务来满足其目标顾客需要完成的任务。创业团队可以利用头脑风暴方法思考可能的价值主张。当通过头脑风暴得出价值主张后，需进一步检验价值主张是否可行。若要检验价值主张是否符合顾客需求，可以从三点来看。

(1) 真实性。价值主张不应停留在构想阶段，须具有真实性，在某一特定期间可以让顾客看到企业提供的附加价值。顾客所期望的价值可以区分为三个层次，一是解决目前问题，二是解决竞争者无法解决的问题，三是满足未来的需求。

(2) 可行性。具有可行性的价值主张，才是好的价值主张。可行性包括可以执行、可评估效果，最好是竞争者没有的，这样的价值才符合多数顾客的期望。

(3) 与顾客的关联性。在定义价值主张之前，须用心研究顾客需求、购买行为、当前满足情形、不满意原因等，据此发展与顾客息息相关的产品和服务，缩小产品供给与顾客需求的落差。

根据检验过的价值主张，发现可以提供的产品、服务或解决方案。

三、设计营收模式

根据所设定的目标市场及价值主张，进一步设计可能的收费来源、收费模式及定价。

设计营收模式的第一步在于确认此商业模式所有的营收来源，以及了解此商业模式如何创造营收及营收模式为何，包含营销策略和销售收入的来源。

目标市场和目标用户的定位是营销策略的基础，营销策略设计的主要内容见第五章。

营收模式基本上是“价格×销量”。价格的制定，应依照价值主张而变。对于低成本的商业模式，目标价格点可能是整个营收模式的关键点。在溢价商业模式中，其价格可能是需要传递独特价值所需的资源成本。而销量的部分，则依照先前所预估的市场规模而定。

成本结构大多由直接成本、人力成本所组成，并考虑经济规模，主要来自传递价值主张所需的关键活动与关键资源。

毛利源自营收模式及成本结构，许多公司会将毛利作为获利与判断创意是否适当的指标。然而，商业模式设计的目的不只是协助维持至某个毛利，而是着眼于建立可获利的成长平台。

创业最终的目标当然是让收入大于成本，当一个商业模式做到了这件事情，且有高度可规模化的潜在顾客时，我们则称这是一个可升级的商业模式，也是所有初创业者追求的目标。

四、匹配关键活动、整合关键资源和关键合作伙伴

在目标顾客、价值主张及营收模式确定后，就需要考虑必须哪些要素到位才能支撑这三者。通常我们需要考虑三大块：关键活动、关键资源和关键合作伙伴。

关键活动也就是身为一个创业团队必须要完成的工作项目。如果目前连产品都没有，那开发产品当然就是团队的关键活动。而开发的产品，是基于前面研究了目标顾客后得到的信息，也就是目标顾客共同面临的问题，据此决定提出价值主张，然后提出一个产品设想。而当产品开发完成，并且发现产品与市场之间存在适配关系后，创业的关键活动也会开始变多：顾客服务、商务发展、质量控制，都必须放入商业模式画布中加以追踪，并且想办法不断优化。

关键资源是根据前面所有的设定，思考这个商业模式需要什么资源。如果项目是提供消费者在线餐厅订位的软件系统，那关键资源当然是"空桌"，而且不是一般的空桌，而是消费者想订的空桌。因为少了这些"好空桌"，开发再完美的订位系统也没用，这也是过去10多年来无数个尝试类似商业模式的团队的共同问题，总是等到产品做好了，才发现根本没有"空桌"可以卖。如果是做精品生意的奢侈品店，那关键资源就是那些一流国际名牌的进货渠道。当然发展到了某个程度，资金也会是非常重要的关键资源，尤其当你想要加速成长的时候。

关键合作伙伴就是提供给你关键资源的那些伙伴。例如，在线折扣酒店预订，你可能需要与一些酒店建立战略合作伙伴关系；如果需要专业的IT技术公司开发软件系统，IT技术公司也是关键合作伙伴。

通过一些问题的引导，可以帮助我们思考可能需要的关键活动、关键资源与关键合作伙伴。下面是一些可供参考的问题。

① 人员：传递价值主张所需的技能、人才及专家如何？

② 品牌：我们有能力建立一个新品牌吗？还是可以借助现有品牌的知名度？

③ 供应商：我们现在的供应商，是否可以满足新商业模式在能力上的缺口？

④ 技术：我们的技术与竞争对手有何差异之处？

⑤ 渠道：我们是否有能力激励渠道？

⑥ 研发/产品开发：需要什么样的经验与技术？是否有这样的技术？

⑦ 制造：多少量可以达到经济规模？我们有这种制造能力吗？

⑧ 人才：需要什么样的人才？

⑨ 信息：什么样的IT系统与工具是必需的？

商业模式是一个系统，拥有所有系统应有的特征。商业模式系统的要素之间是互相影响的，没有绝对从属关系。商业模式这个系统存在的目的是长期、可发展、可重复的价值产生，然而没有一个要素因为那样的目的而存在，所以要素间必须要巧妙、和谐地共生，才能够达到系统的目的。因此，只优化其中一个要素，往往无法达成系统的目的。

第四节 商业模式设计策略

每个创业者都想为自己的企业设计一个独特的、全新的商业模式来颠覆产业内现有的企业，但商业模式创新是一件非常困难的事情。实际上，很多企业都是在模仿、改进现有商业模式的基础上收获了巨大的成功，也有一些企业依据颠覆性创新的商业模式快速发展。即便你已经设计了一个独特的商业模式，也会面临其他企业的快速模仿并利用相似的商业模式与你开展竞争。因此，在竞争中设计商业模式并且不断创新显得极为重要。

通过对成功创业企业的调研，商业模式的设计策略可以归纳为以下三种基本类型。

一、学习策略——模仿、学习、改进、提升

模仿复制模式比较简单，即对优秀企业的商业模式进行直接复制，将较为优秀的商业模式全盘拿来为我所用，主要适用于行业内的企业，特别是同属一个细分市场或拥有相同产品的企业，更包括直接竞争对手之间商业模式的互相复制。

模仿复制优秀企业的商业模式有两个注意点：一是需要快速捕捉到商业模式的信息，谁先复制谁就可能具备先发优势；二是主要进行细节调整，复制不等于生搬硬套，需要针对本细分市场或企业情况进行适应性调整改进。

通过学习和研究优秀商业模式，对商业模式中核心内容或创新概念给予适当提炼与节选，通过对这些创新点的学习，比照本企业的相关内容，寻找本企业商业模式与这些创新点的不足，如果这些创新点能够比本企业现阶段商业模式中的相关内容更符合企业发展需要，企业就应结合实际需要将这些创新概念在本企业给予引用并发挥价值。引用创新点学习优秀商业模式的方法适用范围最为广泛，不同行业、不同竞争定位的企业都适用。

虽然引用商业模式中的盈利模式对企业效益的提升较为明显，但是产品模式、运营模式、业务模式的引用也可为企业带来明显的价值，并提升企业的核心竞争能力和支撑盈利模式实施的能力，所以企业也需不断加强对产品模式、运营模式和业务模式的学习与优化、延伸扩展。具体做法是，通过对最新商业模式的了解，寻找使用这种商业模式的企业所在行业及细分市场，通过穷尽分析和专业分析找到同一行业内尚未开发的其他细分市场，将该种商业模式的主体框架率先运用在同一行业的不同细分市场，使商业模式的应用范围不断扩展到其他细分市场，当然商业模式在实际运用中需要针对细分市场进行优化和调整。这种学习方法的优点是借助商业模式的研究，寻找到尚未开发的其他有效细分市场，并有机会构建先发竞争优势，且使用范围更为广泛，并适用于行业内所有的企业。行业外的企业如果想多元化发展，寻找新的业务发展机会，也可以直接复制或学习这种商业模式，使其

顺利进入该行业。

延伸扩展具体实施时有两个难点：一是在于对细分市场的寻找和分析，如何能够找到尚未开发的细分市场；二是原则上进入同一市场内部不同细分市场的商业模式无须做较大的调整，但是如何依据细分市场特点做针对性调整和优化则是关键。

逆向思维。通过对行业领导者商业模式或行业内主流商业模式的研究学习，模仿者有意识实施反向学习，即行业领导者商业模式或行业内主流商业模式如何做，模仿者则反向设计商业模式，直接切割对行业领导者或行业内主流商业模式不满意的市场份额，并为他们打造相匹配的商业模式。

采取逆向思维的方式学习商业模式时有三个关键点。① 找到行业领导者或行业内主流商业模式的核心点，并据此制定逆向商业模式；② 企业在制定逆向商业模式时不能简单追求反向，需确保能够为消费者提供更高的价值，并能够塑造新的商业模式；③ 防范行业领导者的报复行动，评估领导者可能的反制举措，并制定相应的措施。

【案例 1-4-3】

通过逆向思维打造商业模式

互联网行业领导者微软公司的商业模式比较传统，主要是卖软件、产品以及许可证的传统商业模式，通过提供产品和技术赚钱。微软的主要竞争对手依据逆向思维的办法采用相反的商业模式，并借此打击微软的垄断定位，比如谷歌等有实力的企业开始尝试在软件业实施开源软件，即消费者不用再掏钱购买软件，企业为消费者提供免费软件，以此打造另一种商业模式。与此相类似的是我国360杀毒软件也采用了开源模式，且消费者开始可以免费使用杀毒产品，360的商业模式转向为顾客增值的个性化服务。

（参见付志勇：《向国外学习商业模式（下）》，《装备制造》2010年第12期，第82～85页。有改动）

【案例 1-4-4】

百度与Google的商业模式

百度（http://www.baidu.com）是世界上规模最大的中文搜索引擎。2005年北京时间8月5日，百度在美国纳斯达克上市交易。

Google（http://www.google.com）目前被公认为全球规模最大的搜索引擎。2001年6月，Google发布了Google Ad Words广告关键词服务，这一服务彻底改变了Google的商业模式。Google通过提供在线广告服务来获取收入，它的盈利模式主要是"广告＋互联网增值服务"。Google的点击付费是一种互联网商业模式的创新。Google最新推出的社交网络型应用Google＋，意味着它将面临六大竞争：浏览器、移动互联网、搜索、LBS、社交、企业市场。

百度与Google的相同点在于，都是基于"竞价排名"的商业模式，并在此基础上分别创新发展了自己独特的盈利模式。百度和Google成功的商业模式并非原创，竞价排名的原创源于雅虎收购的Overture搜索广告。搜索广告和其他广告的差异在于通过用户提供的关键词识别用户的兴趣、爱好和真实需求，极大提高了广告的精准性。

百度的盈利模式是"竞价排名＋网站联盟"。竞价排名是百度的主要收入来源，即客户通过购买关键词搜索排名来推广自己的网页，并按点击量进行付费。2010年，百度陆续推出了百度统计、百度推广助手、百度商桥等增值服务产品。百度推广作为百度创新的营销平台，是一种对中小企业的网络营销一体化解决方案。

（参见李红：《中美互联网企业商业模式创新比较研究》，中国科学院大学2016年学位论文，第81页。有改动）

二、精益策略——试错与快速迭代

很多创业团队依据自己的创意和技术突破提出了创造性的创业机会，团队成员追求创新目标，参考商业模式画布，开展头脑风暴，意图开发出颠覆性的商业模式。然而，商业模式设计更重要的是基于现实对各构成要素及其子要素进行分析和检验，是需要对企业所依赖的关键性假设提出一系列的“如果……会怎么样”的问题。一旦企业开始运作、其商业模式中隐含的那些既与需求有关，又与经济效益有关的种种假设，都要在市场上不断经受检验。

商业模式的成功往往有赖于创业者是否有能力在模式实施中对其进行调整，或进行全面改革。如果创业者有意识地遵循能促进整个企业系统顺利运作的模式来工作，那么每一项决策、每一个举措以及每一次测评都会提供有价值的反馈。利润的重要性不仅在于其本身，还在于能证明商业模式是否行得通。如果没有达到预期目标，就应该重新检验商业模式。

从某种意义上说，商业模式创造过程是科学方法在管理上的应用。从一个假设开始，在实施过程中检验，并在必要时加以修订：或者是因为没有通过数字检验（如损益与预期不符），或者是因为没有通过叙述检验（如没有意义，或者说不符合经济逻辑，业务本身不能为顾客创造价值）。因此，商业模式画布的设计框架并不是开始就能写下一个无敌的商业模式，它的用途是帮助我们追踪目前为止的所有“创业假设”。例如：我认为18～30岁的年轻宠物主（目标顾客）应该会喜欢购买宠物衣服打扮自己的宠物（价值主张），开始试着执行这样的计划，在最低成本的状态下想办法验证这些假设。如果事实证明年轻宠物主的确喜欢购买漂亮的宠物衣服精心装扮自己的宠物，我就可以接着尝试针对性的销售渠道、不同的顾客关系等。如果发现他们不喜欢，就需要改变目标顾客——60岁以上的宠物主，或是改变价值主张——使宠物更接近拟人特征。每尝试一次，就能得到更多关于市场的信息，然后再回来调整商业模式，这样一直不断地循环下去，永远没有停下来的一天。

因此，重点不是在会议室里头脑风暴，“想”出最棒的商业模式，而是在真实的世界中不断地实验，然后不断试出符合市场现实的商业模式，如此无止境地追寻下去。

三、整合创新策略——价值链重构

价值链是指产品如何从原材料阶段，经过制造和分销活动，直至到达最终用户手中的一系列转移活动链条。企业价值链模型如图1-4-5所示。

价值链上每项活动的合理性和有效性取决于其对产品价值的贡献，随着市场竞争的激烈，现在大多数产品和服务是在包含了很多企业而非单一企业的复杂供应链中被生产的。这样，价值链分析不再局限于单一企业内供应链活动，而是用来描述产品和服务在“价值网

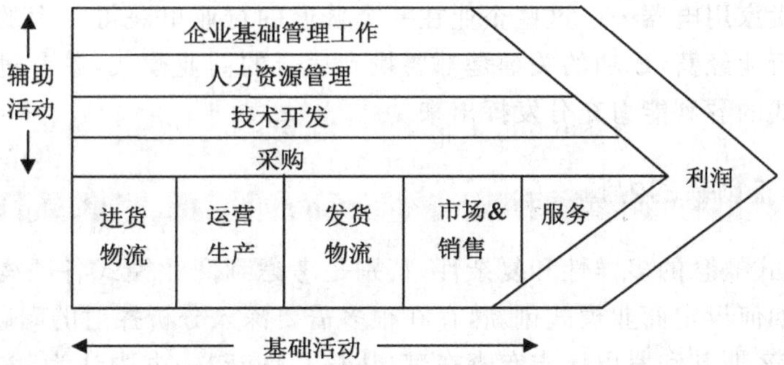

图 1-4-5　企业价值链模型

络”或“价值体系”中的生产过程，因此，价值链更多地按照产品或者服务来加以识别，而不是特定的企业。

价值链分析可以用于识别机会和进行商业模式的开发。创业者可以通过审视一个产品或服务的价值链，来发现价值链的哪个阶段能够以其他更有意义的方式增加价值。这种分析可以集中于企业的价值活动：价值链的某项基础活动（比如营销），或者价值链某个部分与其他部分的结合处（如运营和外部后勤之间），或者某项辅助活动（如人力资源管理）等，来发现关键活动和关键资源的价值匹配。

更有创新意义的是针对产品的整体价值体系，来确定自己在整个价值网络中的地位和角色，并进一步明确价值获取的条件，创新性地进行价值整合、重构。

通过价值链重构创新而开发新的商业模式的经典案例是戴尔公司的商业模式设计。迈克尔·戴尔通过考察发现已有电脑库存和供应链中明显存在无效率的情况，这一发现说明已有价值链的销售活动存在明显的增值空间。而要真正实现这一增值，一方面，戴尔公司需要创造性地确定自己的价值主张（更低成本、更高个性化需求的电脑），关键活动是“接受顾客订单—装配零配件—直接交付顾客电脑产品”，其关键资源与合作伙伴是低成本的运货商（如联合包裹服务公司）和电脑零部件制造商。这样，戴尔公司设计了自己的定制直销式商业模式。

随着网络信息技术的发展，通过对价值链、产业链的分解、重构和整合，产生了更多的颠覆性创新商业模式案例，例如，共享模式、平台模式、OEM 模式等。例如，共享单车在剖析了顾客价值、自行车产业价值链的基础上，发现顾客价值链可以简化为使用这一个关键点，利用网络信息技术支持，对自行车产业的价值链进行整合和重构，将销售产品变成销售服务。OEM 模式则是首先对企业价值链进行分解，再在产业层面上将不同的价值活动进行整合，使原来行业中的多个竞争企业在价值链上各自定位优势价值活动，重新构成价值网络，形成规模化合作，提升了产业整体效能，这也是商业模式的颠覆创新。

第五节　商业模式创新策略

在所有的创新之中，商业模式的创新属于企业最本原的创新。离开商业模式创新，管理创新、技术创新都失去了可持续发展和盈利的基础。所有成功的大企业都是从小企业秉持成功的商业模式一步步发展起来的，如京东线上零售电子产品、美的生产小家电、腾讯做社交软件、国美卖家用电器……这些企业在一个普通的行业里获得巨大的成功说明一个道理:无论在什么行业经营,成功的关键是都要找到适合的商业模式,或者进行商业模式的创新,并把商业模式的盈利能力充分发挥出来。

一、商业模式创新的内涵

由于商业模式概念的多样性和复杂性,特别是考虑到商业模式各项构成要素的变化程度与变化关系,如何界定商业模式创新,存在很多需要深入分析探讨的问题。

彼得·斯卡辛斯基和罗恩·吉布森在其《从核心创新》一书中认为:多个要素的协同变化是商业模式创新的基本特征,是商业模式创新区别于企业传统的产品创新、市场创新和技术创新等独立要素创新的本质所在。他们将商业模式定义为用于识别企业如何创造、交付以及获取价值的一个概念框架,它包括一整套集成的组件,这些组件可以被看作获得创新和竞争优势的机会。

为了进行商业模式层面上的创新,首先需要将其分解成许多单独的组件并且理解它们是如何以一种整体的方式整合在一起的。他们指出,商业模式创新的本质是创造全新的业务,或者是在现有的业务中加入更多的战略多样性,这种战略多样性应该得到消费者的高度评价。

商业模式创新是指企业价值创造提供基本逻辑的变化,即把新的商业模式引入社会的生产体系,并为客户和自身创造价值,通俗地说,商业模式创新就是指企业以新的有效方式赚钱。新引入的商业模式,既可能在构成要素方面不同于已有商业模式,也可能在要素间关系或者动力机制方面不同于已有商业模式。

根据上述定义可知,实现企业商业模式创新需要具备一些基本条件。如企业可以提供全新的产品或服务、开创新的产业领域,或以前所未有的方式提供现有的产品或服务;或者是商业模式的多个要素发生改变,并与竞争对手产生明显的差别;再有就是由要素引发的商业模式改进应该能够为企业带来显著的经济效果和业绩回报,能够明显地提升企业的竞争力。

二、商业模式创新的特征

相对于企业其他一些传统创新类型,商业模式创新具有整体性、外向性和实效性三方面明显的特征。

(一)整体性

整体性是商业模式创新区别于企业其他创新的本质特征。商业模式创新与企业的产品创新、技术创新、组织创新和流程创新等创新活动的本质区别就在于其具有整体性。商业模式创新可能由单一要素引发,但并不限于单一要素的变化,而是表现为多项要素相互协同变化。它同时涉及模式多个要素的变化,需要企业的较大战略调整,是一种集成创新。

商业模式创新往往同时伴随产品、工艺或者组织结构与运作流程的创新,反之则未必足以构成商业模式创新。如开发出新产品或者新的生产工艺,就是通常认为的技术创新。在以服务为主导的时代,发达国家的服务业在其国民经济中所占的比例已接近70%,对传统制造企业来说,服务也远比以前重要。因此,商业模式创新也常常体现为服务创新,表现为服务内容、方式以及组织形态等多方面的创新变化。

（二）外向性

商业模式创新更注重从市场和客户的角度出发，从根本上思考设计企业的行为，视角更为外向和开放，更多注重和涉及企业经济方面的因素。商业模式创新的出发点，是如何从根本上为客户创造和增加价值。因此，它逻辑思考的起点是客户的需求，即根据客户需求考虑如何有效满足它。所以，企业价值主张的改变，常常是商业模式创新的起点，这也是为什么专家认为商业模式创新起始于讲一个诱人的故事，这点明显不同于技术创新。技术创新通常具有内向性，技术创新常常是从企业所擅长的技术特性与功能出发，看它能用来干什么，从一种技术可能有的多种用途中去挖掘它的潜在市场。商业模式创新即使涉及技术，也多是技术的经济方面因素，与技术所蕴含的经济价值及经济可行性有关，而不是纯粹的技术特性。

（三）实效性

商业模式创新具有实效性的特征。从绩效表现看，商业模式创新如果提供全新的产品或服务，那么它可能开创了一个全新的可盈利产业领域，即便提供已有的产品或服务，也应该能给企业带来更持久的盈利能力与更大的竞争优势。传统的企业单一要素的创新，通常只是带来企业局部效率的提高与成本降低，而且这些创新容易被其他企业在较短时期内模仿。而商业模式创新，虽然也表现为企业效率提高与成本降低，但是由于更为系统和根本，涉及多个要素的协同变化，因而更难以被竞争者模仿，可以给企业带来战略性的竞争优势和实际经济效益，并且优势可以持续数年。

三、商业模式创新的类型

根据商业模式不同要素的变动情况所引发的创新，可以将其划分为：价值主张变动引发的创新、资源组合变动引发的创新、运作流程变动引发的创新、界面模式变动引发的创新。

（一）价值主张变动引发的创新

价值主张通过回答企业的产品是什么和企业的顾客是谁这样一些基本问题得以体现，并通过企业的产品向市场传递。正确的价值主张是企业生存发展的基础，也是构成企业商业模式的基础要素。价值主张一旦确定，企业需要生产的产品、产品的属性与特征、生产所需要的各种资源、利用资源进行生产的运作流程以及相关的各种对内对外原则都将随之确定。而价值主张的改变，也将不可避免地引发上述各个方面的变化。

例如，自行车生产厂将自行车作为代步工具的价值主张变为专业的休闲、锻炼的装备，其关键资源从生产能力变成研发设计能力，销售渠道从大众渠道变为专有渠道，与顾客的关系从一对多的销售服务变为社区网络、共同创造，关键活动从规模化生产和销售变成产品设计和售后服务等，企业商业模式的要素带来整体的改变。

作为商业模式的核心要素，伴随价值主张的改变，商业的各个层次都将不可避免地发生各种各样的相关改变。在某种意义上，由价值主张变化引发的商业模式变革是企业战略层面的改变，是企业商业模式最深层次的变革，并将导致商业模式发生根本性变化。

（二）资源组合变动引发的创新

企业的资源组合是指企业为了实现价值主张而需要投入的全部资源，包括人力资源、原材料、厂房设备、专利技术、品牌商标等各种有形与无形的资源。任何企业要创造价值都需要特定资源的投入，没有资源的投入，任何价值都无法创造出来。在特定的环境条件下，企业的价值主张将决定企业所需要的特定的资源组合。但是，如果环境条件改变了，即使价值主张没有改变，资源组合也可能随着外部环境的变化而改变。

例如，对于糕点市场，传统的商业模式是企业由前店后厂模式发展为自有规模化工厂为品牌自营门店供货。而现在的糕点市场则变为独立的中央糕点制作企业根据不同品牌的订单生产糕点供应给品牌连锁门店，形成了糕点产业链条的大规模定制，为全国性的糕点品牌门店的发展提供了可能性。糕点产业链各环节的重新组合，必将直接导致生产流程需要进行相应的调整，产品的成本模式和市场定位也将随之发生变化，进而引发商业模式多层次的变革与创新。就像当人们将飞机作为普通货物的运输工具引入物流企业的经营活动后，物流企业的服务方式、目标市场将随之变化一样，资源组合的变动将不可避免地引发商业模式运作层和界面层的变化，进而引发商业模式的整体性创新。因此，由资源组合要素引发的商业模式创新，是一种复杂的系列创新，由系统论结构决定功能的原理可知，资源组合的变化在导致企业的基础层与主体运作层发生变化的同时，也将不可避免地导致企业界面模式与企业功能的变化和创新。

（三）运作流程变动引发的创新

所谓流程就是相互连接的活动。企业管理人员将全部资源以有效率的形式组织在一起，进行生产和销售产品/服务的活动，这些活动有效地衔接并不断重复就形成了企业的运作流程，与此相关的活动包括原材料采购、产成品的生产与销售、资金往来、后勤保障等。企业的运作流程，支撑起了整个企业的商业运作架构。在资源组合确定的前提下，企业可以有多种不同的运作形式与运作流程，运作流程的差异将直接导致企业间的形式与效率的差别。

运作流程变化将对企业的商业模式产生影响，可以在改变生产效率的同时，带来界面模式的变化，从而引发商业模式由内向外的改变，导致商业模式推陈出新。例如，由于网络销售的兴起，家具销售也有大部分从企业生产成品通过仓储、运输、销售、送货上门这个流程变为线上销售、零部件运输到家、上门安装，这种流程变化引发了企业目标市场的扩大、产品成本的降低和销售方式的改变。由此可见，运作流程的创新不仅可以导致企业商业模式主体层的创新，而且可能引发界面层营销活动和采购活动的共同创新。

（四）界面模式变动引发的创新

商业模式的界面模式是指企业为了获取利润而进行各种决策时所遵循的标准或法则，包括企业的营销原则、采购与供应原则、环境原则和公众原则。产品的目标市场、生产规模、成本模式、定价方式和市场定位是构成企业界面模式的重要内容，因此，企业市场定位、定价方式或生产批量、成本模式的改变都将引发界面模式的变动。

这种改变给企业带来的变化，改变了企业与市场的接触方式和公司的市场形象，但并不一定涉及企业的运作流程和资源基础，或者说界面模式的改变只是改变了商业模式的界面形态与结构，但并没有改变商业模式的主体运作流程与资源组合基础。因此，可以将界面模式的改变视为一种企业外部表现形式的变化，称之为界面形式的变化。

例如，计算机公司改变市场定位，由高端市场定位向下拓展到低端市场，从而使定价方式和生产批量发生变化，即由过去较高的价格和较少的销售量策略，改变为较低的价格与较多的销售量策略，以适应低端市场顾客的价格承受能力和实现利润目标。此时公司界面模式的变化可能导致公司在其顾客及公众心目中的形象发生改变，但公司生产计算机所使用的技术与资源并没有发生本质的变化，即公司商业模式中的运作流程和资源组合没有改变。因此，可以将界面模式的改变所引发的企业商业模式的创新称为界面创新，并使之与其他要素引发的创新相区别。

四、商业模式创新的方法

（一）改变收入模式

改变收入模式就是改变一个企业的用户价值定义和相应的利润方程或收入模型。这就需要企业从确定用户的新需求入手。这并非市场营销范畴中的寻找用户新需求，而是从更宏观的层面重新定义用户需求，即去深刻理解用户购买自己的产品需要完成的任务或要实现的目标是什么。其实，用户要完成一项任务需要的不是产品，而是一个解决方案。一旦确认了此解决方案，也就确定了新的用户价值定义，并可以此进行商业模式创新。

例如，现在网络经济中比较常见的免费模式，微信通过提供免费服务至 2022 年已经拥有了 12.9 亿的用户量，这个用户量变成微信的市场资源，微信通过为其他企业提供交易平台而获利。重新定义用户价值与客户价值，是进行收入模式创新的切入点。

（二）改变企业模式

改变企业模式就是改变一个企业在产业链中的位置和充当的角色，也就是说，改变其价值定义中“造”和“买”的搭配，使价值一部分由自身创造，一部分由合作者提供。一般而言，企业的这种变化可以通过垂直整合策略或出售及外包来实现。例如，谷歌意识到大众对信息的获得已从桌面平台向移动平台转移，自身仅作为桌面平台搜索引擎会逐渐丧失竞争力，就实施垂直整合，大手笔收购摩托罗拉手机和安卓移动平台操作系统，进入移动平台领域，从而改变了自己在产业链中的位置及商业模式，由“软”变“硬”。IBM 也是如此，它在 20 世纪 90 年代初期意识到个人计算机产业已无利可寻，即出售此业务，并进入 IT 服务和咨询业，同时扩展它的软件部门，一举改变了它在产业链中的位置和它原有的商业模式，由“硬”变“软”。

（三）改变产业模式

改变产业模式是最激进的一种商业模式创新，它要求一个企业重新定义本产业，进入或创造一个新产业。例如，IBM 通过推动智能星球计划和云计算，重新整合资源，进入新领域并创造新产业，如商业运营外包服务和综合商业变革服务等，力求成为企业总体商务运作的大管家。亚马逊也是如此，它的商业模式创新是向产业链后方延伸，为各类商业用户提供如物流和信息技术管理等商务运作支持服务，向它们开放自身的全球货物配发中心，并大力进入云计算领域，成为提供相关平台、软件和服务的领袖。

（四）改变技术模式

正如产品创新往往是商业模式创新的最主要驱动力，技术变革也是如此。企业可以通过引进激进型技术来进行自身的商业模式创新。当今,最具潜力的技术是云计算,它能提供诸多崭新的用户价值,从而提供企业进行商业模式创新的契机。另一项重大的技术革新是3D打印技术,一旦成熟并能商业化,它将帮助诸多企业进行深度商业模式创新。如汽车企业可用此技术替代传统生产线来打印零件,甚至可采用戴尔的直销模式,让用户在网上订货,并在靠近用户的场所将用户所需的汽车打印出来。

当然,无论采取何种方式,商业模式创新需要企业对自身的经营方式、用户需求、产业特征及宏观技术环境具有深刻的理解和洞察力。这才是成功进行商业模式创新的前提条件,也是最困难之处。

【思考题】

1. 什么是商业模式?如何理解商业模式的概念?商业模式的特征有哪些?
2. 商业模式所要解决的核心问题是什么?
3. 商业模式的逻辑性是什么?
4. 商业模式的关键构成要素是什么?
5. 如何对商业模式进行评价?

【实践练习】

每个学生团队根据商业模式设计的过程为本团队的创业项目进行商业模式设计。

【案例讨论1】

美国西南航空:开创低成本商业模式

在美国西南航空成立早期,美国各大航空公司主要经营干线市场,它们采取的策略是以枢纽为中心的运输策略。美国西南航空见缝插针,采取差异化的市场策略,它提供的是点到点的短航程、高密度的航班服务。

航空是一个固定成本极高的行业,因此,在美国成熟的航空市场中,主流的模式是中枢辐射航线模式,原因是里程远,能够有效分摊固定成本。短途航线一度被认为无利可图,只是公路运输工具的主流市场,而美国西南航空颠覆了这种观点,成为世界上第一家只提供短航程、高频率、低价格、点对点直航的航空公司。

(1) 以大规模分担固定成本。在美国西南航空的商业模式里,乘客的数量是关键。怎么吸引大量的乘客呢?

关键是低价。同样从洛杉矶到旧金山,西南航空的票价不到竞争对手的三分之一,绝大部分票价是其他航空公司的1/6~1/3,甚至更低,西南航空的票价已经相当于汽车的票价。

(2) 近乎偏执的成本节约。2008年,西南航空每可用座位里程的运营成本为10.24美分,联合航空却需要15.74美分。因此,近乎偏执的成本节约才是西南航空成功的原因,而这跟它与外部、内部的利益相关者的交易结构有关。

第一个利益相关者是乘客。西南航空视飞机为公共汽车,不设头等舱,这样可以增加飞机的座位;不打印机票,采用可以重复使用的塑料牌作为登机牌;不对号入座,缩减等候乘客的误点率;不提供餐食,只供应花生和饮料;不提供托运行李服务;不指定座位,先到先坐，促使旅客尽快登机；建立自动验票系统，加快验票速度。缩减这些"花边"服务可以相应减少机组和地面的服务人员，缩减大量的人力成本，并提升飞机的周转效率。

第二个利益相关者是旅行社等订票代理。西南航空不使用通用的预订系统，而是电话和网络订票，仅每年佣金一项就节省 3 000 万美元。

第三个利益相关者是机场。西南航空选择有时刻、便宜的二级和区域性机场，机场能快速转场。这些机场一方面使用费用比较低，另一方面不像大型机场那么繁忙，因此能够保证飞机的准点率。

另外，在航空公司成本支出最大的两块——飞机和航油上，西南航空也是成本控制专家。

西南航空的飞机统一采购波音 737，据说这种机型最省油。当然，为了降低成本，西南航空还购买了一部分尚未"退伍"的二手飞机(在安全期限内)。

单一机型带来的好处就是，内部交易成本很低：培训费用低，服务人员在飞机之间的转换成本低，维修成本和保养成本低。

讨论：基于商业模式设计构造的九个要素模块，对美国西南航空公司的低成本商业模式进行要素分析，绘制其商业模式画布。

【案例讨论 2】

四川航空：免费接送机商业模式

轻轻松松赚取 1 320 万元，创造上亿利润，四川航空太牛了！明明"一穷二白"，却能无本万利，这家企业究竟是怎么做到的？

机场一般离市区都比较远，单趟打车至少也得 100 多元钱。很多时候机票倒是没花多少钱，但加上来回打车的钱，以及去机场、候机的时间成本，这可是一笔不小的账。针对这一现象，我国四川航空一改传统的经营模式，向广大消费者承诺：凡是购买四川航空 5 折以上机票的乘客，四川航空就派车把他们免费送到市区。

这对消费者来说非常划算，省钱省事，自然都愿意选择四川航空。这样一来，这家公司的订单量一路飙升，与平时相比，足足增加了 45% 的客源。

客源问题解决了，接送机的车从哪里来？东风风行汽车是市场保有量比较大、经济实惠的家用轿车。四川航空承诺东风汽车公司在车体上为东风汽车公司做广告，每次接到乘客都会帮东风汽车做宣传，这可比自己营销打广告好太多了，双方签订了用 9 万元/辆车的价格采购 150 辆 14.8 万元的 7 座车的合同。

之后，四川航空将进价 9 万元一台的车，以 17.8 万元卖给当地需要买车的人，对购买者的附加利益是：每当你免费接送一名乘客，就会获得四川航空支付给你的服务费 25 元。购车者不仅有了属于自己的车，还能得到一份长期稳定的工作。飞机一落地，7 座的车马上就能满座，不用浪费时间等，司机一天能跑三四个来回，除掉油费、过路费，一个月至少能赚 1 万元。

就这样，四川航空把航空公司、乘客、汽车厂、司机的各个需求结合起来，进行资源整合给予满足，优化每一方的利益，实现了互利共赢。用免费的车、免费的司机解决了客户痛点，赚得了口碑，做到了多方互利共赢。

讨论：四川航空的免费接送机业务的商业模式是怎样的？分析其价值发现、价值匹配和价值获取的过程，该模式的关键资源和核心业务是什么？你有什么收获？

第五章　初创企业营销与销售管理

【学习目标】

◇ 掌握行业与市场分析方法
◇ 理解市场需求与容量的概念，掌握市场细分与市场定位方法
◇ 理解市场营销计划的含义，掌握市场调查的步骤和方法
◇ 理解产品顾客价值创新及市场定位创新
◇ 掌握销售的基本方法

德鲁克管理箴言：企业的目的在于创造顾客。

企业的目的在于"创造顾客"，因此企业只有两种基本功能：营销与创新，其他工作都是成本。其中，营销的目的在于充分了解顾客，将其潜在需求转化为实际需求；创新则是赋予人力、物力创造更大财富的任务。

第一节　行业与市场分析

行业与市场分析是创业公司营销决策的基础工作，只有熟悉和把握行业与市场的现状与变化，企业才能有的放矢地进行营销。

行业是指生产并向特定市场销售同类产品与服务的一个公司群，如饮食行业、服装行业、机械行业、移动互联网行业等。市场主要是指买卖双方进行产品与服务交易的场所，可以理解为具有相同需求的潜在顾客群，他们愿意以某种有价值的东西来换取卖主提供的能够满足其需求的产品与服务。

行业与市场分析的主要任务是透彻了解企业所在行业的产业价值链构成状态、行业内企业的竞争状态、市场的结构特征、客户的需求状态和行业的发展趋势等问题，以帮助创业企业确定自己的市场定位、竞争地位、目标市场选择及经营策略。

一、行业的主要经济特性

在研究一个行业的经济特性时，主要的研究对象有：市场范围及规模大小、规模经济特征、行业进入和退出壁垒、对各种生产资源的要求程度、平均投资回收期、市场的成熟程度、市场普遍增长速度、公司的数量及其规模大小、消费者的数量、分销渠道的种类及特征、技术创新的方向及速度、总体盈利水平等。因为行业之间在特征和结构方面有很大差别，所以行业分析首先要从整体上把握行业中的主要经济特性。行业的主要经济特性如下。

(1) 市场规模。市场规模(有时也称为市场容量)的不同，对公司和风险投资者的吸引

力是不同的。较小的市场一般吸引不了大的或新的竞争者，而较大的市场常能引起各类公司的兴趣。按照风险投资者的经验，一般市场规模达到100亿元以上的市场才是一个好市场。

(2) 竞争角逐的范围。对于竞争市场，需要考虑竞争角逐的范围是本地性的、区域性的还是全国性的。

(3) 市场增长速度。市场增长速度的不同，影响着公司的进入和退出。快速增长的市场会鼓励其他公司进入，而增长缓慢的市场会导致竞争加剧，弱小者出局。

(4) 行业和产品在成长周期中目前所处的阶段。要研究分析行业和产品是处于生命周期中的哪个阶段，每一阶段公司的投入和利润都有所不同，处于不同成长阶段的行业对公司的吸引力是不同的。例如，处于成长期的行业好于处于衰退期的行业。

(5) 竞争厂家的数量及规模。行业中的竞争厂家数量和规模不同会导致竞争强度不同。如果行业被众多的小公司细分，则竞争性强、利润低，公司需要突出自身产品的差异化；如果行业被几家大公司垄断，则竞争性较弱、垄断性强，这些大公司会出现超额利润。

(6) 购买者的数量及相对规模。购买者的数量及相对规模反映了产品对消费者的吸引力。如果购买者的数量和相对规模都很可观，则说明产品具有很大的市场，该行业对公司具有较强的吸引力。

(7) 供应链整合度。在整个供应链中，需要研究行业向前整合和向后整合的程度。因为在完全整合、部分整合和非整合公司之间往往会产生竞争差异及成本差异。

(8) 分销渠道。分销渠道包括经销商、代理中间商和辅助机构。分销需要解决的问题就是经过哪些销售环节，此外还包括销售端物流和运输。

(9) 产品与服务的差异化强度。竞争对手的产品与服务是强差异化、弱差异化或是无差别化，这种差异化程度反映了行业市场竞争的激烈程度。

(10) 行业中公司能否实现规模经济。行业中的公司能否实现采购、制造、运输、营销或广告等方面的规模经济，关系到行业内公司竞争实力的强弱。

(11) 进入和退出市场的难度。壁垒高可以保护现有公司的地位和利润，而壁垒低则使得该行业易于被新进入者入侵。

(12) 创新速度的影响。创新速度快的公司可以获取高额利润，而创新能力不强的公司最终会被淘汰。

此外，行业的经济特性还包括技术水平、生产能力、学习能力、利润水平等。当进行某个行业分析时，可以有选择地对以上经济特性进行介绍，让风险投资者快速了解行业的背景和发展现状。

二、行业变革的驱动因素

行业环境之所以发生变化，是因为一些重要的力量在推动行业的参与者（诸如竞争厂商、客户或购买者、供应商等）改变他们的行动，这些重要的力量构成了行业变革的驱动因素。行业中的变革驱动因素如下：

(1) 行业需求增长率的变化。行业需求增长率的上升或下降会影响行业供应和购买需求之间的平衡，从而增加或减少竞争厂商的数量，改变销售的难易程度。长期需求的增加会吸引更多新的竞争者进入市场，鼓励既有厂商增加生产能力；市场萎缩则会导致行业的某些公司退出该行业，剩下的厂商会逐渐收缩业务量。

(2) 产品创新。产品创新会扩大行业的客户群，重新实现行业的增长，扩大竞争厂商之间产品的差异性，从而动摇已有的竞争结构。新产品的成功进入会加强创新公司的市场地位，而对于那些固守老产品的公司来说，其收益则会受损，并逐渐被淘汰出市场。

(3) 技术创新。技术创新可以改变一个行业的市场结构，使得供应商可以生产低成本和差异化的新产品，并且打开了整个行业的前沿领域。

(4) 营销创新。如果竞争厂商能够成功地引入新的产品销售方式，那么，它们可以激起消费者的购买欲望，扩大整个行业需求，提高产品差异度，降低单位成本。

(5) 大厂商的进入或退出。一家或多家公司进入某个市场，大多会动摇市场的竞争环境。同样，其他行业中的一家大公司通过并购或建立自己的新公司进入本行业时，这家公司通常会以某种创新性的方式运用其技巧和资源，从而产生新的竞争局势，这包括带来一些新的重要厂商，建立一些新的竞争规则。同样，大公司的退出也会改变市场竞争结构，减少市场参与者的数量，导致剩余厂商纷纷争抢现有厂商的客户。

(6) 技术秘密的转移扩散。当技术秘密被转移或扩散出去之后，行业中的竞争态势也会发生巨大的变化，原来专有该项技术的厂家的竞争优势将会遭到侵蚀，其他竞争者将会增加自己在行业中的竞争实力。

(7) 成本和效率的变化。核心竞争厂商之间成本和效率的差异扩大或缩小都会改变竞争的格局。

(8) 政府政策、法规的变化。政府政策和相关法规的变化会给行业的经营环境带来重大的变化。

(9) 社会关注焦点的转移、生活态度和生活方式的变化。新的社会问题和人们价值观念及生活方式的变化可以刺激行业变革。如社会对空气和水污染的关注已经迫使各行业增加费用，将污染控制开支记入成本。生活态度和生活方式的变化有利于促进竞争厂商的反应速度。

了解行业变革的驱动因素可以帮助创业企业更加清晰地掌握创业机会的可行性及企业在该行业可能面临的竞争与挑战。

三、行业的关键成功因素

行业的关键成功因素是指那些能够影响行业参与者能否在市场上成功的因素，如产品属性、公司资源、竞争能力等与公司盈利能力直接相关的因素。关键成功因素主要解决三个问题：第一，消费者在各个竞争品牌之间进行选择的关键因素是什么；第二，竞争厂商要确定竞争成功需要获取怎样的资源和竞争能力；第三，竞争厂商要获得可持续的竞争优势，需要采取怎样的措施。行业的关键成功因素包括以下几点。

(1) 与技术相关的因素。包括技术创新、产品创新、在既定技术上的专有技能、运用网络发布信息、承接订单、送货和提供服务等能力。

(2) 与制造相关的因素。包括生产效率、固定资产的利用率、生产工厂定位、足够的熟练劳动力、产品设计和产品工程、能够定制化地生产一系列规格的产品。

(3) 与市场营销相关的因素。包括快速准确的技术支持、礼貌的客户服务、准确地满足客户订单、产品线和可供选择的产品范围很宽、一定的推销技巧、有吸引力的包装、精准的广告等。

(4) 与分销相关的因素。包括强大的批发分销商、通过互联网建立起来电子化的分销网络、能够在零售商的货架上获得充足的空间、拥有自己的分销渠道和网点等。

(5) 与技能相关的因素。包括劳动力的技术水平、质量控制、设计才能、在某项技术上的专有技能、能够开发出创造性的产品、能够使最近构想出来的产品快速地经过研发阶段到达市场、组织能力、卓越的信息系统、能够快速地对变化的市场环境做出反应、能够熟练地运用互联网和电子商务等。

此外,还包括在购买者中间拥有较好的企业形象和声誉、总成本很低、便利化的办公选址、职员在与所有客户打交道时态度和善可亲、专利保护等。

掌握行业的关键成功因素可以帮助企业了解顾客、明确自身运营与竞争所应具备的关键资源与关键行动。

四、市场结构及类型

市场是指从事某一种商品买卖的交易场所,它既包括有形产品市场,如农产品市场、土地市场等,也包括无形产品与服务市场,如股票市场、期货市场等。市场结构是指某个行业内买方和卖方的数量及规模分布、产品差异程度、新企业进入该行业的难易程度,也可以说是某一市场中各种要素之间的内在联系及其特征,包括市场供给者之间、需求者之间、供给者和需求者之间,以及市场上现有的供给者、需求者与正在进入该市场的供给者和需求者之间的关系。

市场结构主要取决于市场竞争的强度,具体影响因素主要有:

(1) 供给者和需求者的集中程度或数目。数目越多,集中程度越低,竞争程度就越高。

(2) 不同供给者各自提供的产品的差别程度。各厂商提供的产品越是相似,可以预料,竞争就会越激烈。

(3) 单个厂商对市场价格控制的程度。单个厂商越是无法控制价格,表明市场竞争就越激烈。

(4) 厂商进入或退出一个行业的难易程度。如果存在进入市场的障碍,则意味着原有厂商拥有了一些新加入者不具备的有利条件。

根据以上四个影响因素,市场结构的类型可以分为完全竞争市场、垄断竞争市场、寡头垄断市场和完全垄断市场。各类市场结构类型及其特征见表 1-5-1。

表 1-5-1 市场结构类型及其特征

市场类型	企业数量	产品差异	价格控制	进出障碍	行业类型
完全竞争	很多	完全无差异,完全差异	没有	很容易	日用品,家电
垄断竞争	较多	有差异	有一些	容易	计算机、汽车
寡头垄断	若干	有或无差异	较大程度	较困难	钢铁、石油、能源
完全垄断	一个	产品唯一,无接近的替代品	很大程度	很困难	公用事业,如电、水

在上述四个市场中，由于外部环境和企业条件不同，一般来说竞争性依次递减，垄断性和利润率依次递增。当创业企业初次进入某一行业中时，需要初步界定该行业的市场结构，这样既可以有效分析竞争对手和进入障碍，又可以促使企业探究将要采取的应对策略。

市场结构和竞争分析的一般方法可以参考 PEST 分析和五力模型分析法。

五、SWOT 分析法

SWOT 分析法是对企业的优势(strengths)、劣势(weaknesses)、机会(opportunities)和威胁(threats)的分析，它集合了企业(内部)分析、环境(外部)分析和组合分析的结果，即基于内外部竞争环境和竞争条件下的态势分析，将与研究对象密切相关的各种主要内部优势、劣势和外部的机会、威胁等，通过调查列举出来，并按照矩阵形式排列(见图 1-5-1)，然后用系统分析的思想，把各种因素相互匹配起来加以分析，从中得出一系列相应的结论，并据此确定企业的战略定位，最大限度地利用内部优势和机会，而结论通常带有一定的决策性。

SWOT 分析法是使企业资源与环境之间达到最佳匹配状态，以便企业获取可持续竞争优势的一种方法。要达到这个目标，企业必须遵循四个原则：第一，建立在企业优势基础上；第二，减少劣势或避免劣势；第三，开发机会，特别是发挥企业的自身优势；第四，减少对抗和威胁。

内部环境因素

		优势 S	劣势 W
外部环境因素	机会 O	SO 战略(增长型战略)	WO 战略(扭转型战略)
		发挥优势，利用机会	利用机会，弥补劣势
	威胁 T	ST 战略(多种经营战略)	WT 战略(防御型战略)
		利用优势，降低威胁	减少劣势，回避威胁

图 1-5-1 SWOT 分析矩阵

在进行 SWOT 分析时，需要按照以下三个步骤进行。

(一) 分析内外部环境因素

通过各种调查研究方法和专家团队分析，给出公司所处的各种环境因素，即外部环境因素和内部环境因素。

外部环境因素包括机会因素和威胁因素，它们是外部环境对企业发展直接有影响的有利和不利因素，属于客观因素。机会因素具体包括：技术创新、新产品、新市场、新需求、外国市场壁垒解除、人口和社会变化、贸易自由化、竞争对手失误等；威胁因素具体包括：新的竞争对手、替代产品增多、市场紧缩、行业政策变化、进口威胁、经济衰退、客户偏好改变、突发事件等。

内部环境因素包括优势因素和劣势因素，它们是企业在其发展中自身存在的积极和消极因素，属于主动因素。在调查分析这些因素时，不仅要考虑历史与现状，更要考虑未来发展问题。优势因素具体包括：有利的竞争态势、充足的财政来源、良好的企业形象、技术力量、规模经济、差异化的产品、市场份额、成本优势、广告攻势等；劣势因素具体包括：设备老化、管理混乱、缺少关键技术、研究开发落后、资金短缺、经营不善、高成本、市场定位不好、产品积压、竞争力差等。

（二）构造 SWOT 矩阵

将调查得出的各种影响因素根据影响程度排序，构造 SWOT 矩阵。在此过程中，将那些对企业发展有直接的、重要的、大量的、迫切的、久远的影响因素优先排列出来，将那些间接的、次要的、少许的、不急的、短暂的影响因素排列在后面。此外，将内部优势与外部机会进行匹配，得出 SO 策略并填入 SO 的格子中；将内部劣势与外部机会进行匹配得出 WO 策略并填入 WO 的格子中；将内部优势与外部威胁进行匹配，得出 ST 策略并填入 ST 的格子中；将内部劣势与外部威胁进行匹配，得出 WT 策略并填入 WT 的格子中，完成 SWOT 矩阵。

（三）制订行动计划

在完成环境因素分析和 SWOT 矩阵的构造后，需要对 SO、ST、WO、WT 策略进行甄别和选择，确定企业目前应该采取的具体战略与策略。制订战略计划的基本思路是：发挥优势因素，克服劣势因素，利用机会因素，化解威胁因素；考虑过去，立足当前，着眼未来。运用系统分析方法，将各种环境因素相互匹配起来加以组合和思考，得出一系列公司未来发展的可选择战略和对策。

SWOT 方法的最大优点在于考虑问题全面，是一种外部环境与内部环境相结合的系统思维，可以把对问题的“诊断”和“开处方”紧密结合在一起。

六、竞品分析

与竞争对手比较，创业企业都有哪些竞争优势，这是创业企业最应详细深入调研分析的内容。通过一个对比分析的表格，对产品性能和数据进行比较，可以让创业者和风险投资者直观感受到本公司产品和竞争对手之间的差异和优劣，还可以找出企业相对于竞争对手的优势和弱势，并制订出相应的行动超越计划。竞品分析表示例见表 1-5-2。

表 1-5-2　竞品分析表

对比项目	竞争者的情况					你公司的情况	相对于竞争者		应采取的超越/改善计划
	竞 1	竞 2	竞 3	竞 4	…		优势	劣势	
价格									
质量									
服务									
位置									

表 1-5-2(续)

对比项目	竞争者的情况					你公司的情况	相对于竞争者		应采取的超越/改善计划
	竞 1	竞 2	竞 3	竞 4	…		优势	劣势	
广告									
性能特色									
产品结构									
可靠性									
交货									
方便可用性									
形象									
声誉									
渠道									
财务状况									
客户忠诚度									
保修									
技术卓越性									
产品革新									
定位及战略									
市场占有率									
管理									
员工培训									

竞争对手的选择首先应在创业企业的市场范围内确认，筛选出最有影响力的竞争厂家和竞争产品，根据产品和市场的特点来确定竞品分析的项目，然后进行对比分析。以广告为例，可以认真观察全部竞争对手的广告，在广告内容、形式、媒体渠道等方面进行比较，分析优劣，改善提高。如，他们正试图说明什么？他们以什么作为吸引客户的特色？他们强调的是什么——技术能力或方便性？你认为他们的广告要点对于目标市场有多重要？他们在哪里做广告——电视上、广播、报纸、杂志或者广告牌？他们的广告是否比你们的更奏效？你是否应该重新评估一下你们的广告？你们的广告还有什么需要改进的地方？竞品对比分析的各个项目可以依据其基本内容构成来进行，以帮助创业企业更透彻地了解市场与竞争。

第二节　市场总需求与市场细分

一、市场总需求

市场总需求（也可称为市场容量）是指行业在既定环境下，一定的时期和地域内，客户购买产品与服务的总量。市场是由当前的客户和潜在客户构成的，当前客户是指对产品有兴趣并且有购买能力的实际发生购买行为的群体；而对产品有兴趣但由于没有购买能力或在该地区买不到，或是目前价格太高而不想购买的群体都可称为潜在客户。

市场是否能维持高速的成长率，取决于企业是否可以维持当前客户，并逐步吸引潜在客户，使他们成为真实的客户，因此潜在客户数量越多，则企业的成长空间越大，越值得投入资源去开发。在做市场总需求估计时，首先要掌握住历年市场总需求量的增长变化情况，以及全部细分市场的大小和比例变化。掌握市场的消长及竞争厂商市场占有率的变化是分析市场总需求的第一步。

市场需求的预测有三种常用方法。

一是通过行业交易数据来预测，例如预估某地机场至市区的往返交通的人数，可以通过查询机场航班的数量来估计；预估婴幼儿用品的市场需求量，可以通过每年的出生率统计数据来预测；二是对于一些成熟、规模化、战略性的行业，通过股票市场的年报数据、行业统计年报、相关管理部门的统计数据来获得资料信息进行预测；三是通过自行调查、专家访谈、行业咨询机构数据库来获得资料数据。

二、市场细分

市场细分概念是由温德尔·史密斯在1956年提出的。它是指根据消费者在欲望、资源、地点、购买态度和购买行为等方面的差异，将庞杂的大市场划分为需要用不同的产品与服务来有效满足独特需求的较小的细分市场。简单讲就是将“异质”的大市场用一些可以区分顾客群体的标准划分成若干“同质”的小市场，每个细分市场都由欲望相同的消费者构成。例如，宝洁公司依据消费者对洗发水的差异化需求：香味、功能、价格、包装、使用偏好等，划分出飘柔、海飞丝、润妍、潘婷、沙宣等子品牌，以满足不同的细分市场。

将市场进行细分是进行市场营销决策过程的起点，这个过程包括将市场划分为有意义的消费群体（市场细分），选择能够提供服务的消费群体（选择目标市场）、创造最好的满足目标客户的市场提供物（差异化），最后在消费者的心中为该提供物树立独特的形象（定位）。

（一）市场细分的参考变量标准

就消费者市场而言，市场细分变量归纳起来主要有地理环境因素、人口统计因素、消费心理因素、消费行为因素、消费受益因素等。于是就有了地理细分（国家、城市、农村等）、人口细分（年龄、性别、收入、职业、教育等）、心理细分（社会阶层、生活方式、个性等）、行为细分（时机、使用者地位、忠诚度、产品使用频率、产品应用、获取产品渠道等）、受益细分（追求的具体利益、产品带来的好处等）这五类市场细分方式。

对于组织市场，常用的市场细分变量有五种。① 客户采购方式变量：指采购部门的组织结构、权力结构、买卖关系性质、采购标准、采购方式，等等。② 环境因素变量：如订单的紧迫程度、产品使用环境、订单大小、对现场服务的依赖程度、客户产品的使用者的需求，等等。③ 购买者的个性变量：主要指购买者个人的价值观与行为偏好。④ 统计学变量：包括行业、企业规模、投资者关系、客户地理位置等。⑤ 客户运营变量：客户的技术水平、技术能力、生产工艺水平、生产能力、设备现状、管理水平和管理模式、资金状况、企业价值观、产品采购与使用历史，等等。从①到⑤，是细分变量认知的难度逐渐增加的排序，也是市场细分程度不断增加和竞争对手逐渐减少的排序，更是营销者对未被满足的客户价值需求的理解程度不断深入的排序。谁真正了解未被满足的客户价值需求，谁就有机会更早进入空白的细分市场。

（二）市场细分的条件

市场细分有许多方法，有效的市场细分必须具备如下条件：

（1）可测量性。细分市场的规模、购买能力和其他基本情况是可以测量的。

（2）可接近性。创业企业可以有效地影响和服务该细分市场。

（3）规模大。细分市场要足够大，或者有利可图。一个细分市场应该是值得企业设计营销方案来追求的尽可能大的同质群体。例如，汽车制造商为身高超过两米的消费者专门开发一款汽车会得不偿失。

（4）差别性。细分市场在概念上应该容易区分，并且对不同市场营销组合要具有不同的反应。例如，已婚女性和未婚女性对一种眼霜的销售有相似的反应，她们就不能构成独立的细分市场。

（5）可操作性。即必须能够设计有效的营销方案吸引并服务区分出来的细分市场。例如，某创业公司选定了五个茶叶细分市场，但因其员工太少、产量有限而不可能针对每一个细分市场分别开发市场营销方案，这就说明不具有可操作性。

（三）市场细分的作用

市场细分既可以促进企业了解市场，也可以为企业产品与服务定位提供分析基础。总的来说，市场细分对企业有三方面重要作用。

第一，有利于企业选择目标市场和制定市场营销方案。市场细分后的细分市场都比较具体，可以使企业快速了解不同消费群体的特别需求，企业可以根据自己的经营思想、生产能力和营销力量确定自己的细分市场，即目标市场。

第二，促进企业发掘市场机会。通过市场细分，企业可以对每一个市场特定消费者的购买能力、满足程度、竞争状况等因素进行比较，探询出有利于本企业的市场机会，为企业未来规划打下良好的基础。

第三，有利于企业集中人、财、物投入目标市场。任何一个企业在任何阶段都存在着人、财、物资源的相对短缺，通过市场细分，把有限的资源投入到适合自己的目标市场是企业获取竞争优势的重要途径之一。

三、目标市场选择和策略

在市场细分的基础上，企业需要在商业计划书中明确地阐述需要进入的目标市场。目标市场也称为目标消费群体，是企业决定为之服务的、具有共同需求或特点的消费者群体。目标市场的确定是企业制定市场营销方案的前提和基础。

（一）目标市场选择的影响因素

在目标市场选择过程中，创业企业要考虑以下三方面因素。

（1）市场规模和增长潜力。创业企业应该收集和分析各个细分市场的资料，这些资料包括市场当前的销售量、增长速度和预期的盈利性等。创业企业往往更加青睐那些具有恰当规模和适当增长速度的细分市场，因为刚起步的创业企业很难具备为规模较大的细分市场提供产品或服务所需要的全部技能和资源，而更倾向于选择规模较小的细分市场。这些小市场对大企业的吸引力不大，但是对刚开始创业的小企业来说还是具备盈利潜力的。

(2) 细分市场的结构和吸引力。创业企业需要考虑影响细分市场长期吸引力的结构因素，这些因素的分析与评估可以采用迈克尔·波特的五力模型分析方法进行，通过分析影响该细分市场的盈利能力判断其吸引力是否值得进入。

(3) 企业的目标和现有资源。创业企业在资源有限的情况下，应该快速进入那些自己能够创造客户价值并获取超越竞争对手的优势的细分市场及符合企业成长预期的细分市场。

(二) 目标市场选择策略

对各个细分市场进行评估后，再结合创业企业司的发展目标和现有资源，企业必须决定以某一个或几个细分市场为目标。创业企业可以有三种目标市场策略进行选择。

(1) 无差异市场营销。即企业只推出一种产品与服务来满足整个市场，只用一套市场营销方案进行销售，这种营销方案注重的是消费者需求的共性而非个性。企业为吸引绝大多数购买者而设计产品和市场营销策略。创业企业在资源缺乏的情况下执行这种策略很难与那些策略更加聚焦的公司竞争。

(2) 差异化市场营销。企业根据市场分析选定一个或几个细分市场，运用差异化的经营理念为它们设计不同的产品与服务，扩大产品线和制定不同营销方案，以此来满足不同市场的消费者的差异化需求，从而扩大产品销售量。创业企业可以在多次融资或具有一定市场规模后采用该种模式。

(3) 集中市场营销。即企业不是致力于大市场中的小份额，而是追求在一个或几个较小的补缺市场中占据大份额。许多创业企业由于资源和竞争所限，一般在创业初期都是将自己有限的资源集中在那些大企业看起来不重要或忽略的缝隙市场提供服务，在补位成功之后，再逐渐成长为强大的竞争者。此外，由于在互联网上开办网店成本较低，使得为小型缝隙市场提供服务成为可能，并且这些市场的消费者能为卖家带来丰厚的收益。例如，很多经营青年服饰的创业企业选择网上直播间这个渠道进入市场；“吸引家”创业之初重点开发面向大学生群体的低价格的脱单及恋情修复课程产品等。

创业企业在选择目标市场策略时需要考虑许多因素。究竟选择哪一种模式，取决于企业的资源和发展阶段。当创业企业刚起步，资源有限时，集中营销是最佳选择。此外，还要考虑产品的差异性，无差异营销对那些同质产品更加合适，如钢铁、水果等。差异化和集中营销方案更加适合于汽车、服装、智能终端产品等在设计上存在巨大差异的产品。产品的生命周期也是必须考虑的影响因素。当创业企业开发出一个新产品时，只推出一种型号也许是明智的选择，此时运用无差异和集中营销方式更为合理。但是，当产品发展到成熟阶段时，差异化营销将更有意义。

四、差异化和定位

在决定进入哪一个细分市场之后，创业企业还必须确定一种价值主张，即如何为目标市场创造差异化的价值，以及希望未来在目标市场中占据什么位置，这些问题是商业模式规划的要素内容，也是营销策略制定和实施的基础。产品定位是指产品在消费者心中所占据的位置和形象，也是根据产品重要属性定义产品的方式。目前市场上大多数产品都有明显的差异化和清晰的定位，从而吸引细分市场中的重要消费者群体。

目标市场差异化定位的操作步骤如下。

（一）确定可能的价值差异和竞争优势

为了快速占领目标市场，创业企业必须比竞争对手更好地理解消费者需求和传递更多的客户价值。只有能够有效地为目标市场提供差异化定位和客户价值的企业，才能占据市场获取竞争优势。为了找到明确的差异点，在进行市场调研时，创业者必须仔细分析客户对企业产品与服务的全面体验，在每一个客户接触点找到差异化的方法。一般来说，创业企业可以在产品、服务、渠道、人员、形象等多方面进行差异化，使自己的产品与服务区别于竞争对手。

通过产品差异化，创业企业可以根据性能、特征和设计等使自己与众不同。例如，上汽通用五菱将自己的产品定位于“老百姓的车”“老百姓需要什么样的车我们就造什么样的车”，这个定位就是“中质低价”；顺丰公司以“安全快速”为服务特色，这个定位就是“优质优价”。

虽然细分市场中有大量相似的竞争性产品，但是消费者还是能根据企业产品和品牌定位不同感受到差异。因此，准确的定位和传递产品的独特效用可以帮助创业企业建立差异化的形象，获取核心竞争优势。

（二）选择恰当的差异性定位

创业者可以根据自己产品的特点和行业的关键成功因素来综合评估和决策自己能够建立和培育的定位。这个差异性应具备以下特征：

（1）重要性：对目标客户而言，该差异点非常有价值。

（2）独特性：市场中的竞争对手不能提供，或者本企业产品与竞争对手相比具有明显竞争优势。

（3）可沟通性：该差异点适合沟通，可以让购买者感知和看到。

（4）专有性：竞争对手在短期内很难模仿。

（5）经济性：购买者能够买得起。

（6）盈利性：定位和推广该差异点可以为公司带来利润和市场份额。

创业企业需要深入的市场调查分析来决策哪些才是有意义的差异点，只有选择恰当的差异点才能帮助企业在众多竞争者中脱颖而出。例如，苹果公司依据互联网技术的发展，认为手机不仅仅是一个通信工具，未来还可能会成为一个集通信、视频、娱乐为一体的综合移动平台。因此，在产品设计中他们较早地取消了手机固定键盘，更换为“全屏幕”的可视区域，并且在屏显方面建立了技术优势。

（三）制定整体的定位战略

企业品牌或产品的整体定位应与商业模式规划中的价值主张一致，即企业通过其产品与服务向消费者提供的价值对消费者具有实用意义。因此，价值主张可以直接回答消费者为什么要买此品牌或产品的问题。

（四）市场定位创新

价值曲线分析是一种对创业企业非常有帮助的市场定位创新工具。它的核心是不把主要精力放在打败竞争对手上，而主要放在全力为顾客与企业自身创造价值飞跃上，并由此开创新的“无人竞争”的市场空间，彻底甩脱竞争，开创属于自己的一片“蓝海”。若要通过价值曲线来进行企业的市场定位，首先应分析目前行业市场提供的产品、服务的价值曲线。例如，理发店的价值曲线可能的价值要素包含：价格、服务项目、等待时间、卫生标准、服务环境、前台接待、附加服务等，依据这些要素对行业内的竞争对手进行高、中、低的评价，然后思考回答以下问题：

① 哪些行业中被认为理所当然的因素应该被剔除？

② 哪些因素的含量应该降低到行业标准以下？

③ 哪些因素的含量应该提升到行业标准以上？

④ 哪些行业内从未提供过的因素应该被创造？

第一个问题促使企业考虑剔除在行业长久竞争中客户价值发生了改变，但企业只顾相互竞争而没有采取任何行动应对改变，甚至对改变毫无觉察。

第二个问题促使企业考虑产品或服务是否过分设计。假如企业提供给消费者的超出了消费者的实际所需，那就是只增加成本却没有任何收益。

第三个问题促使企业发现并有消除引起消费者不满或者不得不妥协之处。

第四个问题帮助发觉顾客价值新起源，以创造新需求，改变行业定价标准。

总之，大部分创业企业的产品和品牌都应该采用服务于某个目标市场需求的独特定位战略，以优质优价吸引一个细分市场和一批客户，或者以低质更低价吸引另一个细分市场和另一批客户。在任何市场中，创业企业的产品都能找到属于自己企业的发展空间，成功地占据不同的定位，并专门服务于特定的目标市场。

（五）有效地沟通和传达定位

当确定定位之后，企业必须采取各种手段和措施向目标客户传递和沟通既定的定位。定位需要切实的行动，企业所有的市场营销组合策略都必须给予该定位战略有力的支持。如果企业选择优质优价定位，就必须按照规划向目标客户传递优质的产品与服务。在定位的战术细节中，需要在市场营销组合策略的产品、价格、渠道和促销中做出一致性的规划。具体来说，企业必须生产高质量产品，收取较高价格；通过优质的经销商分销，在高质量媒体上做广告，雇佣和培训更多的高素质人员，寻找声誉好的零售商，设计能传递优质品质产品的广告和促销方式，之后还需要通过企业一致的表现和沟通来维持这种定位。以上的具体策略都是建立优质优价定位的有效途径。例如，“虫草含片”定位于高净值人群，其包装为单片独立封装、在航空客机上做广告。

总之，创业者通过对行业和市场的充分调查和分析，应该明确以下问题，这些问题是制订企业营销与销售计划的基础。

(1) 该行业发展现状如何？发展趋势怎样？利润率怎样？决定行业发展的成功因素有哪些？

(2) 经济发展和政府是如何影响该行业的？是什么因素决定和驱动着该行业的发展？

(3) 公司所处的市场结构和竞争情况如何？进入该行业的障碍是什么？企业可以采取哪些竞争策略？

(4) 创业者的三个最主要的竞争对手是谁？对比创业者的主要竞争者，企业的发展、市场和地理位置如何？竞争优劣势如何？如果没有直接竞争对手，谁是最有可能提供类似产品的潜在竞争者？

（5）企业所处市场总需求和市场细分情况怎样？目标市场如何决定？公司的价值主张和定位如何？未来是否可以拓展新的市场？

（6）针对该市场状况，企业未来3～5年市场销售的预测如何？占有的市场份额是多少？

第三节　市场营销计划

营销计划是创业企业经营业务的起点和重点。营销计划一般会以一年或一个经营期为研究时间段，以行业、目标市场以及组织的规模和范围为研究范围开展工作。它是企业经营计划的重要组成部分。但是，它也是一份独立的文件，需要随时随地进行调整，以确定企业实现其目标和宗旨。

创业企业的市场营销计划的任务是在充分深入的市场调研基础上，掌握行业市场的供求与竞争状况，预测产品/服务的市场容量和销售价格，为企业的整体经营规划奠定基础。

一、市场调研

为了获得市场营销计划中所需要的信息，企业有必要进行市场调研来收集这些信息。

新企业的市场调研的目的是了解市场的供求状况、竞争状况、消费者购买状况。

市场调研需要收集的信息包括：

① 谁是产品或服务的购买者？

② 潜在市场的规模有多大？

③ 价格应该被确定在什么范围内？

④ 最适合的分销渠道是什么？

⑤ 能够影响潜在顾客的最有效的促销策略是什么？

根据调查样本的规模，创业者可以尝试用图表来分析调查数据，以便得出有一定结论的分析结果。很多调查信息可以交叉使用，为创业者所关注的不同问题提供答案，并且帮助创业者进行营销规划。

二、创业营销方案

制定营销方案最简洁、有效的方法就是利用4P组合模型，产品（product）、价格（price）、分销渠道（place）、促销（promotion）。在新的市场环境下，应对互联网信息时代的要求，营销组合又拓展了新的方法，如4C、4S、4V、6P、7P、10P，等等。

（一）产品（product）

广义的产品包含实物产品及企业所提供的服务。产品的价值是多层次的，创业企业需要在创新的层面上深刻理解和开发产品的多层次价值，基于竞品分析和消费者分析，在产品的各个层次价值方面找到和强化自己的优势和特色。产品整体概念层次示意图如图1-5-2所示。

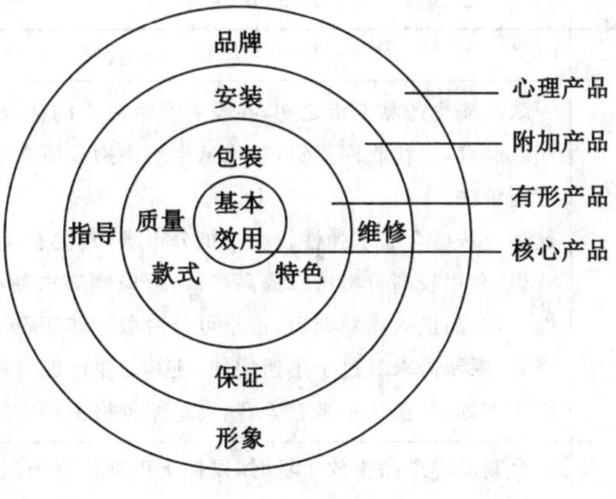

图 1-5-2　产品整体概念层次示意图

顾客价值曲线也能帮助我们对产品的价值进行创新性开发，提升产品整体价值。

（二）价格(price)

1. 一般定价方法

影响企业定价导向的关键因素是企业战略定位、市场竞争、成本、利润目标、顾客心理、政府有关部门的政策和法令的规定。

(1) 成本导向定价法。即以产品单位成本为基本依据，再加上预期利润来确定价格。成本导向定价法又衍生出了总成本加成定价法、目标收益定价法、边际成本定价法、盈亏平衡定价法等几种具体的定价方法。成本导向定价法是一种卖方定价导向。它忽视了市场需求、竞争和价格水平的变化，有时候与定价目标相脱节。此外，运用这一方法制定的价格均是建立在对销量主观预测的基础上，从而降低了价格制定的科学性。因此，在采用成本导向定价法时，还需要充分考虑需求和竞争状况，来确定最终的市场价格水平。

(2) 竞争导向定价法。即在竞争十分激烈的市场上，企业通过研究竞争对手的生产条件、服务状况、价格水平等因素，依据自身的竞争实力，参考成本和供求状况来确定商品价格。其特点是：价格与商品成本和需求不发生直接关系；商品成本或市场需求变化了，但竞争者的价格未变，就应维持原价；反之，虽然成本或需求都没有变动，但竞争者的价格变动了，则相应地调整其商品价格。当然，为实现企业的定价目标和总体经营战略目标，谋求企业的生存或发展，企业可以在其他营销手段的配合下，将价格定得高于或低于竞争者的价格，并不一定要求和竞争对手的产品价格完全保持一致。

(3) 需求导向定价法。即价格随市场需求的变化而变化，不与成本因素发生直接关系，符合现代市场营销观念要求，企业的一切生产经营以消费者需求为中心，并在产品、价格、分销和促销等方面予以充分体现。需求导向定价法主要包括理解价值定价法、需求差异定价法和逆向定价法。

2. 产品定价策略

新产品定价策略汇总见表 1-5-3。

表 1-5-3 产品定价策略

类型	策略	含义
新产品定价	撇脂定价法	一款新概念产品上市之初，在没有竞争对手的情况下，将价格定得较高，在短期内获取厚利，尽快收回投资，就像从牛奶中撇取所含的奶油一样，取其精华，称之为撇脂定价法。 这种方法适合需求弹性较小的细分市场，其优点：① 新产品上市，顾客对其无理性认识，利用较高价格可以提高身价，适应顾客求新心理，有助于开拓市场；② 主动性大，产品进入成熟期后，价格可分阶段逐步下降，有利于吸引新的购买者；③ 价格高，限制需求量过于迅速增加，使其与生产能力相适应。其缺点：获利大，不利于扩大市场，并很快招来竞争者，会迫使价格下降，好景不长
	渗透定价法	一个新品牌产品投放市场时，以低于正常价格的定价获得最高销售量和最大市场占有率。 当新品牌产品没有显著特色、竞争激烈、需求弹性较大时宜采用渗透定价法。其优点：① 产品能迅速为市场所接受，打开销路，增加产量，使成本随生产发展而下降；② 低价薄利，使竞争者望而却步，减缓竞争，获得一定市场优势。其缺点：① 前期利润低或者没有利润，对企业的资金能力要求较高；② 对于价格敏感的产品和市场，后期涨价困难
仿制品的定价	供求关系定价	仿制品是企业模仿国内外市场上的畅销货而生产出的新产品。仿制品面临着产品定位问题，就新产品质量和价格而言，有九种可供选择的战略：优质优价；优质中价；优质低价；中质高价；中质中价；中质低价；低质高价；低质中价；低质低价
心理定价	尾数定价或整数定价	许多商品的价格，宁可定为 0.98 元或 0.99 元，而不定为 1 元，是适应消费者购买心理的一种取舍。尾数定价使消费者产生一种“价廉”的错觉，比定为整元反应积极，从而促进销售。相反，有的商品不定价为 9.8 元，而定为 10 元，同样使消费者产生一种错觉，迎合消费者“便宜无好货，好货不便宜”的心理
	声望性定价	此种定价法有两个目的：一是提高产品的形象，以价格说明其品质优良；二是满足购买者的地位欲望，适应购买者的消费心理
	习惯性定价	某种商品，由于同类产品多，在市场上形成了一种习惯价格，个别生产者难以改变。降价易引起消费者对品质的怀疑，涨价则可能受到消费者的抵制
折扣定价	账期折扣	账期折扣是对及时付清账款的购买者的一种价格折扣。例如“2/10、1/20、*N*/30，通常 30 天为正常付款周期，指如果在 10 天内付款，购买者能够从发票面值中得到 2%的折扣、在 20 天内付款可以得到 1%的折扣，若未在上述 10 天、20 天内付款则没有优惠，按发票全部金额付款。许多行业习惯采用此法以加速资金周转，减少收账费用和坏账
	数量折扣	数量折扣是企业给那些大量购买某种产品的顾客的一种折扣，以鼓励顾客购买更多的货物。大量购买能使企业降低生产、销售等环节的成本费用。例如，顾客购买某种商品 100 单位以下，每单位 10 元；购买 100 单位以上，每单位 9 元
	职能折扣	职能折扣也叫贸易折扣，是制造商给予中间商的一种额外折扣，使中间商可以获得低于目录价格的价格
	季节折扣	企业鼓励顾客淡季购买的一种减让，使企业的生产和销售一年四季能保持相对稳定
	推广津贴	为扩大产品销路，生产企业向中间商提供促销津贴。如零售商为企业产品刊登广告或设立橱窗，生产企业除负担部分广告费外，还在产品价格上给予一定优惠

表 1-5-3(续)

类型	策略	含义
歧视定价（差别）	不同顾客群、款式、部位、时间等	对同一产品或劳务定出多种价格，但这种差别不反映成本的变化。 实行歧视定价的前提条件：市场必须是可细分的且各个细分市场的需求强度是不同的；商品不可能转手倒卖；高价市场上不可能有竞争者削价竞销；不违法；不引起顾客反感

3. 创业企业竞争性调价

企业在产品价格确定后，由于客观环境和市场情况的变化，往往会对价格进行调整，调整策略见表 1-5-4。

表 1-5-4　竞争性调价策略

价格变动	适用条件	消费者的反应	竞争者的反应
降价	企业生产能力过剩，产量过多，库存积压严重，市场供过于求，企业以降价来刺激市场需求。 面对竞争者的“削价战”，企业不降价将会失去顾客或减少市场份额。 生产成本下降，科技进步，劳动生产率不断提高，生产成本逐步下降，其市场价格也应下降	产品样式老了，将被新产品代替； 产品有缺点，销售不畅； 企业财务困难，难以继续经营； 价格还要进一步下跌； 产品质量下降了	1. 相向式反应：跟随调价。这样一致的行为，对企业影响不太大，不会导致严重后果。企业坚持合理营销策略，不会失掉市场和减少市场份额。 2. 逆向式反应。你提价，他降价或维持原价不变；你降价，他提价或维持原价不变。这种相互冲突的行为，影响很严重，竞争者的目的也十分明显，就是趁机争夺市场。对此，企业要进行调查分析，首先摸清竞争者的具体目的，其次要估计竞争者的实力，最后要了解市场的竞争格局。 3. 交叉式反应。众多竞争者对企业调价反应不一，有相向的，有逆向的，有不变的，情况错综复杂。企业在不得不进行价格调整时应注意提高产品质量，加强广告宣传，保持分销渠道畅通等
提价	通货膨胀。物价普遍上涨，企业生产成本必然增加，为保证利润，不得不提价。 产品供不应求。一方面买方之间展开激烈竞争，争夺货源，为企业创造有利条件；另一方面也可以抑制需求过快增长，保持供求平衡	产品很畅销，不赶快买就买不到了； 产品很有价值； 卖主想赚取更多利润	

购买者对价值不同的产品价格的反应也有所不同，对于价值高，经常购买的产品的价格变动较为敏感；而对于价值低，不经常购买的产品，即使单位价格高，购买者也不太在意。此外，购买者通常更关心取得、使用和维修产品的总费用，因此卖方可以把产品的价格定得比竞争者高，取得较多利润。

4. 创业企业反应性调价

在同质产品市场，如果竞争者降价，企业必随之降价，否则企业会失去顾客。某一企业提价，其他企业随之提价（如果提价对整个行业有利），但如有一个企业不提价，最先提价的企业和其他企业将不得不取消提价。

在异质产品市场，购买者不仅考虑产品价格高低，而且考虑质量、服务、可靠性等因素，因此购买者对较小价格差额无反应或不敏感，则企业对竞争者价格调整的反应有较多自由。

企业在作出反应时，先必须分析：竞争者调价的目的是什么？调价是暂时的，还是长期的？能否持久？企业面临竞争者应权衡得失：是否应作出反应？如何反应？另外还必须分析价格的需求弹性，产品成本和销售量之间的关系等复杂问题。企业要作出迅速反应，最好事先制定反应程序，到时按程序处理，提高反应的灵活性和有效性。

（三）分销渠道(place)

分销渠道是指为使产品和服务变成对使用和消费有价值的与流程相关的独立组织模式。简单地说，分销渠道的目的就是使恰当数量的恰当产品和服务出现在恰当的时间、地点。

当前，互联网技术颠覆了分销渠道的概念，距离的消失、时间的同质化及地理位置的无关性使产品和服务更多地依赖分销媒介而不是分销渠道来到达消费者手中。

（四）促销(promotion)

创业促销的一个基本的出发点是低成本、容易实施、有广泛的传播效果。

1. 口碑营销

口碑营销是创业者在创业初期常用的一个营销战略。"口碑营销"可简单定义为能让所有人开口谈论一个企业。

实施口碑营销有以下几种方式：

一是激发顾客谈论你的优质服务。创业企业如果能为顾客创造截然不同的服务体验，便可能脱颖而出，激励顾客将之与他人分享。有效的服务应当是持久的、真诚的和充满热情的，创业企业可以通过提供独特的顾客服务，让老顾客自愿推荐产品和服务给新顾客。

二是通过"感谢"推荐人计划形成扩大口碑相传的机制。当顾客推荐其他人来光顾企业时，创业者可以通过"感谢"这名老顾客，来建立其忠诚度，培养口碑相传。例如，通过送打折优惠券、一份表达谢意的小礼物，如一张贺卡，或仅仅是一张手写的感谢便签，以感谢那些介绍新顾客来企业的人。这样做会使早期顾客有自豪感，让他们知道，创业企业的成功需要他们帮忙吸引新的顾客。

三是营造"话题活动"。创业者可以通过朋友、家庭以及雇员积极营造关于公司的"话题"来模仿口碑相传。例如，通过一个用户群提供免费服务、支持或训练等，使群员成为创业企业的"销售力量"。

2. 基于互联网的营销方法

利用现在的互联网基础，许多新的、低成本的、容易进入的营销方式被广泛应用，如博客营销、微博、网络社交软件、小视频、热点事件话题等。

3. 其他简便方法

(1) 免费的增值模式。在这种模式下，顾客开始不需要付费，可以免费试用产品。其核心是，先吸引用户"上钩"，然后由用户决定是否付费或继续使用产品或服务的增值功能。免费服务模式有两种：一是顾客可以在试用期间免费使用产品的完整功能，之后如果想继续使用就需要付费。二是企业的基础产品(可能是仅供一人或两人使用的个人版本)免费，如果顾客想要继续使用产品的增值功能或包含商务功能的高级版本，则需要付费。

免费模式的风险在于，顾客对免费试用的产品感到满意，却认为其不值得付费使用。企业可能会吸引大量的免费试用顾客，但付费用户却寥寥无几。顾客对产品持批评态度或不愿意付费使用，会消耗企业的成本并影响企业利润。另外，企业还需要投入大量的时间和资金为这些用户提供支持。

(2) 零成本顾客开发。零成本顾客开发模式是由消费型网络公司,通过微信、微博等社交工具开发新顾客而不需要投入任何成本,它是所有模式中最具有灵活性、最为高效的一种。

当用户本身成为企业的产品,即企业将用户的照片、文字、文档与活动作为产品内容时,零成本顾客开发就变得异常简单。企业的产品为用户提供了一个基本框架,而用户以及相关的数字媒体和他们的行为就是其中的内容。

当用户充当内容的成分越来越多,其可从分享和互动中获得益处越多,企业的顾客开发成本就越接近于零。这是由于用户乐意邀请朋友与同事使用这一产品,因为邀请的人越多,他能够享受的服务也就越多。

(3) 合作。企业可以同已拥有高效营销渠道的成熟企业合作来推动自身的销售,也可以通过与专业的销售公司合作实现销售,企业须向合作伙伴让渡一部分收益。

(4) 反复从顾客身上获利。企业最好的收入来源是从现存的顾客身上创造利润。如果顾客正使用你的产品,就表明你已经支付了获取该顾客的成本。这是经营现有的顾客。企业可以说服他们购买较为昂贵的商品,向他们出售具有新功能的产品,或者向他们收取产品使用费等。

第四节 创业企业销售计划

在恰当地明确了市场、选定了目标市场和客户,并且为了满足市场和客户的需求制定了产品和服务之后,创业者或管理者的当务之急就是建立一个高效率、低成本的销售组织和销售方法来实现与这些客户和市场的联系。创业企业销售的重要任务是分析鉴别买方行为,选择销售渠道,构建销售队伍,培育销售技巧。

一、辨别买方行为

采取适当的市场营销策略首先要了解买方行为,对目标市场和目标客户进行识别,并判断它们的类型是新系统购买者、原有系统购买者、新产品购买者,还是通用商品购买者。

新系统购买者是一次性或第一次购买。例如企业购买投资者、银行家以及律师帮助企业进行原始股公开招募所提供的各种服务,购买一个大型的自动化刷车设备。一般新系统购买者需要较长的营销周期,他们在搜索和购买以及集体决策、咨询销售和解决问题当中有很多步骤。销售人员应当是有职业素养的专业人员。

原有系统购买者,如购买化妆品、汽车保险等本身就是产品或服务的购买专家,他们进行重复采购时希望通过更多的"关系"销售形式购买。这时的营销周期一般很短,也很简单。对待这样的购买者,要实施优惠"老客户"的服务方式,企业的目的就是要增加客户。

新产品购买者是那些不断购买新产品种类及服务的组织,例如购买计算机或软件、时装、智能家电等,这种购买不同于一次性或第一次购买,购买者对采购的过程相当熟悉。在这种环境中,销售人员既要有良好的成交技巧,又要有不怕被拒绝的心理素质,要善于展示产品或服务的特色和益处,询问相关问题并成为一个良好的倾听者。

通用产品的购买者在采购标准的商品和服务方面非常有经验,他们通常会根据关系、价格、发送、便利、实用性记忆、客户服务等因素进行定期采购。采购的一般是一些同质的产品或服务，如办公设备、机票等。这时，销售人员不需要主动出击，而是要进行有效的时间管理以及利用信息技术提高效率。

企业可能同时服务这几种或者全部类型的购买者，在这种情况下，企业应该具有混合销售的能力，组建混合销售的组织形式。例如，HD公司的顾客就有原有系统购买者：海带食品加工企业，持续的季节性订货，HD公司采用程序化销售流程；也有新产品购买者：生物科技公司，用于海带生物成分提炼研究而购买，他们会考察调研很多原料供应商，并对海带原料进行技术指标的检测，HD公司需要有专业人员进行项目式合作；还有一次性大宗商品出口销售，HD公司设置销售团队来执行销售工作。

企业要根据买方行为定制销售人员的培训计划。例如，应对新系统购买者的销售人员需要很多产品知识和咨询销售技巧的培训；应对原有系统购买者的销售人员需要更多的谈判和关系建立技能；应对新产品购买者的销售人员需要重视卖点推销以及成交方面的培训，而那些应对通用商品购买者的人员在时间管理和信息技术方面需要有更多的培训。

二、选择合适的分销渠道

选择合适的分销渠道是达成销售的重要环节，以便能够接近目标客户和适当的细分市场。企业可以使用自己直接的销售人员也可以使用间接销售伙伴，例如分销商、经纪人、独立的销售代表、电子商务、系统集成商以及零售商等。

初创企业或处于早期阶段的企业一般采取与间接销售伙伴合作的方式，这样销售成本更低。但是，某些类型的销售需要直接的销售人员，例如有很多一次性或第一次的购买者，对他们提供咨询等服务的营销周期很长，通常会使用直接销售组织。销售人员在销售中的影响越大，企业的直接销售人员就越重要。一般来说，选择正确的分销渠道取决于销售人员进行销售的方式，需要对什么类型的买方进行拜访，客户有什么需求，运营服务所销售的产品或者服务的种类，需要控制的区域以及资本和成本的考虑等。企业要每年对这些变量进行重新审视，如果这些变量发生变化，相应的销售渠道也要进行调整。

三、构建销售队伍

企业的销售组织和销售团队人员应根据企业的销售特点和销售任务目标来确定。

如果企业提供的产品或服务范围广泛，并且各不相似或不相关时，可以考虑针对不同的产品系列组建不同的销售队伍，让每一个产品或产品组合、每一个市场都得到高度的专业化销售匹配。如果企业要把大量的产品或服务销售给有限数量的主要客户，可以考虑按照客户来组建销售队伍，建立销售人员与客户相对应的伙伴关系。如果企业要把相似的产品或服务销售给同一行业大量的高度分散的客户，可以考虑按地区划分来组建销售队伍，这样既简化了销售过程，又降低了成本。如果企业要提供那些需要进行售后服务或需要不同销售技能的产品，就应考虑采用双轨制的销售组织模式，国内的许多家电企业就采取了这种模式。

总之，企业要根据其产品和服务的特征、目标市场及客户的需求，综合分析组建销售队伍的有效组织模式。

四、销售技巧

销售技巧在吸引顾客、促进销售方面具有十分重要的作用，创业者需要根据企业所处发展阶段的特点，采取适当的销售技巧。

（一）创业初期销售技巧

大多数初创企业及企业的早期发展阶段资源匮乏，资金和人员有限，创业者一般不会雇用他人为自己销售。因为雇员不可能拥有和创业者同样的热忱和激情，而且无法给顾客带来同负责人直接打交道的情感价值。

企业初创期一般采用如下三种销售方式。一是企业创业初期往往采用直销的方式。例如，在美国《有限公司》杂志进行的500强的调查中，只有12%的创业者是通过中介机构取得早期收入的，另外88%的创业者则是向终端用户直接销售。二是在几乎所有案例中，创业者（而不是雇来的销售人员）是负责销售的中坚力量，这时创业者行之有效的销售需要在吸引顾客、供应商等方面拥有较高的应变能力与洞察力，学会采用独特的营销手段。三是建立对市场环境和新事物的销售敏感，例如自媒体发展初期就有很多创业者利用小视频进行产品宣传和销售尝试，短短几年已经发展成为一个主流销售形式。利用网络营销手段举不胜举，具体采用何种方式需要根据企业自身的环境与条件量身定做。

（二）增长转型期营销技巧

处于增长转型期的企业并没有摆脱缺乏人才与资金的现状，也没有建立起大企业所具有的专业化的销售队伍。同时，在竞争性极强的市场中，企业需要不断开发新产品和新服务来保持其竞争力，这是一个不断完善的过程。这时的创业者应该考虑的是在顾客不断变化的需求和竞争性市场信息的基础上，如何针对目标市场，使自己有限的销售团队达到最大化的工作效率。

加强销售技巧之前需要销售人员和渠道合作伙伴充分地了解产品、客户以及竞争者的信息。信息的来源是多渠道的，可以通过各种订货会、展销会、信息咨询服务机构和信息市场获得市场信息，通过互联网、报纸、杂志和各种内部信息资料等获得市场信息。同时，一些创业者发现同收集市场信息的销售人员打交道非常具有启发性，常常会促进新产品的灵感产生。

一些销售人员同时要服务多种类型的购买者，需要分别了解战略层次上的销售技巧（主要用于周期比较长、比较复杂的销售）和战术层次上的销售技巧，相关内容见表1-5-5。

表1-5-5　创业企业战略和战术层次上的销售技巧

战略销售技巧	基础的战术销售技巧
了解决策制定程序、决策者、预算与时间框架； 与购买者相关的组织事项（顾客决策程序）； 关键人士（他们将如何帮助你）； 增值建议和选择性成本； 量化的利益； 决策者的动机和主要影响因素	量化客户； 拜访前计划； 获得拜访机会； 运用探测性问题找出需求和问题所在； 展示产品特色、利益和相关证明； 得到许诺

五、营销与销售预算

销售预算是指企业销售计划对开展产品销售活动费用的匡算，是企业进行产品销售活动投入资金的使用计划。它把销售费用和销售目标联系起来，规定了计划期内开展销售业务所需的费用总额、使用范围和使用方法。

（一）销售预算的内容

（1）销售人员的费用：如工资、提成、津贴、差旅费、交通费、交际费等。

（2）销售管理的费用：如销售经理的工资、提成、津贴、差旅费等。

（3）其他人员的费用：如培训师薪水、被培训者的薪水。

（4）其他销售费用：如销售会议、销售促进、销售展示、目录和价格清单、招聘、销售人员离职费用等。

（5）通信交通费用。

（二）销售预算的编制方法

（1）销售百分比法：按照销售量或者销售额估算销售费用。

（2）目标任务法：首先确定销售目标，再估算费用。这个方法对于创业企业来说由于缺乏历史经验和数据，比较有难度。

（3）同等竞争法：参考同类竞争企业的销售预算估算本企业的费用。估算公式如下。

$$\text{销售费用总额}=\frac{\text{主要竞争对手的销售费用}}{\text{主要竞争对手的市场占有率}}\times\text{本企业预期的市场占有率}$$

使用这种方法的前提条件是：第一，企业必须对行业和竞争对手有充分的了解，具有竞争对手销售费用的可靠信息；第二：竞争对手的销售费用预算在行业中有较强的代表性，其做法是科学的和理智的。

（4）零基预算法。其基本原理是对于任何一个预算期、任何一项开支费用完全不考虑基期的费用开支水平，而是以零为出发点、从实际需要和可能出发、逐项审议各项费用开支的必要性、合理性以及开支数额的大小，从而确定各项费用开支的预算数。这个方法更适合于创业企业的销售费用预算。

【思考题】

1. 举例说明，如何制定一份营销方案？
2. 市场调研应如何进行？有哪些基本的市场调研方法？
3. 产品与服务应如何定价？举例说明，不同产品和企业应该遵循哪些定价方法？
4. 产品与服务的销售渠道有哪些？举例说明，不同类型的产品的销售渠道有何不同？
5. 请列举手机、电视机、饭店的促销方法和策略。
6. 请举例说明，哪些产品适合运用网络直播和数字营销方法进行营销？

【实践练习 1】

1. 各个学习小组根据自己创业项目的产品与服务特点，进行用户画像练习，分析你们的顾客是谁？他们是什么样的人？有什么消费偏好？最近的消费频次怎样？消费金额是多少？

2. 各个学习小组根据自己的创业项目，分析顾客特征，准备市场营销计划(表 1-5-6)。

表 1-5-6　市场营销计划

规划项目	规划内容	依据及理由
计划销售的产品		
计划销售的价格		
计划销售的地点		
计划促销的方法		
费用预算		

【实践练习 2】

1. 细分市场练习。

(1) 寻找某个消费热点，模拟创建一个细分市场，回答以下问题。

① 客户的痛点是什么？他们为什么会有这个问题？深入探索问题。

② 解决问题会对客户产生什么影响？如果影响很小，说明没有市场，必须找到一个更大的痛点。你的产品如何改变客户生活？

③ 客户在哪里逗留？若在线上，从哪里找到他们？或者在线下，又从哪里找到他们？

④ 谁影响他们？

(2) 为理想客户创造一个人物画像(越具体越好)，请提供尽可能多的细节描述。

(3) 创建一个反细分——乍一看是理想客户，却从来不买这个产品的人。他们为什么不买？

2. 客户访谈。联系一位大学创业园区的创业者，围绕其客户定位，制定访谈提纲，开展半结构化访谈。

第六章　创业企业组织与运营管理

【学习目标】

◇ 了解创建企业的基础工作

◇ 理解公司生产运营的基本问题，掌握进行生产运营规划及管理的基本方法

◇ 掌握生产运营资源规划

【案例 1-6-1】

苹果公司的设立

美国著名的苹果公司所创造的“硅谷奇迹”是创业成功的典范。苹果公司的设立先后经历了以下过程。

(1) 一人技术。沃兹奈克在 1976 年设计出了一款新型的个人用电脑，样品苹果一号展出后大受欢迎，销售情况出乎意料得好。

(2) 两人起步。受此鼓舞，沃兹奈克决定与中学时期的同学乔布斯一起创业，先进行小批量生产。他们卖掉旧汽车甚至个人计算机一共凑集 1 400 美元，但少量资金根本不足以应付这急速的发展。

(3) 三人合伙。从英特尔公司销售经理职位上提前退休的百万富翁马库拉经别人介绍结识了乔布斯和沃兹奈克这两个年轻人，他以多年驾驭市场的丰富经验和企业家特有的战略眼光敏锐地意识到了未来个人电脑市场的巨大潜力。他决定与两位年轻人进行合作创办苹果公司，经过与乔布斯和沃兹奈克共同讨论，他们花了两个星期时间制定出一份苹果公司的经营计划书。马库拉又拿出 9.1 万美元入股，还争取到美洲银行 25 万美元的信用贷款，这样三个人合伙成立了公司，马库拉占三分之一的股份。

(4) 四人公司。三人共同带着苹果的经营计划，随后走访了马库拉认识的创业投资家，又筹集了 60 万美元的创业资金。为了加强公司的经营管理，一个月后马库拉又推荐了全美半导体制造商协会主任斯科特担任公司的总经理。马库拉和乔布斯说服了沃兹奈克脱离惠普，全身心投入苹果公司。1977 年 6 月，四个人组成了公司的领导班子，马库拉任董事长，乔布斯任副董事长，斯科特任总经理，沃兹奈克是负责研究与发展的副经理。技术、资金、管理的结合产生了神奇的效果。

(5) 企业的名字。马库拉意识到公司在黄页号码簿中的排位靠前有利于市场营销(因为 Apple 以 A 打头)，他也相信苹果的含义很好，把“苹果”和电脑放在一起，似乎有某种类似于古老印度宗教中“顿悟”的奇异效果，这将有助于人们记住这一品牌。他们决定保留苹果的名字。

(6) 企业的广告和标志。乔布斯找到了硅谷最著名的公关和广告公司的老板——为英

特尔设计芯片广告的麦克凯纳。起初麦克凯纳拒绝了苹果公司的要求，但乔布斯三番五次地上门拜访。“我不否认沃兹奈克设计了一台好机器，”麦克凯纳说，“但如果没有乔布斯，那台机器可能至今还躺在电子爱好者商店里。沃兹奈克很幸运，因为他的伙伴是一位福音传道者。”麦克凯纳最终同意为苹果帮忙。他作出了两大贡献：其一是创造了苹果的标志，今天那个被咬了一口的苹果形象几乎尽人皆知；其二是除了在行业杂志上登广告外，还在像《花花公子》这样的流行杂志上刊登彩色广告，广告强调这款低价格家庭用电脑的实用性。在那个年代，麦克凯纳的这一步堪称大胆，他说：“这是为了唤起全国的注意力，让低成本计算机的概念为全民所接受。”其他公司卖微机已经两年了，但从来没有一家公司以这种方式刺激公众的想象力。麦克凯纳赋予苹果公司一种“人格”，并使这个品牌在市场上占有一席之位。若干年后，麦克凯纳加入一家著名的创业投资公司，也成为一个投资家。

综上所述，沃兹奈克设计制造了苹果电脑，马库拉有商业上的敏感性，斯科特有丰富的生产管理经验，麦克凯纳创造了苹果的声誉，但最终是乔布斯以其执着精神推动了所有这一切。苹果电脑的创业成功是创业团队有效合作的结果。

有人认为，苹果公司的设立过程是硅谷模式的典型，即“人—技术—风险投资”。这个过程是任何创业者都梦寐以求的，但不是每个创业团队都能这么一帆风顺。

（参见郎宏文、郝婷、高晶：《创业与创新管理》，中国铁道出版社 2019 年版，第 188～189 页。有改动）

讨论：请根据苹果公司的创业过程，谈谈你的认识。

当创业者把创业项目确定下来，就要考虑企业形式的问题，即创办什么样的企业？设计什么样的组织架构？需要哪些人员来承担企业的运营活动？运营活动如何开展、如何规划和管理？

不同组织形式的企业，法律要求设立的条件和程序是不同的，创业者必须了解有关不同企业组织形式的法律规定及其特征，才能结合自己的创业条件做出选择。

第一节　新企业的设立

设立新企业是实施创业活动的起点。新企业设立涉及企业法律形式、名称、地址、组织形式的选择等工作，将一个能够独立实施生产经营活动的法人组织主体建立起来。

一、企业法律组织的形式

根据我国相关企业法律制度的规定，创业者可以选择的法律组织形式有：个人独资企业、合伙企业、公司制企业（含有限责任公司、股份有限公司）以及农民专业合作社、企业分支机构等。

法律规定的企业组织形式，根据不同标准有不同的分类。例如，根据投资主体的不同，分为国有企业和非国有企业；根据是否独立享有权利、承担义务和责任，分为法人企业和非法人企业。

现代社会，法人企业在社会经济生活中占据主导地位，非法人企业也是普遍存在的。公司是典型的法人企业，分公司、个人独资企业、合伙企业则属非法人企业。

创业者在考察企业的法律组织形式时，需要考虑以下几个重要因素：实施的难易程度、所需资金的数额、对创业者的备选方案具有限制性影响的法律问题、被选组织形式的税收效应等。创业者应根据不同企业组织形式的特点，选择适合自己的企业组织形式。

表 1-6-1 是不同组织形式的企业法律特征比较。创业者应根据自己的资源条件和创业目标选择合适的组织形式。

表 1-6-1　不同组织形式的企业法律特征比较

比较因素	个人独资企业	合伙企业	有限责任公司		股份有限公司
			一人有限责任公司	普通有限责任公司	
创建者人数	1个自然人	2个以上合伙人	1个自然人或法人	50个以下股东	2～200个发起人
注册资本	申报的出资	合伙人认缴或者实际缴付的出资	股东认缴的出资额	全体股东认缴的出资额	全体发起人认购的股本总额或者募集的实收股本总额
筹资	个人自行筹集	合伙人自行筹集	自行筹集	股东自行募集	发起人认购或社会公开募集
出资方式	不限	货币、实物、知识产权、土地使用权或者其他财产权利出资，也可以用劳务出资	货币、实物、知识产权、土地使用权等可以用货币估价并可以依法转让的非货币财产	货币、实物、知识产权、土地使用权等可以用货币估价并可以依法转让的非货币财产	发起人以货币、实物、知识产权、土地使用权等出资；社会公众以货币认购股份
企业财产性质	个人所有	合伙人共有	法人独立的财产	法人独立的财产	法人独立的财产
企业责任	无限责任	无限连带责任	以全部资产为限的有限责任	以全部资产为限的有限责任	以全部资产为限的有限责任
投资者的责任	无限责任	无限连带责任或有限责任	不能证明公司财产独立于股东自己的财产的，股东承担连带责任	以其认缴的出资额为限对公司承担责任	以其认缴的股份为限对公司承担责任
盈亏分担	投资者个人	按约定	投资者	按出资额比例	按股份
权力机构	投资者个人	全体合伙人	投资者	股东会	股东大会
执行机构	投资者或委托他人	普通合伙人或委托他人	执行董事	董事会或执行董事	董事会
所得税	个人所得税	合伙人分别缴纳个人所得税	企业所得税	企业所得税	企业所得税
企业信用	个人资信	任何一名普通合伙人资信	注册资本	注册资本	注册资本

从表 1-6-1 中可看出，个人独资企业、合伙企业、有限责任公司和股份有限公司从左至右依次排列，设立企业的难度越来越大，对资本和人数的要求越来越高，企业发展程度或规模由小到大，企业资信由弱到强，公司管理由简单到复杂，运营成本由低到高，企业治理制度由宽松到严格，承担责任由无限到有限的进化链。通过对这些特征进行对比，我们会发现不同的企业

组织形式具有不同的优劣势，见表 1-6-2。对于创业者来讲，应在分析不同企业组织形式特征与优劣势的基础上，根据自己的资源条件和创业目标选择合适的组织形式。

表 1-6-2 不同组织形式的企业优劣势比较

组织形式	优势	劣势
个人独资企业	设立手续非常简便，且费用低 所有者拥有企业控制权 可以快速对市场变化做出反应 只缴纳个人所得税，无须双重课税 在技术和经营方面易于保密	创业者承担无限责任 企业成功过多依赖创业者个人能力 规模有限，筹资困难 企业随着创业者退出而消亡，寿命有限 创业者投资的流动性低
合伙企业	创办比较简单、费用低 经营比较灵活 企业拥有更多人的技能和能力 资金来源较广，信用度较高	普通合伙人承担无限责任 企业绩效依赖合伙人的能力，企业规模受限 企业往往因关键合伙人死亡或退出而解散 合伙人的投资流动性低，产权转让困难
有限责任公司	股东承担有限责任，风险小 公司具有独立寿命，易于存续 可以吸纳多个投资人，促进资本集中 所有权与经营权分离，管理效率高	创立的程序比较复杂，创立费用较高 存在双重纳税问题，税收负担较重 不能公开发行股票，筹资能力受限 产权不能充分流动，资产运作受限
股份有限公司	股东承担有限责任，风险小 公司具有独立寿命，易于存续 筹资能力强，产权可以充分流动 所有权与经营权分离，管理效率高	创立程序复杂，创立费用高 存在双重纳税问题，税收负担较重 定期报告财务状况，公开财务数据 法律要求和限制较多

一般而言，创业者选择企业法律组织形式的要点是：

(1) 考虑创业者个人因素。首先是投资者经营企业经验的多寡，往往对企业未来的经营影响较大，在选择企业形式时应重点考虑。如果创业者经营企业的经验丰富，则可以选择个人独资企业或者一人公司等独立性较强的企业组织形式，否则最好选择合伙企业或者非一人公司的有限责任公司，以发挥众人智慧，防止企业经营出现大的问题。其次是创业者企业管理与控制能力的差异：对企业的管理与控制能力强的，可以选择风险较大的个体工商户、个人独资企业、合伙企业等；否则，应当选择公司。最后，应考虑创业者承担风险的能力。

(2) 考虑企业税收管理政策因素。我国在创业企业的税收政策和监管方面随着国家整体发展战略的调整不断在发展变化，创业企业应及时关注管理政策的改变，充分利用政策资源。

(3) 考虑创业项目所在行业特点。当企业所属行业适宜较大规模经营时，如制造型企业、贸易加工型企业以及研发技术型企业，一般选择合伙制和有限责任公司形式较为适宜。如果企业属于一般性服务行业，通常规模较小，则可以优先选择注册个人独资企业或者个人有限责任公司类型。

(4) 考虑创业企业风险和责任因素。企业设立条件与程序是企业取得主体资格所必须具备的法定条件与法定程序，它反映企业的权利义务和风险利益关系。企业设立条件与程序一般受企业投资者的责任所制约。通常情况下，如果投资者承担较重的责任，则企业设立条件较为宽松，设立程序较为简单；如果投资者承担较轻的责任，则企业设立条件较为严格，设立程序较为复杂。

总之，创业者在选择新企业注册类型时，要充分考虑投资者的资本和规模、创业者的企业运作经验、行业特点、投资者的权利和义务、企业设立条件与程序、企业税收负担等因素的影响，做出理性权衡抉择。一般来说，如果企业资本实力比较强、有一定的规模，同时非常注重企业的风险承担，则可以优先考虑公司制企业；如果企业经营规模不大、资本比较紧张，还得考虑税收负担和节约管理成本，则个人独资企业可能是最佳选择。

二、企业名称与选址

（一）企业名称的命名方法

企业名称是用以辨认和识别企业的特定标志，是企业信用和信誉的载体。它是企业的一项无形财产，并且受到法律的保护。一个优秀的企业名称具有六大功能：识别、便利、广告、示意、美化、增值。

创业企业名称命名方法一般采用四段式命名法，按照我国《企业名称登记管理规定》的要求，企业名称应当由以下部分依次组成：字号（或者商号）、行业或者经营特点、组织形式，并冠以企业所在地省（包括自治区、直辖市）或者市（包括州）或者县（包括市辖区）行政区划名称。即企业名称由“行政区划＋字号＋行业＋组织形式”依次组成，这是目前企业命名普遍采用的方法。如杭州娃哈哈食品有限公司、大连辉瑞制药有限公司、四川长虹电器股份有限公司等。

（二）企业选址

选址是企业创立和发展中的重大决策行为，是创业者的一项长期投资，是企业发展空间的选择，关系着创业者未来的经济效益和发展前景，不同地区和地点的商业环境必然对企业的持续竞争力产生重大影响。选址决策与国家和地区的环境有着深刻的联系，涉及众多的因素。企业选址包括两个方面：一是选位，即选择地区，包括不同的国家或地区、一个国家内的不同区域或城市；二是寻址，即在已选定的地区内选择一个具体地点，包括市中心或市郊、商业区或住宅区、路段和街口等。

例如，两个同行业同规模的企业，即使商品构成、服务水平、管理水平、促销手段等方面大致相同，但仅仅由于所处的地址不同，经营效益就可能有较大区别。因而对于企业来说，位置选择非常重要。

1. 企业选址的影响因素

企业选址的影响因素可以分为选择地区时的影响因素和选择具体位置时的影响因素。其中选择地区时的主要影响因素如下。

（1）选址首先要考虑区位的管理政策、法规条件，某些地区和省市在某些政策上具有优惠待遇，如经济开发区、经济特区等；还要考虑区域的产业链整体规划，为创业企业的运营提供支持条件。

（2）制造业企业选址更大程度上是选位，应重点考虑影响成本的因素，包括区位的产业链配套能力、原材料供应、劳动力资源获得等；另外，渠道合作企业、物流运输、仓储设施等，也会影响企业的市场进入与销售。厂址选择具体地点影响因素包括可扩展性、排水及土壤条件和周围市政设施环境等。

（3）服务业企业选址决策中更关注的是企业收入最大化。所以在一个特定市场内，能影响到企业的销售量和收入的选址方案将会被优先考虑。从服务设施的角度出发，服务业企业选址可以分为以下三类。

一是顾客到服务提供处。需考虑服务设施对最终市场的接近与分散程度,选址必须靠近顾客群,如宾馆、饭店、商场等。

二是服务提供者到顾客处。服务的进行需要上门服务,如维修、搬家、装修等。提供服务的交通条件和服务工具是选址需要考虑的因素。

三是服务提供者与顾客在虚拟空间完成交易。通过信件、电话、网络等方式完成交易,如网络购物、网上订票等服务。这类企业选址对地域性的要求较低,需要优先考虑物流仓储等因素。

对传统制造业来说,竞争对手的相对位置并不是很重要,而服务业中则存在一种集聚效应,即将几个竞争企业聚集在一个相对集中的地点将会比同类的企业分散在不同的地点能吸引更多的顾客。例如,建材市场、小商品市场等,所以在此类商业选址时,可以根据实际情况选择临近同类厂商的位置。

由于线下实体零售业的销售大都是在商铺内实现的,所以商铺的位置选择就成为关键问题。零售商铺的选址决策一般包括以下四个步骤:第一,评价每个区域的居民及现有商铺的特点,并进行商圈分析;第二,评价和决策是在一个未规划的商业区内开设孤立商铺,还是在该区域的一个规划的购物中心内开设新店;第三,选择孤立商铺、无规划商业区域或规划的购物中心的位置,即选择大体位置;第四,分析在特定的零售区域类型中可供选择的商铺位置,即选定具体位置。线下零售商铺选址的影响因素如表 1-6-3 所示。

表 1-6-3　商铺选址决策影响因素表

影响因素	内容
客流	行人数量、行人类型
车流	车数量、车辆类型、交通拥堵程度
停车设施	停车场的数量和质量、停车场到商店的距离
交通条件	大规模公交系统的可获得性、是否靠近主要高速公路、是否便于送货
商店构成	商店数目和规模、商店之间的互补性、零售的均衡配置
具体店址	可见度、区域内的布局、营业场所的规模和形状、建筑的规模和形状、场地和建筑的状况和使用年限
占用及条件	租用条款、营运和维护费用、税金、区域规划的限制、自愿遵守的规则
全面评价	给出每个评价的总评分、选出最佳位置、选择具体店址

2. 企业选址的一般评价方法

因素评价法是指对每个备选方案的各种相关因素进行综合评分,从而为总体评价提供合理的基础,有利于对备选地点进行比较和选择。因素评价法的一个不足之处就是在决策过程中主观因素太强,使得根据这种方法做出的评价和决策不够客观。

因素评价法主要有五个步骤。第一,列出相关影响因素(如市场位置、原材料供应、社区态度、运输条件、环化法规等)。第二,对每个因素赋予一个权重,每个权重代表每个因素的相对重要性,各权重的总和为 1。第三,对所有的因素确定一个统一的评分取值范围,如 1～100 分,并在这个范围内就每个因素对每个方案进行评分。第四,将每个因素的得分与其权重值相乘,再把每个方案各因素的乘积数相加得到总分。第五,比较和选择总分最高的方案为选址地点。

例：某创业者需要开设一个工厂，根据表 1-6-4 中给出的三个备选地点信息，使用因素评价法确定最佳选址方案。

表 1-6-4　企业选址因素评价法决策表

A	B	C	D	E	F=B×C	G=B×D	H=B×E
因素	权重	得分			加权得分		
		地点 1	地点 2	地点 3	地点 1	地点 2	地点 3
交通条件	0.15	100	80	80	15	12	12
工资水平	0.05	80	80	100	4	4	5
原料供应	0.30	50	90	70	15	27	21
职业教育	0.05	60	80	60	3	4	3
市场	0.20	80	60	70	16	12	14
劳动力	0.15	80	90	60	12	13.5	9
公共设施	0.10	50	80	100	5	8	10
合计	1				70	80.5	74

由上表加权计算结果可知，地点 2 得分最高，如果没有其他特殊情况，应选择地点 2 作为工厂地址。

企业选址影响因素的选择应考虑行业、企业的实际经营情况，不同行业、不同类型、不同商业模式的企业其影响因素也会有巨大差异。

【拓展阅读 1-6-1】

国务院推动“双创”举措：五证合一

国务院办公厅发布《关于加快推进“五证合一、一照一码”登记制度改革的通知》（以下简称《通知》），明确从 2016 年 10 月 1 日起正式实施“五证合一、一照一码”，在更大范围、更深层次实现信息共享和业务协同，巩固和扩大“三证合一”登记制度改革成果。

《通知》指出，在全面实施工商营业执照、组织机构代码证、税务登记证“三证合一”登记制度改革的基础上，再整合社会保险登记证和统计登记证，实现“五证合一、一照一码”，全面实行“一套材料、一表登记、一窗受理”的工作模式，申请人办理企业注册登记时只需填写“一张表格”，向“一个窗口”提交“一套材料”。登记部门直接核发加载统一社会信用代码的营业执照，相关信息在全国企业信用信息公示系统中公示，并归集至全国信用信息共享平台。企业不再另行办理社会保险登记证和统计登记证。积极推进“五证合一”申请、受理、审查、核准、发照、公示等全程电子化登记管理，加快实现“五证合一”网上办理。

“五证合一”降低创业准入的制度性成本。中国人民大学商法研究所所长刘俊海说：“这一举措不仅有助于完善企业主体基础数据，提高我国统计数据的精准度和公信力，一照一码，还将有助于降低交易风险，避免监管真空，最主要的是五证合一、证照分离改革会进一步减少企业创立时各种制度性成本，有助于鼓励投资兴业。”所以说，商事制度改革的进一步推进，营造有利于创业创新的市场环境，有助于更好地激发市场的创业创新活力，推动增加就业和经济发展。

（参见《工商总局等五部门关于印发全面推进“五证合一、一照一码”登记制度改革工作电视电话会议上领导讲话的通知》）

三、创业企业组织设计

组织设计是创业者对组织成员的工作目标正式、明确的指示。组织设计内容主要包括以下五个方面：

(1) 组织结构。一个组织所具有的结构，表现为组织中所设置的各个层次与岗位，以及各个岗位之间、组织成员之间的信息沟通和相互关系，一般可以用一张组织图来描述。

(2) 计划、评估和评价的制度。组织的所有活动都应反映出企业的目标。创业者必须清楚地说明这些目标如何达到（计划），如何评估和如何评价。

(3) 奖励机制。组织成员对组织的忠诚和责任心及其工作的积极性，都与其获得的奖励有关。一般来说，有效的奖励手段包括晋升、股权奖励、表扬等。创业者或其他核心的管理人员应该按照组织成员的工作实绩进行奖励。

(4) 选拔员工。创业者需要针对组织的各个岗位制定不同的选拔标准，根据任务容量配备员工数量和标准。

(5) 培训。脱产或不脱产的培训都必须详细说明。培训的形式既有正式教育，也有技能培训、组织文化培训。

组织的设计也许会很简单，即创业者包揽一切工作的那种组织（通常指新企业），但也许会很复杂，即需要聘请其他员工做具体的工作。一般来说，当组织规模扩大，组织的结构就会变得更加复杂，上述几个方面的事项就变得更加重要。

四、企业组织结构的选择

创业种子期的组织规划的主要任务是在市场调研的基础上，为了满足创业企业经营的需要，在企业的营销、生产、研发、财务等关键职能方面进行人员及组织架构的规划。

企业组织结构的基本形式主要有如下几种：直线制、直线-职能制、事业部制、项目制、矩阵制等。这些形式的企业各有利弊，其中较为适合新生企业的主要是直线制和项目制。不同形式的企业要求有不同形式的人事组织计划。创业者应该选择何种企业形式，要充分考虑不同组织形式的优缺点来分析，同时要对自己的驾驭能力有一个充分的了解。

（一）直线制

直线制组织结构的优点主要是：机构简单、指挥管理统一，责任和权限比较明确，做出决策比较容易、迅速；领导和指挥工作高度集中在企业最高负责人手中，能够避免多头领导，从而使下属人员不会得到互相抵触的指令，便于全面执行纪律和进行监督、检查。

直线制组织结构的缺点主要是：在企业规模扩大的情况下，由于业务比较复杂，此时若所有的管理都集中由一人来承担，就需要全能的管理者，这是比较困难的，组织结构需要依据业务发展的需要进行调整、变革。

直线制适合具有勇于开拓、纵观全局的能力的创业者，适合于创业者要积极掌控企业日常活动的企业。

（二）项目制

项目制是创业初期的企业以产品或者区域市场作为初期的团队项目，以此来划分部门的组织结构形式，其优点主要是：① 以顾客或市场为核心，提高市场专注力，增强企业生产经营的适应能力；② 有利于把多样化和专业化结合起来，针对顾客和市场的个性化需求，提供多种类的产品或服务，为业务扩展提供支持；③ 项目团队自主性高，有利于员工激励、调动员工积极性，培养企业发展所需的人才；④ 有利于企业业务复制和企业发展。

项目制组织结构的缺点主要是：缺乏项目团队的相互合作，有可能造成人员重叠，增加人力成本。

组织结构应与组织业务的发展需要相一致，应在业务发展变化、组织战略发展变化的情况下进行及时的调整、变革，向直线-职能制、矩阵制、事业部制等形式发展。

【案例 1-6-2】

哈尔滨 BH 安全技术服务有限公司的组织结构

哈尔滨 BH 安全技术服务有限公司是一家具有独立法人资格的有限责任公司。作为一家新创公司，公司运用自身安全管理技术和现场管理经验对中小型企业进行安全管理托管。公司主营业务包括安全培训、安全体系运行、安全管理、安全咨询、安全认证五项，运用托管外包的方式为中小型各类企业提供安全生产的技术服务，解决中小企业缺乏专业安全管理人才、企业安全生产管理缺失或水平落后的问题，保障企业的安全生产运行良好，从而提高企业的安全等级。

哈尔滨 BH 安全技术服务有限公司属于服务行业企业，鉴于企业的安全管理业务具有一定的个性化、专业化的特点，采用矩阵式组织机构的方式，以顾客的任务需求设立项目团队，为客户提供专业化的问题解决方案。公司组织机构设置如图 1-6-1 所示。

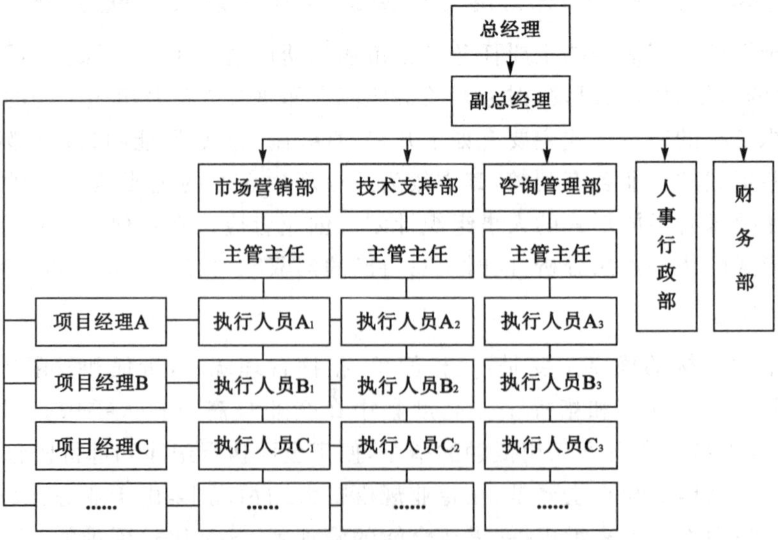

图 1-6-1　哈尔滨 BH 安全技术服务有限公司组织结构图

（资料来源：作者对创业者采访调研撰写）

第二节　创业组织生产运营规划

一、生产运作策略

生产运作策略主要包括两方面内容：生产运作的总体策略，生产运作系统的设计策略。

（一）生产运作的总体策略

生产运作的总体策略主要包括产品自制还是外购，产品结构集成化还是模块化，组织生产是预测驱动还是订单驱动，采用高效供应链还是敏捷供应链以及配送网络的选择。

1. 产品自制还是外购

如果决定自己制造某种产品或由本企业提供某种服务，则需要建造相应的工厂或采购服务设施，采购所需要的设备，配备相应的工人、技术人员和管理人员。如果决定外购，则不必配备这些资源，仅需考虑外部的生产能力和采购成本。

2. 产品结构集成化还是模块化

集成化产品必须作为一个系统来设计和开发，设计过程是“自顶向下”的，它的组件不能通过购买获得，需要自制，不能外包。相反，模块化产品可以采用“自底向上”的方式设计，可以将现有市场上不同的产品组合到一起形成一个新的产品。

3. 组织生产是预测驱动还是订单驱动

预测驱动式生产是根据对市场需求的预测来组织生产活动的。它是一种推进式组织生产的方式，由于难以精确预测，预测驱动式生产必然导致成品库存，形成备货型生产。订单驱动式生产是以顾客订单为依据进行的生产活动，产品风险、库存压力较低。

4. 采用高效供应链还是敏捷供应链

高效供应链追求降低“实物成本”，敏捷供应链追求降低“市场协调成本”。实物成本指的是物流各阶段发生的成本，如生产成本、运输成本和库存成本。市场协调成本是供需不协调造成的成本，涉及过量生产造成的积压成本和生产不足造成的机会成本。单纯追求降低实物成本或者单纯追求降低市场协调成本都是片面的，企业应该同时综合考虑这两种成本。

高效供应链需要选择质量好、效率高、交货及时的供应商，与供应商应该保持长期、稳定的合作关系，而且一种物品的供应商的数量要少。敏捷供应链则需要选择具有创新能力和柔性的供商，因需要适应外界急剧的变化，与供应商不一定有长期、稳定的合作关系；为了减少风险，可能同一种物品的供应商有多个。

5. 配送网络的选择

依照产品库存的位置和交付方式的不同，可以构成不同的配送网络：制造商存货加直送，制造商存货、直送加在途并货，分销商存货加承运人交付，分销商存货加到户交付，制造商或分销商存货加顾客自提，零售商存货加顾客自提等多种模式。

（二）生产运作系统的设计策略

生产运作系统的设计对生产运作系统的运行有先天性的影响，它是企业战略决策的一个重要内容，也是实施企业战略的重要步骤。生产运作系统设计有四个方面的内容，即选址、设施布置、岗位设计、工作考核和报酬，内容见表 1-6-5。

表 1-6-5　生产运作系统设计

选址	设施布置	岗位设计	工作考核和报酬
・按长期预测确定所需能力 ・评估市场因素，有形和无形成本因素 ・确定基建造成购买新设施还是扩充现有设施 ・选择具体的地区、社区和地点	・选择物料传递办法和配套服务 ・选择布置方案 ・评估建设费用	・按照技术、经济和社会的可行性确定岗位 ・确定何时使用机器和/或人力 ・处理人机交互 ・激励员工 ・开发、改进工作方法	・工作考核 ・设置标准 ・选择和实施报酬方案

二、生产运营设计

（一）工艺流程设计

工艺流程是指在工业品生产过程中，从原料到制成品各项工序安排的程序和时间。具体来说，就是指产品从原材料到成品的制作过程中要素的组合，包括输入资源、活动、活动的相互作用（即结构）、输出结果、顾客、价值六大方面。制定工艺流程的原则是需要技术先进和经济合理。由于工厂具有不同的设备生产能力、精度和工人熟练程度等，所以对于同样生产一种产品，不同的工厂制定的工艺流程可能是不同的，甚至在同一个工厂的不同时期所安排的工艺流程也可能不同。根据对象不同，可以把工艺流程设计分为制造流程设计和服务流程设计。

1. 制造流程设计

制造业生产与运作组织方式的划分方法有多种，可以从产品生产工艺特征的角度划分，也可以从企业组织生产的管理理念的角度划分，还可以从产品需求特征的角度划分。在此分别叙述这些不同的划分方法并对不同生产组织方式的特点以及适用范围进行分析。

(1) 按基本工艺特征分类。

按照产品的基本工艺特征分类，产品的生产类型可分成两大类：流程型和离散型，后者又称为加工装配型。这种划分是工业生产组织方式中的一种最基本划分，两大生产类型需用到截然不同的生产技术、生产系统设计和生产管理方法。

流程型生产的工艺过程往往是一种化学变换过程，从而是连续进行的，不能中断，而且工艺过程的顺序固定不变。离散型生产的工艺过程通常是生产设施按工艺流程布置，产品通常是由许多零部件构成的，各零件的加工过程可以彼此独立，所以整个产品的生产工艺是离散的，生产设施的地理位置可以相对分散（在今天经济全球化的背景下，生产设施甚至可以分散在不同国家），制成的零件通过部件装配和总装配最后成为产品。机械制造、电子设备制造的生产过程都属于这一类型。

(2) 按生产批量和标准化程度分类。

可以进一步将生产类型分成大量生产（流水线生产）、单件小批生产和成批生产三种基本类型。大量生产类型的特点是产品品种少，每一品种的社会需求量大，从而产量也大，生产可以稳定地、不断重复地进行，例如，螺钉、螺母、轴承等标准零件，家电产品，小轿车等。大量生产的产品通常都是通用产品。单件小批生产的产品通常结构复杂，根据用户的特定需求专门设计和生产。成批生产类型介于大量生产和单件小批生产之间，其特点是生产的品种较多，每种产品虽然都有一定的产量，但都不足以维持常年连续生产，所以在生产中形成多种产品轮番生产的局面。

(3) 基于产品需求特征的生产类型划分。

按照产品的需求特征划分，可将产品的生产方式分为备货生产和订货生产两大类。

备货生产是指在市场需求调查、市场需求预测的基础上，而不是在顾客订单的基础上，有计划地组织生产，以满足共性的市场需求。生产的直接目的是维持一定量的成品库存以满足市场需求。备货生产的产品通常是通用产品，社会需求量较大，而对产品的个性化要求较少，例如，生产资料中的轴承、紧固件等标准件，日用消费品中的饮料、洗涤护肤用品等。订货生产是指根据用户订单提出的具体订货要求来组织生产，以满足用户需求的特异性。用户订单的要求有可能包括产品的性能、规格、数量、交货期等内容，因此生产是在订单基础上进行的。

需要进一步指出的是，同一种产品有可能采用这种分类下的不同方式来做。例如，个人计算机、服装、家具等，既可以采用备货生产方式，也可以采用订货生产方式，还可以具体采用组装生产方式(例如，个人计算机)或设计生产方式。

进入工业 4.0 时代，现代生产更多地采用智能制造技术，实现大规模定制，以满足用户的差异化需求。

2. 服务流程设计

服务业企业产出的是无形服务，制造业生产系统与顾客是完全隔离的，而服务业企业在很多情况下顾客是参与其中的，因此，不同的服务提供系统会给予顾客不同的体验，从而形成不同的服务特色。

有些服务提供系统可以明显区分为顾客接触部分与非接触部分的，因而服务设计中考虑更多的是与顾客直接接触的部分，而与顾客的非接触部分则可以参照制造业生产系统的设计方法进行设计。

完整服务产品的设计流程应该如图 1-6-2 所示，即应该包括三个层次：企业研究与顾客研究；服务产品要素设计；服务提供系统设计。

(1) 企业研究是要明确企业的总体经营目标和具体运作目标，分析企业的服务类型、运作特点。顾客研究是要把握顾客群体的特点，包括对顾客需求的分析、顾客心理研究以及顾客行为分析，以明确顾客到底希望得到什么样的服务。

(2) 服务产品要素设计是要具体展开对服务产品四个要素的具体设计，其中显性服务要素设计是要确定所提供服务的主要内容，它涉及较为明确的业务标准；隐性服务要素设计是要确定给予顾客什么样的感受，让顾客感受到“超值服务”，这是从根本上决定顾客满意度和忠诚度的关键所在；环境要素设计和物品要素设计在前两个要素设计的基础上进行。环境要素设计的主要内容是与顾客有关、顾客参与其中的服务场所以及服务设施的设计，服务场所的内部布局与设备选配、布置等。物品要素主要是服务对象购买、使用或消费的物品，需要根据行业的不同而分别设计。例如，物品要素在餐饮、零售等行业中很重要，而对于其他一些行业，如银行、咨询业等，物品要素的设计处于相对次要的地位。服务过程

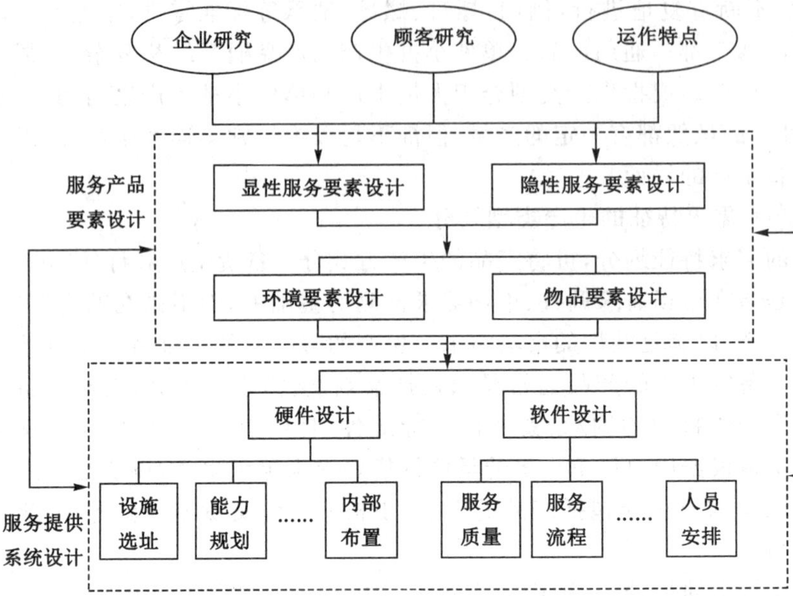

图 1-6-2 完整服务产品的设计流程

中所提供的物品,是展示服务的重要手段,能在很大程度上影响顾客的满意度。

(3) 服务提供系统设计的重点在于顾客的非接触部分。它包括两个方面:硬件设计,包括设施选址与内部布置、能力规划等;软件设计,包括流程设计、工作设计、质量管理体系设计、人员管理规划等。这部分设计内容与顾客的直接接触程度较低,严格来说,已经不仅是服务产品设计的问题,而是涉及服务型企业运作的多个方面。

服务流程设计中主要考虑的因素是顾客接触度,顾客接触度是指在服务流程中顾客主动参与并接受个人关注的程度。根据与顾客的接触程度,可以将服务流程划为前台办公室、混合办公室、后台办公室三种,

(1) 前台办公室,该流程具有很高的顾客接触度,服务提供者在这里与顾客进行面对面的互动,由于服务中的客户化和服务选择的多样性,流程较为复杂,其中还存在着许多步骤,对每个顾客都不相同,呈现出很大程度的多样性,但也有许多标准化的服务模块,如一些服务业行业的销售模块,一般都是这种类型。

(2) 混合办公室,这种流程具有中等程度的顾客接触度和标准化服务,提供一些可供顾客选择的服务方式,工作流程沿着既定规则从一个提供者向下一个提供者移动,工作的复杂程度较适中,对流程的实施存在着一些既定模式。

(3) 后台办公室,这种流程具有很低的顾客接触度,服务很少特殊化。其工作是常规和程序化的,从一个服务提供者流向下一个服务提供者,直到服务完成全部工作。

工艺流程是由产品制造流程和服务流程共同构成的。所有企业(无论是否属于生产制造业)在制订运营计划这部分内容时,应全面规划生产制造过程(当新企业包含生产制造活动时)及货物或服务从生产传递到顾客的流程,主要包括产成品的库存水平和储存情况、运输、库存控制过程以及客户服务。非生产制造类企业(如零售商或者服务提供商)在商业计划中同样需要以上内容来陈述业务交易的先后步骤。

例如,一项网上零售运动服装业务的商业计划,需要陈述以下问题:需要出售的产品的货源在哪里?是如何买入的?它们是怎样被储存的?对库存是如何管理的?产品是怎样运输的?最重要的是,消费者是怎样下订单并完成交易的?另外,这个陈述业务交易的步骤十分适合创业者探讨商业交易过程中流程的设计。对任何一个网上零售运营商来说,如何更加高效地完成一个成功交易在技术层面需要进行的一些设计应包含在这部分内容之中。

这里还要说明的很重要的一点是,服务与制造出来的产品之间的主要区别在于服务包含无形的效用,服务不能像产品那样被触摸到、被看到、被品尝到、被听到或者被感觉到。如航空公司、旅馆、汽车租赁公司、剧场、医院等,所依靠的是业务交付能力和服务质量。对于这些企业来说,绩效好坏取决于地理位置、营业场所布局和人员等,同时这些反过来又能影响服务质量(包括可靠性、响应度和信用等因素)。传递这种服务质量的过程本身就是一家新创服务型企业与其他企业区别开来的过程,因此这应该作为运营计划的重点内容。

(二) 生产和服务设施布置

生产和服务设施布置,狭义上是指合理安排企业或某一组织内部各个生产作业单位和辅助设施的相对位置与面积、车间内部生产设备的布置,广义上是指在一个给定的设施范围内,对多个经济活动单元进行位置安排。

所谓经济活动单元,是指需要占据空间的任何实体,也包括人。例如,机器、工作台、桌子、储藏室、工具架等。所谓给定的设施范围,可以是一个工厂、一个车间、一个写字楼或一个餐馆等。

生产和服务设施布置可以参考工艺专业化、产品专业化原则来布置。厂房的布置要满足生产过程的要求,保证运输路线最短,以避免互相交叉和迂回运输,缩短生产周期,节省生产费用。几种典型布置形式有:固定式布置、按产品布置、按工艺过程布置、按成组制造单元布置等。不同的形式具有不同的柔性化,差异化的适应程度也不同,企业根据自身业务的特点进行设计。

三、生产运营能力规划

(一) 生产运营能力

企业的生产运营能力是指人员能力、设备能力和管理能力的总和。人员能力是指人员的数量、实际工作时间、出勤率、技术熟练水平等诸因素的组合;设备能力是指设备和生产运作面积的数量、水平、开动率等诸因素的组合;管理能力包括管理体制、企业文化、管理系统技术水平,管理人员的管理水平和工作状态等。

(二) 生产运营能力的度量

(1) 产出量度量,是指某个系统的最大产出量。例如一个企业仅生产一种标准化程度高的产品与服务时,生产运营能力可以用其产品的最大产出量来表示;如果企业生产或提供多种产品与服务,就不能只用其中某一种产品与服务的产出量来表示企业的生产能力,而是需要将其他产品的产出折算为某种代表产品来合计。

(2) 设计能力和有效能力度量。设计能力是指在理想状况下,在一定时期内一个系统的最大产出能力。有效能力是指一个系统在一定的产品组合、员工工作计划、设备维修计划和质量标准的条件下，可以维持一个较长时期生产的最大产出水平。有效能力通常小于设计能力。

(3) 生产效率和生产能力利用率度量。生产效率是指实际产出与有效能力的比值，生产效率＝实际产出/有效能力；生产能力利用率，是指实际产出与设计能力的比值，生产能力利用率＝实际产出/设计能力。这两个指标有不同的用途，生产效率可以用来衡量生产系统在生产过程中各项活动的组织管理状况，如果生产效率太低，意味着设备维修、劳动组织、质量管理以及供应等环节可能存在严重问题，需要管理部门加以改进；生产能力利用率主要用以衡量企业资源的利用状况，管理者可以根据利用率水平来决定是否需要扩大生产系统的规模。

（三）合理生产运营能力的规划

在创业初期，企业的生产运营能力很难保持一个合理的状态。由于品牌、营销、资金等多种原因，销售量增长过慢，企业生产可能需要维持一个较低水平，而企业的生产运营需要投入大量的人、财、物，创业公司初期恰恰缺乏这些生产资源，这对企业合理规划生产运营能力来说非常困难。因此，制造性公司在创业初期往往选择产品外包，自己只提供核心部件和监督生产，把大部分资源投入到市场营销中去，等到销售量达到一定规模，再考虑自己设厂生产。

四、库存管理

（一）库存的基本概念

库存是指企业用于今后销售或使用的储备物料，它包括原材料、半成品、成品等不同形态。管理学上认为库存是指具有经济价值的任何物品的停滞和储藏。在企业的财务报表中，库存表现为在给定时间内企业的有形资产。

持有库存有三个理由。第一，预防不确定性的随机需求变动；第二，保持生产的连续性、稳定性；第三，为了经济批量订货。持有库存要发生一定的费用和管理问题，因此库存的多少和周期是库存管理的基本问题。

（二）库存的类型

根据库存在生产和配送过程中所处的状态进行分类，可以分为四种库存。

(1) 原材料，是指来自组织外部采购，并直接用于生产最终产品的物品。例如木材、布匹、化学品等基本材料和集成电路板、钉子、螺栓等装配件。

(2) 保养、维修和操作类物料，是指用于支持及维护运营活动的那些物品，包括备件、易耗品及存储品。

(3) 在制品，包括正在被加工或等待加工的所有材料、零部件、装配件。在制品是指那些已经离开原材料库存，但还未被转化或装配为最终产品的制品。

(4) 产成品。产品一旦完成了生产，就由在制品库存转为产成品库存，由此便可以将它们送往配送中心，销售给批发商或顾客。

（三）库存的利弊分析

库存的最大作用在于能缓解短期的供需矛盾，使生产尽可能均匀进行，具体来说其优缺点包括以下几项。

(1) 提升服务质量。拥有一定数量的库存有利于调控供需之间的不平衡，保证企业能按时交货，避免或减少由于库存缺货或供货延迟带来的经济损失。

(2) 节约订货费用。订货费用指订货过程中为处理每份订单而产生的各种费用。这种费用与订货量的大小无关而与订货次数有关。因此，可以通过持有一定量的库存而增大订货批量，从而减少订货费用。

(3) 节约相关生产费用。这是指在生产过程中由于更换批量时调整设备、进行作业准备而产生的各种费用。作业内容的频繁更换会耗费设备和工人的时间，新作业刚开始也容易出现较多的产品质量问题，这些都会导致成本增加，而通过持有一定量的在制品库存，可以增大生产批量，从而减少作业交换次数，节省作业交换成本。

(4) 增加库存成本。库存成本是指企业为库存所需花费的成本，包括占用资金的利息、储藏保管费、保险费、库存物品价值损失费等。

(5) 掩盖生产经营中存在的问题。精益生产理论认为，高库存能够掩盖一系列生产问题。由于有高库存作为缓冲，管理层就不会有压力和动力去改进生产经营。如果库存水平很低，很多问题就会暴露出来，迫使企业去改进。

五、生产作业计划和生产周期

生产作业计划是指企业生产计划的具体执行计划。它把公司的年度、季度生产作业计划具体规定为各个车间、工段、班组、每个工作地和个人的以月、周、班甚至小时为单位的计划。它是组织日常生产活动、建立正常生产秩序的重要手段。生产作业计划的作用是通过一系列的计划安排和生产调度工作，充分利用企业的人、财、物，保证企业每个生产环节在品种、数量和时间上相互协调和衔接，组织有节奏的均衡生产，取得良好的经济效果。生产作业计划编制工作的主要内容包括收集编制计划所需要的各项资料，核算、平衡生产能力，制定数量标准和编制生产作业计划。

编制生产作业计划需要考虑年度生产计划、临时的订货合同、年度生产技术组织措施计划，机械、设备、实际运行情况，原材料的供应情况，能源的限额分配情况，材料定额和原材料进厂使用结存变化情况，产品、零部件工时定额和实际能力的差别，产品图纸、验收技术条件、工艺规程变化情况，车间的生产能力和生产准备情况，外协配套件订货合同和进厂数量与结存情况，产品零部件加工流程路线表，在制品和半成品的结存情况等。

生产周期是指企业产品从原材料投入生产到制成品出厂时为止，整个生产过程所需要经历的时间。它包括毛坯制造、零件加工、产品装配等工艺阶段的生产周期。每一工艺阶段的生产周期又包括工艺过程、检验、运转、自然过程、制度规定的停歇等部分。各工艺阶段的生产周期长短取决于上述这些时间的长短以及所采用的移动安排方式。为了便于编制生产作业计划和安排生产，应分别按产品所经历的工序、工艺阶段来制定生产周期标准。

六、劳动力和原材料需求

企业可以把劳动力和原材料结合起来生产产品，所以有关这两项重要投入的任何问题都会受到创业者的关注。在商业计划书中，需要表明公司有足够的物质资源，可以研发和生产自己的产品。需要估计对原材料的需求量，阐述供应商的背景，以及如果出现意外情况时，备选供应商是谁。

在招聘各类人员前，最好对所需职位的背景及特殊需求进行细化。如果能做出一张组织结构图表，那么就能更清晰地描述企业各部门间的关系和分工配合关系，这也有利于估计在创业公司发展的不同阶段所需要的各类人才数量。此外，还要说明如何合理地雇佣所需的人员。这就需要创业者了解当地劳动力市场结构、失业率及工资水平。如果打算劳务引进，那就还要考虑提供宿舍等相关问题。

七、全面质量管理

质量管理是指确定质量方针、目标和职责，并通过质量体系中的质量策划、控制、保证和改进来使其实现的全部活动。在经历过质量检验阶段、统计质量控制阶段后，进入全面质量管理阶段。全面质量管理的创始人费根堡姆认为全面质量管理是为了在最经济的水平上，考虑到充分满足顾客质量要求的条件下进行生产和提供服务，并把企业各部门研制质量、维持质量和提高质量的活动构成为一体的有效体系。

创业公司作为一个初创企业，尤其需要关注企业产品质量。依据产品的生产过程和产品质量的形成过程，全面质量管理的工作内容主要包括设计试制过程中的质量管理、制作过程中的质量管理、辅助生产和生产服务过程中的质量管理等。

（一）设计试制过程中的质量管理

产品研发包括发展新产品和改造旧产品，其具体过程包括市场调研、实验研究、制定方案、产品设计、工艺设计、设计制造、试制与鉴定等，也就是产品在正式投入批量生产前的全过程。设计试制过程中的质量管理是为了满足消费者和制造者两方面的要求。一方面，通过大量客户知识获取和识别，确认消费者对新产品的明确需求，准确界定新产品的质量特性，降低市场风险；另一方面，要满足生产制造的基本要求，如产品的工艺和标准化水平要合理。这些不仅影响产品质量，也会影响到今后的生产秩序和经济效益。因此设计试制过程的质量管理是全面质量管理的起点。

（二）制造过程中的质量管理

制造过程是产品质量直接形成过程。制造过程的质量管理是为了保证实现设计阶段质量的控制意图，其目标是为了建立一个受控制状态下的生产系统，也就是说生产过程能够稳定地、持续地生产符合设计要求的产品。通常来说，制造阶段的质量管理与以下几方面工作相关。第一，严格执行工艺规程，保证工艺质量；第二，组织技术检验，把好工序质量控制；第三，掌握质量动态，加强对不合格品的管理。

（三）辅助生产和生产服务过程中的质量管理

辅助生产过程是为基本生产过程提供辅助产品和劳务，前者如基本生产过程中需要的动力、工具、模具等，后者如设备维修服务等。生产服务过程则为基本生产和辅助生产进程提供各种生产服务活动，例如供应、保管、运输等。这两者既是基本生产过程正常进行的条件，也是基本生产过程质量保证的重要因素。其任务是为制造过程实现优质和高效创造必要条件。

【思考题】

1. 企业不同的法律组织形式各自有哪些特点？分别适合什么类型的初创企业？
2. 企业组织结构的基本形式有哪些？各有何特点？
3. 分析公司治理结构中的相互制衡关系。
4. 简述制造业与服务业创业企业运营过程的差别。
5. 生产能力规划包含哪些内容，与生产资源需求的关系是什么？
6. 谈谈你对苹果公司创业过程中组织发展的认识。

【案例讨论 1】

中华现代健身中心创业计划

一、计划概况

中华现代健身中心是一所正在创建的旨在向会员提供室内和室外体育健身运动的俱乐部。与目前已存在的大部分健康俱乐部所不同的是，中华现代健身中心（以下简称“健身中心”）将为团队提供排球、篮球等运动场地，同时也为个人提供健身的场地和设施。健身中心将积极推动单位和家庭的参与，并向那些有兴趣提高体育技艺的人士提供专家指导和训练性课程。

一般来说，这个行业竞争的关键在于地点的选择、活动项目的设计、服务的质量和设备的条件。我们拟将健身中心设在北京东城区，这里的居民收入比全国平均高出2.5倍；这里的工厂、企业以及其他单位的员工有着组队进行体育活动的传统。健身中心的活动项目都是围绕着人们的兴趣而设计的，将会超过会员的期望。我们所提供的设备和经验丰富的经营管理人员将使健身中心的服务超过其他类似的俱乐部。

除了上述健身俱乐部所具备的有利条件外，更为重要的是，我们有一组经验丰富、富有热情和生气并致力于经营这个健身中心的管理人员。张大为先生是一位出色的营销专家，他将出任健身中心的总裁；王丽华女士将出任项目部和公关部主管；刘国栋先生将主管设备处并负责职员的培训。以上三位都具有企业管理硕士学位并具有丰富的健身行业经营经验。魏麦先生是一位财务方面的专家，将出任本中心的财务主管。

健身中心的创建需购置土地5公顷，连同建筑和设备安装费用共需投资450万元。以上提及的几位主要经理人员共投资60万元，一些外部投资者以获得40%的股份为条件已承诺投资约190万元。健身中心还需向有关机构贷款225万元，拟将建造此中心的土地和造好的房屋作为贷款的抵押，同时将提供40%的付款以确保此项抵押贷款的可靠。我们预计健身中心第一年的总销售额将达180万元，利税达7.5万元。

二、可行性分析

市场渗透分析是对兴建商业娱乐、健身设施在一定的市场范围内的整体市场饱和状态的预估方法。这种方法被房地产评估者、金融机构和专业顾问用于测量市场对新建健身设施的需求程度。本计划中的计算结果是根据与目标市场和设施建筑面积有关的人口统计数据得来的。

应用这套分析方法的结果表明：东城区以其现有的人口仍可修建一所7 500平方米的多种体育运动俱乐部。这一市场渗透分析不能用于分析具体项目带来的利弊，因而需要通过市场研究来进一步确定该项目的可行性。我们的研究包括选址分析，目标市场调查，与一些体育组织、社团领导人、竞争对手的会员和雇员等进行交谈。

三、竞争分析

根据市运协的调查结果得知，主要的竞争来自6千米以内提供同等设施条件的俱乐部，主要竞争对手是东城区中心的中央俱乐部。这个俱乐部建筑面积7 000平方米，设有举重室、联合健身器材、体操房、奥林匹克标准游泳池、健美体操房、饮食及营养教学中心。中央俱乐部的会员有2 000人，同时有6个月的排队名单。它的四周由医院环绕，如果不是环境限制，扩建是可能的。对比之下，健身中心除了提供给会员个人健身运动项目，还将提供团体和家庭集体运动以适应市场调查的结果。另一个竞争对手是东城俱乐部，位于健身中心西部5千米左右。同中央俱乐部一样，东城俱乐部也只为成年会员服务。它拥有800多名会员，建筑面积2 000多平方米，设施包括举重室、联合健身器材、室内网球场、桑拿蒸气浴室及旋转水按摩浴池。它的主要优势是会费低；最大弱点是卫生条件不佳，设备更新不及时。1990年，由于更衣室等卫生条件太差而被政府罚款。

一些我们访问过的东城俱乐部的会员正在积极地寻找其他合适的俱乐部。由于中央俱乐部一时不能接受新会员，他们的选择受到限制。80%的被调查者认为清洁的设施对于行业是最重要的因素。市运协的调查还表明，东城俱乐部每百平方米拥有40名会员，而按一般标准应是每百平方米29名会员。我们准备实施一项预防性的维护设备计划，该计划可以保证设备满足会员要求，同时将保持一定的设备长期维护费用。

东城区的网球俱乐部拥有8个网球场，其中6个室内场地和2个室外场地，它还有旋转水按摩浴池、小卖部等。这个网球俱乐部距我们的地址4千米左右。尽管在我们的调查中网球被列为第三受欢迎的项目，但进一步的调查表明该地区已有足够的网球场，因而健身中心决定目前不提供网球服务。

次一级的竞争来自15千米范围内提供相似服务的俱乐部。这些俱乐部包括朝阳区的朝阳俱乐部、东方俱乐部以及东城区的崇文俱乐部和国际俱乐部等。这些俱乐部对于东城区的居民来说距离较远，乘车时间超过20分钟。

四、企业操作计划

1. 选择地点

经过全面的分析研究(包括位置的可进入性、大小、分区的限制及东城区的地价等)，决定将健身中心设在二环路与永定大街相交处，该地位于一个“白领阶级”的公司和高级收入居民区之间，并正在大力发展商业设施。

我们选了一个街道口作为建设点，过街行人和车辆容易看到，且出入方便。方便的地理位置是一个体育俱乐部为会员提供的最基本的利益之一，至于俱乐部的大小则由市场的需要而定。我们所选的地点已被政府划为工商业区，可以立即开始基建工作。场点地价是13万元/公顷。

2. 器材的配置

健身中心建筑面积75 000平方米，是市场渗透分析中认为该地区所需要的面积。考虑到这个地区的人口增长，已买下2公顷土地的使用权备用，同时也避免随人口增长的土地增值给未来中心扩展增加困难。

北京市新华建筑设计公司(专长于娱乐设施的建筑设计)已完成了符合建筑要求的设

计工作。这家公司曾在设计方面获奖，有丰富的设计经验，能够保证质量。

设备的维修和建筑设施的保养对会员很重要。90%以上的被调查者给予这个方面最高一级考虑。维修费是一项可变开销，这一行业的平均维修费率在4%～9%。我们强调预防性维修，可以使我们的费用支出保持较低水平。

3. 产品和服务介绍

健身中心将全年开放，每天开放14小时。为满足喜欢早起锻炼的会员需要，早晨6点即开始开放。健身中心将是一个室内、室外多项体育运动中心，提供以下活动设施：滑冰场、篮球场、排球场、小型高尔夫球场、里环形跑道、游泳池、锻炼室。

市场研究结果表明，东城区的居民对建立一个可提供各种团体比赛活动的多功能体育运动中心是有要求的。仅单一一项联赛活动就有64%以上的人参加，50%的人表示他们有兴趣加入本中心，并愿意交付一定的押金以保证他们的健身中心的会员身份。

进一步的调研证实，我们最主要的竞争对手中央俱乐部和东城俱乐部都没有提供排球、篮球、冰球等团体比赛活动设施项目。中央俱乐部有篮球场地，但是仅为几个人投篮而设计的，不能用作团体比赛活动。以下我们具体介绍每项设施的内容。

(1) 滑冰场。抽样调查表明，33%的人认为应该有滑冰场。东方俱乐部的主任说："我们的滑冰场20%的人来自东城区。"这些人的单程路途都在15千米以上，远远超过了平均里程。我们的滑冰场将用于花样滑冰、冰球，并对公众开放。评估结果显示，80%的营业时间将用于冰球联赛、花样滑冰训练和滑冰协会租用。

(2) 篮球场。我们的市场调查显示，43%的人认为篮球是他们参加健身中心的基本考虑。中央俱乐部设有篮球场，但会员名额已满，还有排队名单。根据我们的研究，篮球场能更好地吸引那些对团体比赛感兴趣的人们。

(3) 排球场。从最近的发展趋势来看，利用沙地打排球将越来越为人们所喜爱，我们的排球场设计成沙坑场即为满足这种要求。当然，目前许多排球联赛场地是硬木地板场地，但我们的篮球场可以在需要的时候用作排球场地。

(4) 小型高尔夫球场。小型高尔夫球被这个区域的人作为首选运动。为了满足这种要求，我们设计了一个室内18孔小型高尔夫球场。这个设施使我们不同于那些公园、疗养院及室内网球俱乐部。研究表明，这种设施能吸引那些居住地较远的人们。

(5) 跑道。从市场调查中得知，30%的会员认为跑道的长度是非常重要的，大多数人希望有1/2千米的田径跑道。中央俱乐部和东城俱乐部的短跑道被很多人认为太短。因而，一些较正规的田径比赛将在我们这样的大田径场举行。

(6) 锻炼室。我们将设两个锻炼室，一个出租用于健美操运动，一个用于其他类似的运动。50人的健美课程需要大约300平方米的场地，能够达到这个标准并出租的地方每月租金约5 000元，我们可以出租一个同样大小的场地，按每小时30元的标准收费。我们已预先出租了一个场地给北京健美培训班，租金每月3 000元，合同2年，并可延期租用3年。由于北京健美培训班与健身中心的合同顺利进行，我们已完成了50%抽样调查所提出的对健美运动的市场需求。

(7) 游泳池。根据市运协的统计，设有游泳池的俱乐部的会员比没有设游泳池的多40%。统计数据还表明，参加体育锻炼的人有41%都参加游泳运动，我们的调查中有26%的人要求设游泳池。

(8) 快餐部。健身中心将设一个快餐部。中央俱乐部就设有一个快餐部并积极主动地为会员提供午餐和晚餐。我们的市场调查表明,60%的人希望有快餐部,这样的快餐部年收入约为 60 万元。

五、营销策略

国健身运动器材组织的研究主任说,20 世纪 90 年代健身及娱乐市场的发展将对经济产生深远的影响。他还说,从 1990 至 1992 年,参加健身运动的人数增长 6.2%,预计这个增长趋势仍将持续。据权威估计,娱乐活动一年能产生 3 500 亿元以上的收入。健身中心已制订出两个销售策略以保证市场渗透。

(1) 短期策略。直接邮信是我们向东城区及周围地区居民传递信息的一种经济有效的方法。很多俱乐部均采用此销售方法,它已被证明是一种成功的方法。直接推销将被用于面向 9 千米以内的组织和单位。为了早期以最经济的手段尽可能占领市场,我们将直接与一些大公司取得联系。这样将保证健身中心为它们开展联赛及时签署合同,同时满足他们的具体要求。

在推销工作繁忙之时,我们将雇用临时推销员,经培训后承担一些推销业务。全职雇员则负责经常性的工作,保证不错过任何销售机会。

(2) 长期策略。当健身中心在建设期间吸收了第一批会员之后,我们将继续在地方报纸上登广告,并将健身中心的新闻发布信发给各协会组织,通过这些组织来建立健身中心的信誉和争取会员。

直接邮寄也是我们的长期策略之一。我们还将利用打电话的方式与个人联系。为了高效率地向我们的目标市场传递信息,我们已经同几个广播电台签订了广告合同,广播的广告费用是每半分钟 500 元(黄金时间)。我们还将联系不同的协会组织,把我们的广告夹在他们的宣传信件中发出。

推销后的工作将由一位正式雇员处理,早晨和晚上将由一名正式推销员来经营。一名临时雇员协助处理电话,引导顾客参观中心,回答各种问题。对于正式和临时的推销员的培训将是一个持续不断的工作。这些培训包括产品知识、经营时间、电话交谈技巧、了解会员合同以及健身中心的规章制度。培训的任务将由总裁来负责。

为了增强竞争力,我们还在基础销售策略之上制定了竞争性推销策略。中央俱乐部最初是采用直接邮信的方法进行推销的,它们也在地方报纸上做广告,并参与东城区一些购物中心的健康知识普及活动,以使顾客对健身运动产生兴趣。事实上,中央俱乐部在开放之前已将会员名额售满,并保证一个排队名单。这说明它们的推销工作是成功的,健身中心将采取类似的方法进行开放前宣传。

为了扩大会员队伍和增加收入,健身中心将在开放前进行吸收会员的促销活动。我们一次性入会费是每个家庭 300 元,较中央俱乐部的 600 元低。虽然东城俱乐部的家庭会费仅为 100 万元,但它们要求会员签订三年合同。我们的月费是 20 元,也较中央俱乐部的 45 元低。我们的会员在交付入会费和月会费之后,可免费参加任何由健身中心支持赞助的联赛活动,联赛期间外可使用游泳池、田径运动场、排球场及篮球场。

观众入场费是每人 8 元,由于难以估计人数,不好估计实际收入。因此,这部分收入没有包括在我们的财务规划内。

六、组织与员工

健身中心预计第一年需要 6 名全职人员，19 名半职人员。全职人员包括健身指导、维护人员、会计师和统计分析。他们的工资根据不同职位将在每小时 8～14 元，另加各种福利（如医疗、人寿保险等）及免费家庭会员证；工作满足一年以上者，每年可享受两周假期。半职雇员将由主管人员指导，工资为每小时 5 元，也可获得家庭会员证。根据有关专家的经验，我们的工资在本地区是有竞争力的。

管理人员打算对雇员提供比其他俱乐部更广泛的项目训练和定向训练。本行业的体育商业杂志强调，培养高素质的雇员是保持老顾客的途径之一。我们的雇员还将接受身体锻炼、紧急救护和设备维护知识等方面的训练。我们的培训计划比竞争者更为系统和正规。

我们正在与北京某高校一起建立一个招收学生雇员的计划，这个计划将使健身中心保持一批年轻、热情的临时雇员，这些雇员可以工作 2～4 年。一些特殊的服务项目如个人教练和比赛裁判，将根据需要临时签订合同。这主要是由于中心在开办初期需求尚不稳定，同时也是为了减少对正式雇员的开销。

七、保险和法律事务

健身中心的保险是通过中国平安保险公司购买的。资产保险将保险固定资产和私人资产的实际市场价值，商业意外保险保证赔偿由于意外事故而关门造成的固定现金流入损失。

为了防止意外事故而造成会员伤残所引起的法律诉讼，我们还购买了一般责任保险。当然，中心管理人员会采取有关预防措施，如提供适当指导，给予必要的警告，同会员签署无责任条款合同等。健身中心还将为四位主管人员购买意外死亡和伤残保险。

中心的法律事务将由北京高三律师事务所负责处理，该事务所有丰富的经验和良好的信誉。健身中心是在北京市注册的股份公司，公司及其管理人员没有任何法律纠纷。中心已得到了在东城区建筑、经营的商业营业执照。

八、业务的季节性和应变计划

季节性问题是娱乐、健身行业的老问题。多种体育运动俱乐部由于提供了多种类型的设施，可使季节性问题减少到最低限度。健身中心已经采取措施保证滑冰场和游泳池全年开放。对于季节性的现金流入下降，将采用收取月计费会员和与健美训练班签订短期合同来解决，这个收入约占年收入的 7.2%。在夏季，中心将举办联赛、医疗康复讲演及体育讲座以提高会员的技术水平，因此而来的收入将帮助调节市场需求，增加俱乐部的全年使用率和利润率。

应变计划（风险分析）。针对进入本地区的同行业竞争者：根据市场渗透分析，本地区的人口密度已难以支持另一个健身俱乐部；在 9～15 千米范围内再建立综合性健身俱乐部的可能性不大。建立专业项目的俱乐部如保龄球俱乐部，不会对我们造成真正的威胁，专业俱乐部一般吸引更大范围的会员。假如确有竞争者想进入这一地区，我们将以竞争者难以成功为由要求东城区政府阻止竞争者的基建。如果此举不能成功，我们将会通过促销降价活动来吸引更多的人。

针对体育健身运动的变化趋势：我们的建筑设计留有一定的空间以适应变化趋势。我们已作出了可变计划以使我们能在大众化的体育项目上较容易较迅速地获利，我们将观察全国和本地区的变化趋势，及时提供新的服务项目来保持顾客的兴趣。

针对未能招收足够计划会员的应急:如果我们未能招收足够数量的会员,我们将通过降低起始会费费或额外提供一些福利来吸引顾客,也可使用买二送一、团体优惠的促销手段,直到收入可抵消短期的亏损。由于我们的主要收入是月费,这种降低起始会员费的促销不会影响我们的长期收入计划。

九、财务状况

1. 会员预测

据市运协估计,综合性体育运动俱乐部每100平方米可接纳29名会员。健身中心拥有7 500平方米,将具有接纳2 175名会员的能力。市运协的最近一次调查也表明,一个新建的健身设施一般需要6～24个月收满足会员。健身中心的各项计算采取了比较保守的前提,预计需24个月收满足。根据我们所作的市场调查,估计预售会员资格可达总会员的50%。据市运协的统计,在考虑了约30%的会员退会率的情况下,五年内仍会有平均7%的年增长率。因此我们预计健身中心的会员情况见表1-6-6。

表1-6-6 健身中心的会员数据统计表

	上年会员数	会员净增加	总会员数
第一年	870	432	1 302
第二年	1 302	523	1 825
第三年	1 825	127	1 952
第四年	1 952	137	2 089
第五年	2 089		

2. 会员费的确定

基于9～12千米范围内竞争对手的价格数据、全国健身行业的价格数据及我们的市场调查,健身中心的收费选择了下列价格:

(1) 首次入会费:家庭会员费300元,个人会员费200元。

(2) 每月会费:家庭会员费35元,个人会员费20元

由于我们经营的地区内没有任何健身俱乐部提供协会比赛服务,我们只能参考公园区的价格。按不同类型的比赛,公园区的价格在250～375元的范围内。我们协商决定对所有类型的比赛都采用一致的收费标准:每个运动队300元。

3. 财务收支及资债平衡预测条件

我们将贷款225万元用于建房,目前市场的商业利率为11%。据与银行界人士的交谈得知,我们需付出总投资的40%。中心管理人员的投资和外界投资者的投资将用作进货、流动资金和开建费用。除此之外,我们还具有以下条件:

① 会员费的计算将按上节所述的价格表。在第三年以后,预计每晚应有两场联赛比赛。这种估计是较为保守的,因为中心每晚可容纳三个或更多的联赛。

② 对于滑冰场、小型高尔夫球场和游泳池的收入,我们是按本行业的平均销售的百分比而估算的。

③ 我们计划合同出租快餐部的场地,租费为每月4 000元。为了吸引租赁者,我们头二年将保持固定租费,以后每年增加5%。

④ 练习室将以每小时 30 元出租，以后租费以 5%的年率递增。

⑤ 管理费包括经理人员工资、工资税和福利费用，每个管理人员年工资为 5 万元。

⑥ 正式雇员的平均每小时工资为 10 元，临时雇员为每小时 5 元。

⑦ 操作费用预计为销售额的 87%。

⑧ 所得税以利润的 40%计算，每季付一次。

⑨ 土地费用 65 万元，建筑、设备费用 390 万元。按国家有关规定计算折旧。建筑费用的估算咨询了建筑设计公司。

⑩ 这类综合性的体育健身中心的应收账目平均为销售额的 11%，存货为销售额的 2%。

⑪ 中心的预缴费是各项保险费用。

⑫ 应付款将于 30 天内付清，这样我们可能得到折价优惠。

4. 月收入表和财务变化的条件

收入将以常值流入，这是由于 72%的收入是来自于会员月费和合同租赁费。

经营费用以常值按月积累，夏天提供较多的活动费用将由减少的联赛费用所抵消。

收支平衡是按下列公式计算：

实际收入－固定费用－变动费用－所得税＝利润

5. 贷款利息将按月缴纳

讨论：阅读案例，结合案例信息，对该项目的运营、营销、组织进行进一步的规划，并做出财务投资预算，进行项目可行性评估。

【案例讨论 2】

每日优鲜的运营问题

2021 年 7 月 28 日下午，孙仕杰想从北京顺义大仓所处的园区离开，却被一众情绪激动的每日优鲜供应商堵了回去。他并非每日优鲜的员工，而是其他公司的仓库司机，但也被拦在园区里，不允许从大门出去。孙仕杰此时还不明白发生了什么。同一时间，22 千米外，在每日优鲜新总部顺义区博润科技园楼下，另一批突然聚集起来的每日优鲜供应商也在维权、声讨，随着维权供应商队伍的扩大，被拖欠货款的数额在不停刷新上限。同时，不论是普通员工还是大部分管理岗人士，都通过紧急召开的会议被通知原地解散。

7 月 30 日，一位北京供应商接受连线 Insight 采访过程中，突然发现每日优鲜的供应商系统后台无法登录，或者登录进去出现一片空白。类似的情节，还发生在两天前——员工们开完那场线上清退会后的几分钟，内部沟通软件飞书及 VPN 便被突然停用。许多员工和供应商认为，“每日优鲜更大的雪崩，或许还在后面”。

连年居高不下的亏损数额，从年初千人规模，到如今只剩下二三百人，办公楼也越搬越偏远，甚至拖欠了大笔早先被裁员工的工资和离职补偿金。

不少前员工对连线 Insight 称，“与每日优鲜的仲裁已经有了判决，但在执行环节卡住了。法院的结论是没有可被执行的资产”。这让最近这批维权的员工动力大减。

回顾每日优鲜的创业 8 年，每日优鲜曾荣获行业第一个头彩：2021 年 6 月 25 日晚间，每日优鲜正式在美国纳斯达克挂牌上市，成为“生鲜电商第一股”。但这一时刻并没能成为高光节点，反而成了每日优鲜走下坡路的起点。眼下，巨额债务和诉讼已经摆在它面前，每日优鲜徘徊在生死边缘。

所有人猜中了结局,但未猜中大结局来得如此突然和狼狈。

讨论:查阅资料,分析每日优鲜失败的原因有哪些?假设有机会重新启动,你会如何规划?如何行动?

第七章　创业企业财务预测与管理

【学习目标】

◇ 理解财务基本概念和常用财务报表
◇ 掌握财务分析指标的含义和分析方法
◇ 理解财务控制的意义，掌握财务控制与资金控制的关键要素

第一节　创业财务基础

合理地筹集创业所需资金是对创业者最为基本的素质要求，也是创办企业的前提。筹集不到足额资金会使企业出现资金断流，甚至被迫清算；筹集的资金过多又会导致资金的闲置，产生财务成本，导致企业经营效率低下。所以，创业者一定要能够对创业所需资金进行科学的估算。

企业经营离不开资金的投入。订购原料→原材料入库→原材料投入生产→生产过程半成品→产成品入库→产品销售→销售收入入账，这个资金的流动过程说明企业在运营启动时需要前期的资金投入与占用。

一、财务计划需要注意和解决的问题

商业计划书中的财务计划应该包括一套完整的预测财务信息，它涉及基本财务假定、资产负债表、利润表、现金流量表、资金来源与占用表等。财务计划应解决以下问题：

(1) 预计的风险投资数额为多少？

(2) 产品的生产周期有多长？每一个周期的产量和销量有多大？什么时候开始产品线扩张？每件产品的生产费用是多少？每件产品的定价是多少？预期的成本和利润是多少？盈亏平衡点是多少？

(3) 企业的偿债能力、营运能力、盈利能力如何评估？有哪些分析指标？各代表什么含义？

(4) 公司现金流量的发展趋势是怎样的？预计什么时候能达到收支平衡？

(5) 基于公司的规划，融资需求有多高？在最差的情况下，需要多少现金？

(6) 拥有哪些资金来源？可以满足融资需求吗？

(7) 投资者可以得到多少回报？什么时候用什么形式可以得到这些回报？

二、财务计划中的预测和假设

创业初期的财务计划是基于经营活动的一系列预测，预测是建立在一系列的假设条件

基础上的。没有这些假设，财务数据就没有实际意义。只有在思考这些假设条件之后，风险投资者才能评定财务计划的有效性。财务计划制作前需要六方面的假设信息，包括产品生产信息、产品销售信息、市场物资供应情况信息、员工工资支出信息、生产设备支出信息和企业预期发展计划信息。

财务计划中最重要的假设和数据是预期销售量，这是一个需要花费大量时间说明和解释的数据。并且，财务计划的大部分内容都是这个关键数据的派生结果。这一数据的准确度非常重要，整个营销计划可能都是在为它提供说明和支持。因此，风险投资者在把注意力从市场计划转向财务计划时，就已经获取了足够多的销售计划背景情况。第二个重要的假设和数据是售货成本与毛利润，这由生产成本和定价策略共同决定。这部分基础信息依赖于创业营销和运营活动的详细规划、预测。

财务计划中的所有预测都需要一套完整的假设。创业者必须谨慎地判断财务计划的每一部分需要什么程度的说明和解释。在做出假设时，创业者需要用最简单的方式，努力提高风险投资者对企业成功运营的信心。

三、企业财务管理基本概念

对企业经营过程的财务状况的把握是创业者必须要做的，财务指标及报表的预估是创业者必须了解的财务知识，即使企业有专门的财务人员，创业者也应该大致掌握财务状况。创业者需要在财务数据的基础上，全面考察企业的经营环境、市场状况、创业计划以及内外部资源条件等因素来决策投资、融资等问题。

（一）资本金的确定

我国《企业财务通则》规定："设立企业必须有法定的资本金。资本金是指企业在工商行政管理部门登记的注册资金。"资本金在不同类型的企业中的表现形式有所不同。股份有限公司的资本金被称为股本，股份有限公司以外的一般企业的资本金被称为实收资本。资本金的确定有三种方式：

一是实收资本制，即在公司成立时，必须确定资本金总额，并一次认足。

二是授权资本制，即在公司成立时，虽然也要确定资本金总额，但是否一次认足，与公司成立无关，只要缴纳了第一期出资，公司即可成立，没有缴纳部分委托公司董事会在公司成立后进行筹集。

三是折中资本制，要求公司成立时确定资本金总额，并规定首期出资的数额。

资本金代表企业的信用和能力，确定资本金的规模应考虑开展业务的需要和市场信用。

（二）全面预算体系

财务计划以预算的形式，对企业在一定时期内的生产经营活动进行货币表现。财务预算是企业全面预算的一部分，它和其他预算是联系在一起的。

全面预算是对企业全部经营活动及其成果的全面、系统的反映，包括业务预算、财务预算、专门决策预算三大组成部分。

业务预算是全面预算的基础，它涉及的各项具体预算：销售预算、生产预算、直接材料预算、直接人工预算、制造费用预算、产品成本预算、期末存货预算、销售及管理费用预算。

业务预算的最终结果是预计收益表。

财务预算详述了现金的流入与流出以及总体的财务状况，具体包括：现金预算、预计损益表、预计资产负债表、财务状况变动表。各项业务预算和专门决策预算中的资料都可以折成货币，反映在财务预算内。预计的现金流入和流出包括在现金预算中，预算期间终了时的预期财务状况反映在预计资产负债表中。

专门决策预算又称特种决策预算，是企业为不经常发生的长期投资项目或者一次性专门业务所编制的预算，通常指与企业投资活动、筹资活动或收益分配等相关的各种预算。

预算的编制方法随企业的性质和规模的不同而不尽相同，但一个完整的全面预算的组成内容在各个不同的企业中基本上是一致的。

四、企业经营活动常用预算表

测算营业收入、营业成本、利润是初创企业制订财务计划与财务报表的第一步。为此，企业需要立足于市场研究、行业营业状况以及试销经验，利用购买动机调查、推销人员意见综合、专家咨询、时间序列分析等多种预测技巧，估计每年的营业收入。之后，要对营业成本、营业费用以及一般费用和管理费用等进行估计。由于初创企业起步阶段在市场上默默无闻，市场推广成本相当大，所以营业收入不可能与推动营业收入增长所付出的成本成比例增加，因此，对于第一年的全部经营费用都要按月估计，每一笔支出都不可遗漏。在预估第二年及第三年的经营成本时，首先应该关注那些长期保持稳定的支出，如果第二年、第三年销量的预估是比较明确的话，则可以根据销售百分比法计算折旧、库存、租金、保险费、利息等项目的数值。在考虑创业投资所需资金的过程中，需要考虑创业3～5年的创业初期的资金流动的大致状况，以此来确定前期筹资预算。财务预算报表可以近期相对精确，远期相对约略。

在完成上述项目的预估后，就可以按月估算出税前利润、税后利润、净利润以及第一年利润表的内容，然后进入预计财务报表过程。

初创企业可以采用销售百分比法预估财务报表。这一方法的优点是，能够比较便捷地预测出相关项目在销售额中所占的比率，预测出相关项目的资本需求量。但是，由于相关项目在销售额中所占比率往往会随着市场状况、企业管理等因素发生变化，所以，必须根据实际情况及时调整有关比率，否则会对企业经营造成负面影响。另外，在预计财务报表时需要假设各种情境，比如最乐观的估计、最悲观的估计以及现实情况估计。这样的预测既有助于潜在投资者更好地了解创业者如何应对不同的环境，也能使创业者熟悉经营的各种因素，防止企业陷入可能的灾难。编制全面预算的期间通常是1年或一个营业周期，这样可使预算期间与会计期间相一致，便于预算执行结果的分析、评价和考核。

我们以生产型企业A公司为例，了解一般创业公司常用预算表及反映经营状况的三大财务报表：现金预算表、预计损益表和预计资产负债表。

（一）销售预算表

销售预算是编织全面预算的关键和起点。销售预算的主要内容是销售量、单价和销售收入。销售预算表的数据来源依据是创业前期的市场调研及营销预测。A公司销售预算见表1-7-1。

表 1-7-1　A 公司销售预算表　　金额单位：元

	一季度	二季度	三季度	四季度	合计
预计销售量/件	300	600	400	450	1 750
单价	200	200	200	200	200
销售额	60 000	120 000	80 000	90 000	350 000
期初应收账款	18 000	18 000	36 000	24 000	18 000
一季度销售收入	42 000				60 000
二季度销售收入		84 000			120 000
三季度销售收入			56 000		80 000
四季度销售收入				63 000	63 000
期末应收账款					27 000
现金收入合计	60 000	102 000	92 000	87 000	341 000

（二）生产预算表

生产预算用来安排预算期生产规模的计划，以销售预算为基础编制。A 公司生产预算见表 1-7-2。产品生产量与销售量之间的关系如下：

预计生产量＝预计销售量－预计期初库存量

表 1-7-2　A 公司生产预算表　　单位：件

	一季度	二季度	三季度	四季度	合计
预计销售量	300	600	400	450	1 750
期末存货量	60	40	45	40	40
预计需要量	360	640	445	490	1 790
期初存货量	50	60	40	45	50

（三）直接材料预算表

直接材料预算主要用来确定预算期材料采购的数量和采购成本。A 公司直接材料预算见表 1-7-3。直接材料预算表以生产预算为基础，同时考虑到材料的消耗定额和期初期末的存料水平。

预计采购量＝生产需要量＋期末预计存料量—期初预计存料量

生产需要量＝预计生产量×单位产品材料用量

表 1-7-3　A 公司直接材料预算表

	一季度	二季度	三季度	四季度	合计
预计生产量/件	310	580	405	445	1 740
材料单耗/千克	4	4	4	4	4
生产需要量/件	1 240	2 320	1 620	1 780	6 960
期末存货量/件	696	486	534	500	500

表 1-7-3(续)

	一季度	二季度	三季度	四季度	合计
预计需要量/件	1 936	2 806	5 154	2 280	7 460
期初存货量/件	510	696	486	534	510
预计采购量/件	1 426	2 110	1 668	1 746	6 950
标准价格/元	12	12	12	12	12
预计采购金额/元	17 112	25 320	20 016	20 952	83 400

为便于编制现金预算，在直接材料预算中，通常还包括材料方面预期的现金支出的计算，包括上期采购的材料将于本期支付的现金和本期采购的材料中应由本期支付的现金。A 公司预计现金支出计算见表 1-7-4。

表 1-7-4　A 公司预计现金支出计算表

单位：元

	一季度	二季度	三季度	四季度	合计
期初应收账款	6 000				6 000
一季度采购额	10 267.2	6 844.8			17 112
二季度采购额		15 192	10 128		25 320
三季度采购额			12 009.6	8 006.4	20 016
四季度采购额				12 571.2	12 571.2
期末应付账款					8 380.8
现金支出合计	16 267.2	22 036.8	22 137.6	20 577.6	81 019.2

（四）直接人工预算表

直接人工预算表用来确定预算期内人工工时的消耗水平和人工成本水平（工时定额和工资定额）。雇佣不同工种的工人，必须按工种类别分别计算。

直接人工成本通常从生产管理部门和工程技术部门获得，根据生产预算确定的每单位产出所需直接人工以及生产量，就可编制直接人工预算。A 公司直接人工预算见表 1-7-5。

预计直接人工总成本＝预计生产量×单位产品直接人工小时×单位工时工资率

表 1-7-5　A 公司直接人工预算表

	一季度	二季度	三季度	四季度	合计
预计生产量/件	310	580	405	445	1 740
产品工时定额/元	3	3	3	3	3
预计工时总额/元	930	1 740	1 215	1 335	5 220
标准工资率	5	5	5	5	5
直接人工成本/元	4 650	8 700	6 075	6 675	26 100

（五）制造费用预算表

制造费用预算是指除直接材料、直接人工预算外的其他一切生产费用的预算。制造费用按成本习性分为固定制造费用和变动制造费用两部分。制造费用预算还要附有现金支出表,但要注意固定资产折旧费不属于现金支出项目,计算时应予以剔除。A 公司制造费用预算见表 1-7-6。

表 1-7-6　A 公司制造费用预算表

变动制造费用		固定制造费用	
间接材料/元	10 000	管理人员工资/元	12 000
间接人工/元	8 000	保险费/元	10 000
水电费/元	12 000	维修费/元	4 980
维修费/元	1 320	折旧/元	20 000
合计/元	31 320	合计/元	46 980
变动制造费用分配率=31 320÷1 740=18		现金支出=26 980÷4=6 745(元)	

变动制造费用通常包括动力、维修费、间接材料、间接人工等,计算变动制造费用的关键在于确认可变的具体项目,并选择成本分配的基础。

固定制造费用通常包括厂房和机器设备的折旧、租金、财产税及一些车间的管理费用,它们支撑企业总体的生产经营能力,一旦形成,短期内不会改变。

制造费用的编制通常还包括费用方面预计的现金支出的计算,以便为编制现金预算提供必要的资料。A 公司现金支出预算见表 1-7-7。

表 1-7-7　A 公司现金支出预算表

	一季度	二季度	三季度	四季度	全年
预计生产量/件	310	580	405	445	1 740
变动制造费用/元	5 580	10 440	7 290	8 010	31 320
固定制造费用/元	11 745	11 745	11 745	11 745	46 980
减:折旧/元	5 000	5 000	5 000	5 000	20 000
现金支出合计/元	12 325	17 185	14 035	14 755	58 300

(六)产品成本预算表

产品成本预算是生产预算、直接材料预算、直接人工预算、制造费用预算的汇总。A 公司产品成本预算见表 1-7-8。

表 1-7-8　A 公司产品成本及期末存货预算表

成本项目	数据资料来源	价格标准	用量定额/合计金额	
直接材料	表 1-7-3	12 元/千克	4 千克	48 元
直接人工	表 1-7-5、表 1-7-6	5 元/工时	3 工时	15 元
制造费用	表 1-7-6、表 1-7-7	(31 320+46 980)÷1 740		45 元
产品单位成本				108 元
产品期末存货	表 1-7-2			40 件
产品期末存货成本				4 320 元

（七）期末存货预算

期末存货预算反映预算期期末企业材料存货、在产品存货、产成品存货的预计数。

存货的计划和控制可以使企业以尽可能少的库存量来保证生产和销售的顺利进行。期末产成品存货预算的编制，不仅提供了编制预计资产负债表的信息，也为编制预计损益表提供产品销售成本的数据。A公司期末存货预算见表1-7-8。

（八）销售及管理费用预算表

销售及管理费用预算是指预算期内属于制造业务范围以外，在销售业务及日常活动中所发生的各项费用的预算。与制造费用预算编制相同，销售及管理费用项目也要按成本性态分为变动性销售与管理费用和固定性销售与管理费用两类。变动性销售与管理费用随销售量的变动而变动，通常包括销售佣金、运杂费和物料用品。固定性销售与管理费用在一定范围内不受销售量的影响，如租金、保险、折旧和基本工资等。A公司相关资料见表1-7-9、表1-7-10。

表1-7-9　A公司销售及管理费用预算表

变动费用		固定费用	
销售费用/元	2 000	管理费用/元	5 000
运输费用/元	1 500	租金/元	8 600
合计/元	3 500	合计/元	13 600
分配率＝3 500÷1 750＝2		固定费用＝13 600÷4＝3 400(元)	

表1-7-10　A公司销售及管理费用预计现金支出表

	一季度	二季度	三季度	四季度	全年
预计销售量/件	300	600	400	450	1 750
变动费用分配率	2	2	2	2	2
变动费用现金支出/元	600	1 200	800	900	3 500
固定费用现金支出/元	3 400	3 400	3 400	3 400	13 600
现金支出总额/元	14 000	4 600	14 200	14 300	17 100

（九）现金预算

现金预算用来反映预算期内由于营业与资本支出引起的一切现金收支及其结果。A公司现金预算见表1-7-11。现金预算的内容包含现金收入、现金支出、现金收支差额、资金的筹集与运用，其基本关系为：

期初现金余额＋现金收入＝当前可动用现金合计

当前可动用现金合计－现金支出＝现金多余或不足

现金多余或不足＋资金的筹集与运用＝期末现金余额

表 1-7-11　A公司现金预算表　单位:元

	一季度	二季度	三季度	四季度	全年
期初现金余额	45 000	26 257.8	58 236	86 288.4	45 000
加:现金收入					
收回赊销款和现销收入(表 1-7-1)	60 000	102 000	92 000	87 000	341 000
可动用现金合计	105 000	128 257.8	150 236	173 288.4	386 000
减:现金支出					
直接材料(表 1-7-3)	16 267.2	22 036.8	22 137.6	20 577.6	81 019.2
直接人工(表 1-7-5)	4 650	8 700	6 075	6 675	26 100
制造费用(表 1-7-6)	12 325	17 185	14 035	14 755	58 300
销售和管理费用(1-7-9)	4 000	4 600	4 200	4 300	17 100
购置设备	94 000				
支付所得税	17 500	17 500	17 500	17 500	70 000
现金支出合计	148 742.2	70 021.8	63 947.6	63 807.6	346 519.2
现金结余或不足	−43 742.2	58 236	86 288.4	109 480.8	39 480.8
筹措资金					
向银行借款	70 000				70 000
归还借款				70 000	70 000
支付利息				7 000	7 000
期末现金余额	26 257.8	58 236	86 288.4	32 480.8	32 480.8

(1) 现金收入。现金收入部分包括期初的现金余额和预算期的现金收入,包括:现销、应收账款收回、应收票据到期兑现、票据贴现收入、出售长期性资产、收回投资等产生现金的业务。产品销售收入是取得现金收入的最主要的来源。

(2) 现金支出。现金支出部分包括预算期预计的各项现金支出,如材料采购支付货款、应交税金、应付利润以及资本性支出等。值得指出的是,短期借款的利息支付不列入该项,而是放在资金的筹集和运用中。

(3) 现金收支差额。现金收支差额是当前可动用现金合计数与预计现金支出合计数的差额,差额为正,说明现金多余;差额为负,说明现金不足。

(4) 资金的筹集与运用。资金的筹集与运用是根据预算期现金收支的差额和企业有关资金管理的各项政策,确定筹集和运用资金的数额。如果资金不足,可向银行取得借款或通过其他方式筹集资金,并预计还本付息的期限和数额。如果现金多余,除了可用于偿还借款外,还可用于购买有价证券作为短期投资。

(十) 预计损益表

预计损益表以货币形式综合反映预算期内企业经营活动成果的利润计划。预计损益表是在各项经营预算的基础上,根据权责发生制编制的损益表。它综合反映计划期内预计销售收入、销售成本和预计可实现的利润或可能发生的亏损,可以揭示企业预期的盈利情况，有助于管理人员及时调整经营策略。A公司预计损益见表1-7-12。

表 1-7-12　A 公司预计损益表　　单位：元

项目	来源	金额
销售收入	表 1-7-1	350 000
减：销售成本	表 1-7-7、表 1-7-8	189 000
销售毛利		161 000
减：销售及管理费用	表 1-7-9	17 100
营业净利润		143 900
减：利息费用	表 1-7-11	7 000
税前利润		136 900
减：所得税	表 1-7-11	70 000
净利润		66 900

（十一）预计资产负债表

预计资产负债表是依据当前的实际资产负债表和全面预算中的其他预算所提供的资料编制而成的，预计资产负债表是反映企业预算期末财务状况的总括性预算。

预计资产负债表可以为企业管理当局提供会计期末企业预期财务状况的信息，它有助于管理当局预测未来期间的经营状况，并采取适当的改进措施。预计资产负债表示例见表1-7-13。

表 1-7-13　A 公司预计资产负债表　　单位：元

项目	来源	金额	项目	来源	金额
流动资产			流动负债		
现金	表 1-7-11	32 480.8	短期借款	表 1-7-11	0
应收账款	表 1-7-1	27000	应付账款	表 1-7-4	8 380.8
原材料存货	表 1-7-3	6 000	长期负债		
产成品存货	表 1-7-8	4 320	负债合计		8 380.8
流动资产合计 1		69 800.8	所有者权益		
固定资产			实收资本	初始投资（表略）	200 000
土地	初始投资（表略）	60 000	盈余公积	初始投资（表略）	495 420
房屋及设备	初始投资（表略）	334 000	所有者权益合计		395 420
减：折旧	初始投资（表略）	60 000			
固定资产合计		334 000			
资产总计		403 800.8	负债及权益合计		403 800.8

第二节　基本财务指标分析

除了三大报表之外，还有一些财务指标和经营指标是创业者和风险投资者都需要了解和关注的。通过财务指标和经营指标分析，可以了解一个公司经营业绩和财务状况的真实面目，一般来说，可以用三个方面的财务指标来衡量风险和收益的关系。

一、偿债能力分析

偿债能力分为短期偿债能力和长期偿债能力。短期偿债能力是指企业偿还短期债务的能力。短期偿债能力不足，不仅会影响企业的资信，增加今后筹集资金的成本与难度，还可能使公司陷入财务危机，甚至破产。常用的偿债能力分析指标有流动比率、速动比率和资产负债率。

流动比率和速动比率都是反映公司短期债务清偿能力的指标。流动比率是流动资产除以流动负债的比值。速动比率是速动资产除以流动负债的比值，速动资产是流动资产减去存货和预付费用后的余额。一般说来，这两个比率越高，说明企业资产在短期内变现的能力越强，短期偿债能力亦越强，反之则结果相反。一般认为流动比率应在 2∶1 以上，速动比率应在 1∶1 以上。流动比率 2∶1，表示流动资产是流动负债的 2 倍，即使流动资产有一半在短期内不能变现，也能保证全部的流动负债得到偿还；速动比率 1∶1，表示现金等具有即时变现能力的速动资产与流动负债相等，可以随时偿付全部流动负债。当然，不同行业经营情况不同，其流动比率和速动比率的正常标准会有所不同。应当说明的是，这两个比率并非越高越好。流动比率过高，即流动资产相对于流动负债太多，可能是存货积压，也可能是持有现金太多，或者两者兼而有之。速动比率过高，即速动资产相对于流动负债太多，说明现金持有太多。公司的存货积压，说明公司经营不善，存货可能存在问题。现金持有太多，说明公司不善理财，资金利用效率过低。

资产负债率是负债总额除以资产总额的百分比，它反映公司的长期偿债能力和将来继续举债的潜力。该指标越低，资产对债权的保障程度就越高，债权人就越愿意向公司提供贷款，说明公司举债潜力大，有能力克服资金周转困难；反之，如果该指标过高，超过一定范围，说明企业长期偿债能力差，不能保障债权人的利益，公司举债就会遇到困难。

二、营运能力分析

营运能力是以公司各项资产的周转速度来衡量企业资产利用的效率。周转速度越快，表明公司的各项资产进入生产、销售等经营环节的速度越快，那么其形成收入和利润的周期就越短，经营效率自然就越高。

反映公司营运能力的指标主要有应收账款损失率指标和应收账款周转次数指标。应收账款损失率＝坏账损失÷应收账款余额×100%，该指标反映了公司在一定会计期间的赊销额中，无法收回的坏账占多大百分比，该指标越低越好。应收账款周转次数＝赊销净额÷应收账款平均余额，表示一个会计年度内，应收账款从发生到收回周转多少次。应收账款周转次数越多越好。

三、盈利能力分析

（一）盈利能力评价主要指标

公司的盈利能力指的不是公司的盈余水平，而是盈余水平除以为了取得这样的盈余水平而使用的资源的总量，即1元钱的资源产生了多少盈余。绝对的盈余水平在公司之间是不具有可比性的。显然，一个拥有几十亿资产的公司比一个拥有几千万资产的公司盈余更多，但是盈利能力可能是一样的。反映盈利能力的指标主要包括资本报酬率、销售净利率、市盈率等。资本报酬率是净利润与总投资额的比率。销售净利率是净利润除以销售收入的比值。市盈率是普通股每股市价除以普通股每股收益的比值。这些指标都是从各个方面反映公司盈利能力的指标，也是公司成败的关键，只有长期盈利，公司才能真正做到持续经营。因此，无论是投资者还是债权人，都对反映公司盈利能力的比率非常重视。

（二）盈亏平衡分析

许多创业公司在创业初期失败是因为创业资本被过多地用于购买固定资产。固定成本越高，越难达到收支平衡，且开始获利的时间越长。创业公司需要尽快获利，否则将面临亏损甚至破产。因此，盈亏平衡分析不仅适用于创业公司前期的项目规划，还适用于创业公司的日常运营。

盈亏平衡分析也称量本利分析、盈亏临界分析或收支平衡分析，它是通过盈亏平衡点（BEP）来分析项目成本与收益的平衡关系的一种方法。各种不确定因素（如投资、成本、销售量、产品价格、项目寿命期等）的变化会直接影响投资方案的经济效果，当这些因素的变化达到某一临界值时，就会影响对方案的判断和取舍。盈亏平衡分析的目的就是找出这种临界值，即盈亏平衡点，判断投资方案对不确定因素变化的承受能力，为最终决策提供财务依据。

盈亏平衡分析的关键是计算盈亏平衡点。盈亏平衡点越低，说明项目盈利的可能性越大，亏损的可能性越小，因而项目有较大的抗风险能力。因为盈亏平衡分析是分析产（销量）、成本与利润的关系，所以也称量本利分析。盈亏平衡点的表达形式有许多种，可以用实物产量、单位产品售价、单位产品可变成本以及年固定成本总量来表示，也可以用生产能力利用率（盈亏平衡点率）等相对量表示。

（三）投资回收期评价

投资回收期是指从项目的投建之日起，用项目所得的净收益偿还原始投资所需要的年限，即通过资金回流量来回收投资的年限。投资回收期分为静态投资回收期和动态投资回收期两种。静态投资回收期是在不考虑资金时间价值的条件下，以项目的净收益回收其全部投资所需要的时间。投资回收期可以从项目建设开始年算起，也可以从项目投产年开始算起，但应予注明。动态投资回收期是把投资项目各年的净现金流量按基准收益率折成现值之后，再来推算投资回收期，这就是它与静态投资回收期的根本区别。动态投资回收期就是净现金流量累计现值等于零时的年份。

此外，风险投资者还会关注预期利润的回报，也可以采用投资回报率（ROI）和内部回报率（IRR）指标的评估方法。对于一个创业项目来说，利润回报应该超过风险投资者对所有风险项目进行投资所要求的最低回报。投资回报率的计算方法：经营业务收入÷投资总额。投资回报率越高，公司用来获得利润的资金的利用率就越高。

第三节　初创企业的财务控制

初创企业和小公司成功的关键，就是正确、严格的财务控制。许多融资非常顺利的公司，其商业计划书非常完善，产品或服务满足了市场的某一类需求，销售组织效率很高，市场营销颇为有效，定价也十分合理，但是却失败了，其关键原因往往是缺乏财务管理控制。

初创企业的财务控制主要体现在确立正确财务理念、掌握控制财务关键点、对资金进行有效控制和制定恰当的财务战略四个方面。

一、确立财务管理理念

对于创业企业来说，一般会有一个时间长短不一的烧钱期，资金需求紧张，筹资的渠道多样，资金构成也很复杂，因此资金的成本构成也是多样的。不同的财务管理观念与方式会导致财务成本的巨大差异，先进的财务管理理念对有效控制资金成本、提高资金的使用效率意义重大。

（一）货币时间价值观念

创业者必须明白货币是有时间价值的，一定量的货币在不同时点上具有不同的经济价值。这种由于货币运动的时间差异而形成的价值差异就是利息。创业者必须注重利息在财务决策中的作用，一个看似有利可图的项目，如果考虑货币的时间价值，很可能会变成一个得不偿失的项目，尤其是在通货膨胀的时期。

（二）效益观念

取得并不断提高经济效益是市场经济对现代企业的最基本要求，所以在财务管理方面必须牢固确立效益观念。筹资时，要考虑资金成本；投资时，要考虑投资收益率；在资产管理上，要用活、用足资金；在资本管理上，要保值增值。既要“开源”，也要“节流”。有人认为公司经营在本质上是“资金经营”，财务制胜的时代已经来临，企业竞争的核心也在于资源经营效率的竞争。

（三）竞争观念

竞争是市场经济的一般规律。对现代公司创业者而言，竞争为其创造了种种机会，也形成了种种威胁。在市场经济条件下，价值规律和市场机制对现代公司经营活动的导向作用不断强化，无情地执行着优胜劣汰的原则。市场供求关系的变化，价格的波动，时时会给公司带来冲击。针对来自外界的冲击，创业者必须有充分的准备，要强化财务管理在资金筹集、资金投放、资金运营及收入分配中的决策作用，并在竞争中增强承受和消化冲击的应变能力，不断增强自身的竞争实力。

（四）风险观念

风险是市场经济的必然产物。风险形成的原因可以归结为现代公司财务活动本身的复杂性、客观环境的复杂性和人们认识的局限性。从创业者的角度来看，它是现代公司在组织财务活动过程中由于不确定因素的作用，使公司的实际财务收益与预期财务收益发生差异，从而使公司有蒙受经济损失的可能。

二、控制好财务关键点

初创企业及成长阶段的小公司应当对各种支出加以规划和严格控制。创业者必须对公司的财务关键控制点做出相应的规定，这不仅有助于增加企业的销售额，更重要的是，公司能够从收入中获得利润和现金。这些关键控制点随着行业、组织以及商业类型的不同而不同：是服务还是产品、是新经济还是传统经济、是分销商还是制造商？作为初创企业的管理者，首先要确定财务关键控制点，建立基准并对之进行衡量，然后再采用相应的方法进行监控。公司财务关键控制点，应重点考虑占公司收入和成本大比重的资金款项，针对具备这些特征的管理项目进行重点、严格的控制，需要从以下几方面入手。

（一）强化财务控制制度

一是不相容职务分离制度。这要求初创企业合理设置财务会计及相关工作岗位，明确职责权限，形成相互制衡机制。不相容职务包括：授权批准、业务经办、会计记录、财产保管、稽核检查等职务。如：有权批准采购的人员不能直接从事采购业务，从事采购业务的人员不得从事入库业务。

二是授权批准控制制度。这要求初创企业明确规定涉及财务会计及相关工作的授权批准的范围、权限、程序、责任等内容。单位内部的各级管理人员必须在授权范围内行使职权和承担责任，经办人员也必须在授权范围内办理业务。如，采购人员必须在授权批准的金额内办理采购业务，超出此金额必须得到主管的审批。

三是会计系统控制制度。初创企业应依据《会计法》和国家统一的会计制度，制定适合本单位的会计制度，明确会计工作流程，建立岗位责任制，充分发挥会计的监督职能。会计系统控制制度包括企业的核算规程、会计工作规程、会计人员岗位责任制、财务会计部门职责、会计档案管理制度等。良好的会计系统控制制度是企业财务控制得以顺利进行的有力保障。

（二）加强现金流量预算与控制

企业财务管理首先应该关注现金流量，而不是会计利润。初创企业应该通过现金流量预算管理来做好现金流量控制。对于新创、早期或成长阶段的企业来说，现金流是极其重要的。要根据年度现金流量预算制定出分时段的动态现金流量预算，对日常现金流量进行动态控制。现金流量预算的编制根据“以收定支、与成本费用相匹配”的原则，采用零基预算的编制方法，按收付实现制来反映现金流入流出，经过企业上下反复汇总、平衡，最终形成年度现金流量预算。

现金流的预算与控制是财务控制的一个关键点。因此，无论是为了权益融资或债务融资准备商业计划，还是做年度或季度预测或预算，都应该分析一下现金流。以现金流量表为依据，将每月实际的现金流与预测或预算相比较，注意各种变化并及时采取相应的控制措施。此外，还要研究数字背后的隐蔽信息，分析出现现金流波动的原因。

（三）控制财务风险

财务风险主要是指举债给企业收益带来的不确定性。对于处于早期或成长期的公司来说，需要大量的运营资本来应付快速增长的应收账款和存货，举债经营成为企业发展的途径之一。有效利用债务可以大大提高企业的收益，当企业经营好、利润高时，高负债会带来企业的高增长。企业举债经营也会对企业自有资金的盈利能力造成影响，因为负债要支付利息，债务人对企业的资产有优先的权利。万一公司经营不善，或有其他不利因素，则公司资不抵债、破产倒闭的危险就会加大。

三、资金控制

初创企业对资金的控制十分重要，主要内容有：货币资金控制、销售与收款控制、采购与付款控制、成本费用控制等。

（一）货币资金控制

对初创企业而言，企业主或创业者一定要对本单位货币资金安全完整负责。企业要按照规定的程序办理货币资金支付业务，一般情况下，不得违反程序。

（二）销售与收款控制

企业必须建立销售与收款业务的岗位责任制，明确相关部门和岗位的职责、权限，确保办理销售与收款业务的不相容岗位相互分离、制约和监督。销售部门负责应收账款的催收。财务部门应当督促销售部门加紧催收。对催收无效的逾期应收账款可通过法律程序予以解决。

在市场竞争日趋激烈的今天，初创企业不得不部分甚至全部以信用形式进行业务交易，经营中应收账款比例难以降低。所谓应收账款，是指尚未收回的货款或者所提供服务应得的款项。许多大公司认为可以延迟支付小公司或新公司的欠款，因为小公司或者新创公司几乎没有讨价还价的能力。同时，许多初创企业或者处于早期发展阶段的公司通过给那些因为风险很大所以在别处贷不到款的客户更大的个人信誉度（以个人信誉来担保的应收账款）来获得业务。这种做法风险很大，许多初创期企业由于未能及时收回欠款或者没有收回欠款而破产。因此，应收账款是一个重要的财务控制点。

（三）采购与付款控制

建立采购与付款业务的岗位责任制，明确相关部门和岗位的职责、权限，确保办理采购与付款业务的不相容岗位相互分离、制约和监督。采购与付款业务不相容岗位包括：① 请购与审批；② 询价与确定供应商；③ 采购合同的订立与审计；④ 采购与验收；⑤ 采购、验收与相关会计记录；⑥ 付款审批与付款执行。

在办理付款业务时，对采购发票特别是增值税发票、结算凭证、验收证明等相关凭证的真实性、完整性、合法性及合规性要进行严格审核。

（四）成本费用控制

建立成本费用业务的岗位责任制，明确相关部门和岗位的职责、权限，确保办理成本费用业务的不相容岗位相互分离、制约和监督。

建立严格的对成本费用业务的授权批准制度，明确审批人对成本费用的授权方式、权限、程序、责任和相关控制措施，规定经办人办理成本费用业务的职责范围和工作要求。初创企业通常由创业者本人实行“一支笔”审批。

根据成本费用预算内容，分解成本费用指标，落实成本费用责任部门，考核成本费用指标的完成情况，制定奖惩措施，实行成本费用责任追究制度。

四、实施恰当的财务战略

制定与实施财务战略，加强财务战略的执行力。这些都是创业期企业必须提高的能力。所谓财务战略，就是为谋求企业资金均衡、有效的流动和实现企业战略，为加强企业财务竞争优势，在分析企业内、外环境因素影响的基础上，对企业资金流动进行全局性、长期性和创造性的谋划。特别对于创业期的企业来说，财务战略是企业总体战略的应用与延伸。对于初创企业而言，可以采用的财务战略包括下列三种。

（一）扩张型财务战略

扩张型财务战略以实现企业资产规模的快速扩张为目的。要实施这种财务战略，企业往往需要在将大部分乃至全部利润留存的同时，大量地进行外部筹资，更多地利用负债。随着企业资产规模的扩张，这往往使企业的资产收益率在一个较长的时期内表现出相对较低的水平。扩张性财务战略一般会表现出“高负债、高收益、少分配”的特征。

（二）稳健型财务战略

稳健型财务战略是以实现企业财务绩效的稳定增长和资产规模的平稳扩张为目的的一种财务战略。实施稳健型财务战略的企业，一般将尽可能优化现有资源的配置和提高现有资源的使用效率及效益作为首要任务，将利润积累作为实现企业资产规模扩张的基本资金来源，为了防止过重的利息负担，这类企业对利用负债实现企业资产规模和经营规模的扩张往往持十分谨慎的态度。所以，实施稳健型财务战略的企业的一般财务特征是“适度负债、适中收益、适度分配”。

（三）防御收缩型财务战略

防御收缩型财务战略是以预防出现财务危机和求得生存及新的发展为目的的一种财务战略。实施防御型财务战略，一般将尽可能减少现金流出和尽可能增加现金流入作为首要任务。通过精简机构等措施，盘活存量资产，节约成本支出，集中一切可以集中的财力，用于企业的主导业务以增强企业主导业务的市场竞争力。“低负债、低收益、高分配”是实施这种财务战略的企业的基本财务特征。

【思考题】

1. 为什么在制作财务计划时需要一些预测和假设？
2. 三大财务报表表现了创业企业的哪些财务状况？
3. 财务报表分析中有哪些基本财务指标？它们代表什么含义？
4. 如何进行盈亏平衡分析？盈亏平衡的计算结果能说明哪些信息？其意义在哪里？

【实践练习】

对第六章案例《中华现代健身中心创业计划》做出财务投资预算，进行项目可行性评估。

第八章　创业资源整合与融资

【学习目标】

◇ 了解创业资源的概念和构成
◇ 理解资源整合的含义及整合方式
◇ 掌握创业融资的渠道与方法
◇ 了解企业估值的方法与技巧

【案例 1-8-1】

京东的成功是一步步走出来的

2001 年年初，刘强东迷上了逛商场、逛国美。

他跑遍了北京国美的各个连锁店，北太平庄的那个旗舰店去了无数次，他有时会买点电器，有时只是在店里转悠，和销售人员讨价还价，问各种问题，比如进货渠道、配送等。当时国美在北京已经有 20 多家店，5 月，国美在全国范围内一下子开了 13 家店，连锁店的扩张速度让刘强东印象深刻。

当时，创业 3 年的刘强东正处在一个选择未来方向的关键点上，他从海开市场的一个小柜台做起，最早代理雅马哈、理光等品牌的刻录机，2000 年前刻录机是一个利润率很高的产品，但 2000 年当单价跌到 800 元以下时，毛利之低已经形同“搬砖”，刘强东将产品调整为刻录光盘这样的耗材，并很快成为全国最大的刻录光盘代理商，这种对市场和产品的敏感让他在 3 年中赚到了人生中的第一个 1 000 万元。

代理商的生意其实很简单，只要能拿到好产品的代理权，“快进快出，赚钱很容易”，刘强东的日子过得也很滋润，但光磁耗材毕竟是一个很小的领域，有明显的规模瓶颈，即便做到全国最大，2001 年的销售收入也只有 6 000 万元，利润 300 多万元，利润率不过 5%，比 3 年前刚做代理业务时已经下跌了 7%，并且这种趋势仍在持续。刘强东意识到“代理商是一个没有价值的流通环节，早晚要‘死掉’。因为品牌厂商或分销商可以跨过代理商，直接到达零售商”，所以“如果不转型，再等 3 年，我们会很‘死’得很惨”。

2001 年，刘强东的第一家零售店在中关村苏州街上的银丰大厦开张，取名为“京东多媒体”，最初只有两个人，主要销售高端声卡、键盘、鼠标等毛利较高的计算机外设产品。从代理到零售最大的转变是销售模式上的变化，代理是“走量”，从业人员考虑的是 20 台采用什么价格策略、50 台有多少返点这样的问题，而零售则是一个苦活儿，需要一台一台去卖，如何吸引每一个客户到你这里来买东西，如何提高专业化程度和服务附加值，是做零售需要考虑的问题，两者的商业文化可谓大相径庭。

刘强东用了 5 个月才让自己和员工从做代理的思路转到做零售，然后开始开设自己的第二、第三家店,到开设第六家店之后,速度就加快了,最快时1个月开了3家店。他后来甚至把店开到了沈阳。他曾和当地的合作伙伴说:“京东要做全国性的连锁店,像国美一样,在全国开1 000家IT Small Shop,让中关村电脑城消失。这样的豪言当然有自壮声色的意味,但他当时已经确信电脑城这种集贸市场式的渠道必然会走向衰落。

2003年4月19日,刘强东在中国人民大学西门的城乡超市买了两金杯车方便面、火腿肠和矿泉水,发给“京东多媒体”的60多名员工,让他们不用出门就可以在家生活一个月。以躲避“非典”疫情。

在安排完所有的员工之后,刘强东和公司的几位负责人需要面对几百万的库存产品,为了提高毛利,京东一向采取现货现结而不是“扎账”的方式,也就是说这些库存都是京东用自己的钱买下来的,如果卖不出去,所有亏损都会由京东自己承担。“非典”造成IT产品跌价很快,最严重的时候一个月价格跌去30%,刘强东计算,如果“非典”迟迟不结束,京东最多只能坚持半年,必须要把这些货卖出去,互联网似乎是唯一可能的渠道了。

“非典”几乎是以一种强迫的方式让刘强东开始接触互联网,他和他的团队开始在硬件论坛上发帖、疯狂加QQ好友,推销自己的产品,这种原始的方式注定只能是事倍功半,折腾十几天也就做成十几单生意,所幸“京东多媒体”在硬件“发烧友”中还颇有知名度,通过在CDBEST等网站上做团购,京东逐步打开了一些局面,很快开设了自己的论坛网站。

6月底,“非典”得到控制,京东的线下业务恢复正常,但心有余悸的刘强东不敢再贸然扩张,维持了12个店面的规模,而网上团购的那些用户仍然不时有需求并要求京东开设自己的网站,“最初只有36个客户,数量很少,但这些人要么是论坛版主,要么是资深玩家,在网上很有影响力,他们给我很多蜜糖吃,说会推荐京东的网站”,得知一个小型网站租带宽一年不过1 000多元时,刘强东决定成立京东自己的论坛,并安排一位叫李梅的员工处理这些网络买家的需求。

也许是这最早36个客户的口碑效应太大,在没有开设网上商城、只有一个简单的BBS论坛、没打过任何广告的情况下,京东来自网上的订单在持续不断地增加,2003年6月到2003年年底,网上订单一共超过了1 000单,最多的一天有35个订单,甚至比一家线下连锁店都要多,后来被戏称为“京东电子商务第一人”的李梅已经处理不过来了。刘强东感觉到了这个速度的可怕,9月,他招聘了技术人员开发商城程序,2004年1月1日,“京东多媒体网”电子商务网站上线。

(参见万域:《刘强东创业史:曾偷师国美做IT连锁店,做电商后知后觉》,搜狐网,2019年12月23日。有改动)

从案例中可以看到,刘强东创建京东电子商务平台并非有意而为之,似乎更多的是“逼”出来的一种选择。创业者能否成功地开发机会,进而创建新企业或开拓新事业,在很大程度上取决于他们掌握和能整合到的资源以及对资源的利用情况。

企业是一个经济型组织,我们可以将企业看作一个“黑匣子”,投入各种资源、经过企业内部的经营运作,产出有价值的产品/服务来有效地满足市场需求。创业就是将散布于市场环境中的各类资源创造性地整合到一起,“无中生有”地创造一个经济型组织,采用具有自己特色的运作方式,而形成新的产出。

创业的“无中生有”的过程就是一个从环境中获取资源进行整合的过程。创业企业的生存和发展依赖于企业整合资源和运作资源的能力。企业间的竞争、市场的优胜劣汰也是对组织能否高效率地整合与运作资源的能力的考验。哪个企业能够更高效地利用资源，哪个企业就能够在市场竞争中获得优势。所以，从资源运作效率的角度说，企业的竞争就是企业获取资源、运作资源能力的竞争。

创业活动的显著特点之一是在资源高度约束的情况下开展商业活动，大多数创业者在启动创业活动之初资源匮乏，因此，资源整合能力必然成为创业者开展创业活动的必修课程。在现实生活中，优秀的创业者在创业过程中所展现出的卓越的创业技能之一便是创造性地整合资源。

第一节　创业资源概述

一、创业资源理论

（一）资源基础理论

资源基础理论（resource-based theory）的基本观点是将企业概念化为一系列资源的集合体。在整合前人研究的成果基础上，Barney（巴利）对形成企业持续竞争优势的战略性资源属性进行了分类，为资源基础理论的实际应用提出了一个分析框架，如图 1-8-1 所示。企业有不同的资源起点（被称为“资源的异质性”），而这些资源是其他企业难以仿效的（被称为“资源的固定性”），创业者在创业过程中形成的有特色的创意、创业精神、愿景目标、创业动力、创业初始情境等，就属于这类具有异质性和固定性的资源。

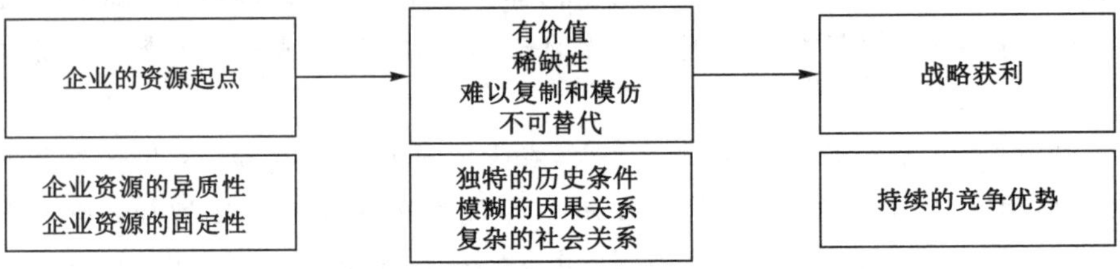

图 1-8-1　资源特性和竞争优势

战略管理理论对持续竞争优势的定义是：某企业目前的潜在竞争对手不仅无法同步执行该企业现在所执行的价值创造战略，同时也无法复制并取得该企业在此项战略中所获得的利益；持续竞争优势的来源在于企业拥有的异质性和不可流动性资源中，有部分资源具有价值性、稀缺性、不可模仿性与不可替代等特性。资源基础理论解释了企业竞争优势的来源，也说明了资源在创业过程中的意义。

资源基础理论从企业的内部寻找企业成长的动因，用资源与能力来解释企业差异的原因。其基本假设是，企业具有不同的有形资源和无形资源，这些资源可转变成独特的能力；资源在企业间是不可流动的且难以复制；企业内部能力、资源和知识的积累是企业获得超额利润和保持竞争优势的关键。

一般来说，初创企业不具有资源优势。然而，在实践中，初始资源相同的企业，其发展结果却大相径庭。根据资源基础理论的观点，初创企业里一定存在异质性的资源。Sharon A. Alvarez（莎伦·阿尔瓦雷斯）和 Lowell W. Busenitz（洛厄尔·步森尼茨）两位教授于

2001年在*Journal of Management*杂志上刊发的题为“The Entrepreneurship of Resource-Based Theory”一文，认为创业者认知能力是初创企业获取竞争优势的异质性资源，这种能力包括如何获取价值被低估资源，以及配置和开发这些资源的一种抽象的概念思考能力。

（二）资源编排理论

资源基础理论认为竞争优势源于企业的异质性资源，但拥有异质性资源本身并不能保证企业一定能够获取持续的竞争优势，创业者需要协调其资源以实现资源的充分开发与利用。因此，仅从静态角度分析，并不能解释拥有相似资源的企业为什么绩效会存在较大差异的问题。在资源基础理论和动态能力理论基础上，Sirmon（斯尔蒙）等提出了资源编排理论（resource orchestration theory），该理论强调对资源进行协调和组合的竞争优势，并将资源重新配置出的竞争优势转化为创新产出。

资源编排理论认为，企业竞争优势的来源除了自身拥有资源的异质性有关外，更依赖于企业对自身资源的编排组合，即通过科学合理的资源编排，发挥资源的最大价值。

从过程角度看，资源编排主要包括资源结构化、资源捆绑和资源利用三部分。资源结构化是指通过获取外部资源、内部积累资源、剥离非生产性资源等行为实现资源的重整；资源捆绑包括对组合后的资源开展稳定化、丰富化、开拓等活动，实现资源优化；资源利用则是通过对现有资源的开发和能力转换，改进、丰富扩展现有能力，并开创出新的能力，构建新的资源组合，提升企业竞争优势。

资源基础理论和资源编排理论说明了创业企业资源筹措与整合能力在创业企业生存和形成竞争优势方面的重要作用，可以帮助创业者深刻认识资源管理的关键和重点。

二、创业者可承受损失评估

斯图尔特·瑞德等在《卓有成效的创业》一书中提出的创业行动五项原则中的“可承受损失原则”就是针对创业资源的行动原则，指出创业者需要仔细思考哪些损失可承受、哪些是“禁区”。一般情况下，以下这些创业投入的资源有可能会被认为是可承受的损失，需要创业者谨慎评估。

（一）时间

人们为创业投入的时间通常被认为是“机会资本”，因为为创业投入时间的成本估算是比较模糊的，同时时间也是易逝的，所以人们对投入时间的感觉不同。因此，在创业中，损失时间比损失金钱更能让人接受。

但是，逝去的时间也会随之带走很多其他的资本：市场机会、领先的技术，甚至创业者的身体健康、旺盛的精力，所以应认真评估。

（二）意外之财

意外之财引出一个心理学概念：心理账户。同样的资源放在不同的心理账户中其价值感受是不同的。彩票获奖而得到的大笔资金可能会被放在意外之财的心理账户中，因此在使用这笔钱创业时，如果由于投资失败而损失掉可能会被认为是可承受的损失，不会对所有者产生重大影响。

（三）长期积蓄及自有资产

有一些人会将生活积蓄或者资产变现（如房产抵押）作为创业启动资金，这部分资金对于创业者来说影响重大，需要谨慎评估。

（四）借贷

创业者在启动阶段的外部资金可能来自信用卡贷款、从亲戚那里借来的没有明确的还款日期或还款日期比较宽松的钱，这部分借款也可能会被放在额外收入的心理账户中，资金成本容易被低估，从而误导可承受损失评估的程度。

一旦决定了能够承担的损失，接下来创业者就要考虑愿意为初创企业承受什么样的损失。这个问题主要取决于创业者的创业动机和强烈程度，因为这决定了愿意损失的数目。另外，接受损失的程度还取决于创业者所设定的心理门槛，因为无论创业损失低于还是高于这个预设门槛，都会对创业行动有着决定性的影响。

最后，还要问自己："损失一定会发生，还要不要继续？"

第二节　创业资源整合

一、创业资源种类与整合方式

（一）创业资源整合的含义

创业资源整合就是创业者或者创业团队、创业企业在创业发展过程中为保障其创业活动所需资源而进行资源筹措的过程。创业资源整合包含多种方式、多种渠道，追求以创新的方式实现多个利益相关方共赢。

（二）创业资源的分类及筹措途径

创业者进行创业资源整合，首先应分析所需资源的种类，不同类别的资源可以采用不同的方式进行整合。

创业资源从与创业活动的紧密程度来分析，可以分为直接资源、间接资源。创业资源分类及其特点如图 1-8-2 所示。

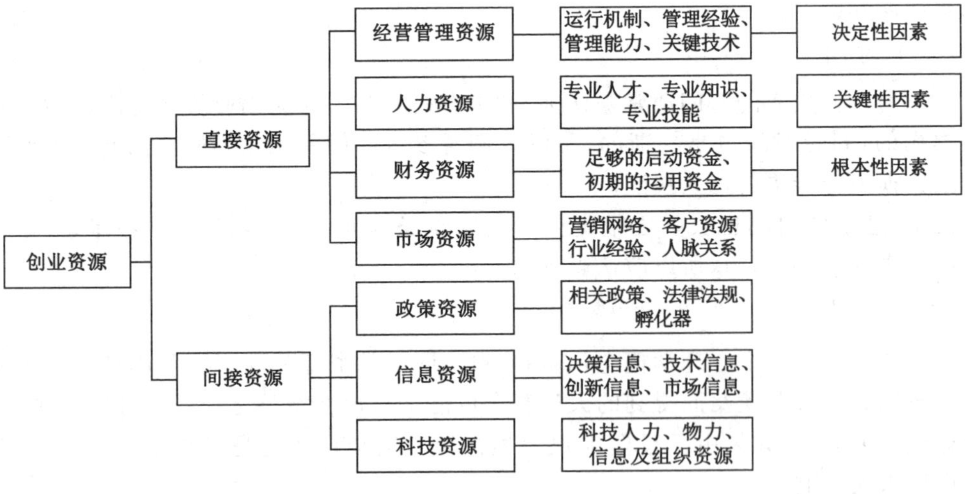

图 1-8-2　创业资源分类及其特点

创业资源获取途径如图 1-8-3 所示。不同类型的资源采用多种方式进行资源筹措，依据主要来源分为内部开发和外部获取两个渠道来进行资源的整合。创业资源整合的目标是“不求为我所有，但求为我所用”，开启整合思维创新，无中生有，合作共赢。

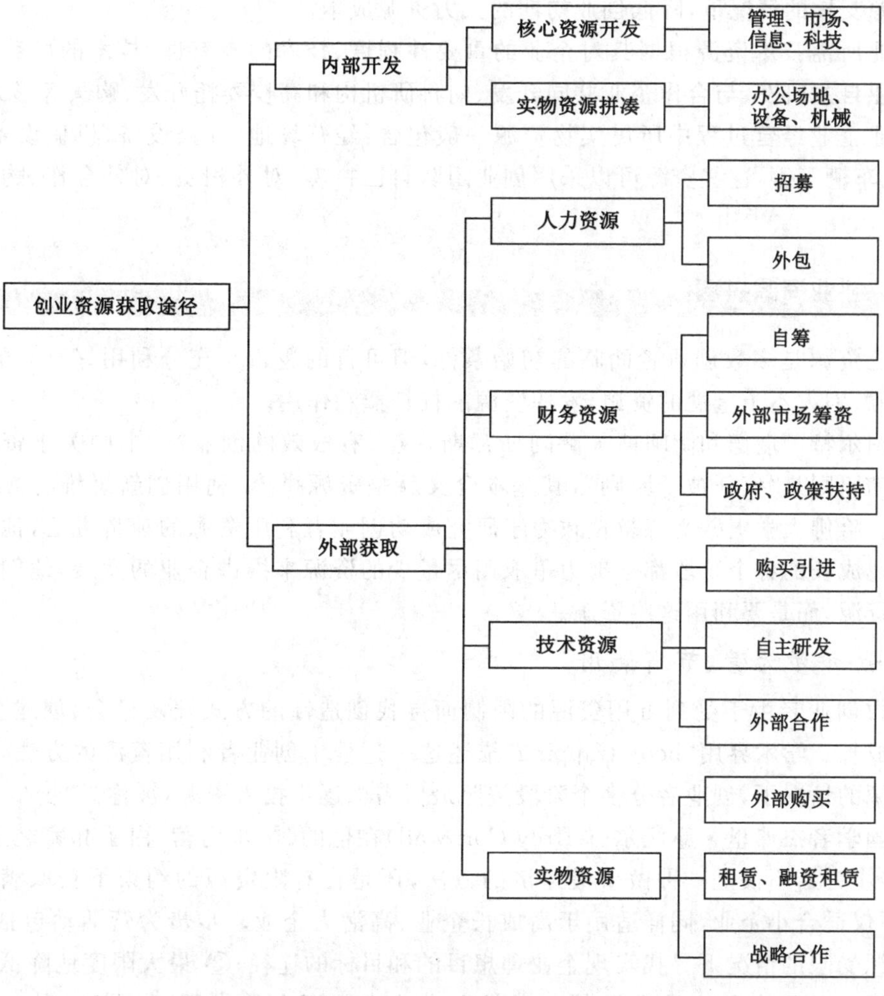

图 1-8-3　创业资源获取途径

创业的关键资源可能是关键管理模式、商业模式，可能是专有的市场渠道或细分市场创新，可能是自有的专利技术或技术诀窍，这些资源需要创业团队内部开发，保障对关键资源的掌控，降低创业风险。

创业所需的其他资源可采用外部获取的渠道。人力资源、配套技术、财务资源和实物资源等可以采用对外合作、租赁、债务、股权等方式进行筹措。

根据人员对创业的重要性意义，创业所需人力资源可以分成三个类别：

一是创业团队核心成员，即掌握创业项目的核心技术、关键技术；掌握创业企业的细分市场渠道；拥有高超的经营管理能力等的人员。创业项目发起者或发起团队应依据初步创业计划做出创业承诺，吸引其进入创业团队，使其成为核心人员。

二是关键雇员，即在技术、市场、经营管理等方面具备创业企业所需要的能力，应以组织正式成员的身份招聘进入企业，成为全职工作人员。

三是组织需要的基层生产、销售、保障、支持人员，如生产线工人、基层销售、后勤服务、企业财务、法律等专业支持人员，可以采用业务外包、人力资源外包等方式，在获得专业的人力资源支撑的情况下，降低创业初期的人力资源成本。

创业所需技术资源根据其对企业的重要性程度、技术的专有性、技术的可获得性可以采用企业自主研发、与合作企业共同开发、向科研机构和高校委托开发、购买等形式获得。

创业企业经营过程中所需实物资源一般包含：经营场地、办公设备、机械设备、仓储库房、物流车辆等等，这些资源可以采用创业团队自己拼凑、对外租赁、对外合作、购买等方式获得。

二、创业资源拼凑

缺乏资源是多数创业者面临的初始条件，但可行的逻辑是充分利用好已有的资源、身边的资源、别人不予重视的资源，发挥资源的杠杆撬动作用。

斯图尔特·瑞德和萨阿斯·萨阿斯瓦斯在《卓有成效的创业》一书中关于资源整合有一条行动原则是“疯狂被子原则”，其基本含义就是资源拼凑，利用创新思维与方法多方拼凑资源。哈佛大学史蒂文森教授致力于研究成功创业者利用资源的独特方法，他指出创业者在企业成长的各个阶段都会努力争取用尽量少的资源来推进企业的发展，他们需要的不是拥有资源，而是要利用这些资源。

（一）步步为营，节省使用

多数创业者由于受到可用资源的限制而寻找创造性的方式开发机会、创建企业，并促使企业成长。学术界用“bootstrapping”描述这一过程中创业者利用资源的方法，主要指在缺乏资源的情况下，创业者分多个阶段按照最低需求逐步投入资源，被称为“步步为营”。

美国学者杰弗里·康沃尔(Jeffrey Cornwall)在他的《步步为营：白手起家之道》一书中指出，步步为营不仅是一种做事最经济的方法，还是在有限资源的约束下获取满意收益的方法；不仅适合小企业，同样适用于高成长企业、高潜力企业。步步为营活动包括：① 创业者在资源受限的情况下寻找实现企业理想目的和目标的途径；② 最大限度地降低对外部融资的需要；③ 最大限度地发挥创业者投在企业内部资金的作用；④ 实现现金流的最佳使用。

我国目前金融市场尚不够发达，创业者融资的渠道和方式可选择性受限，尤其在种子期融资的可能性比较低，善于使用“步步为营”的方式整合资源是必要的思路和技能。

【拓展阅读 1-8-1】

创业者为什么选择步步为营的方法

创业者为什么选择步步为营的方法？杰弗里·康沃尔总结出 9 条理由，这些理由有助于读者更好地理解步步为营。

(1) 企业不可能获得来自银行家或投资者的资金。创业者特别是年轻的创业者，没有足够长的工作经历积攒创办企业所需要的资金。没有足够的信用，没有贵重的个人资产，所以难以从银行家或投资者那里筹措资金。

(2) 初创企业所需外部资金来源受到限制。大量有关初创资金来源的研究报告显示,创业者的初创资金主要来自创业者个人或家庭成员、朋友。传统的外部资金来源如银行贷款,不可能成为多数创业者的选择。即使风险投资,也只是青睐少数的成长潜力大的企业。

(3) 创业者推迟使用外部资金的要求。多数创业者特别关注对企业的控制权,他们不愿意别人来分享创业的收益,他们希望通过自己的努力创造和占有价值。随着实力的增强,在获取外部资金和谈判等能力上也会增强。另外,在创业初期,从外部筹集资金也会耗费创业者大量的时间和精力,创业者感觉不如把这些时间和精力投入到销售等活动中。

(4) 创业者自己掌控企业全部所有权的愿望。许多创业者不想去处理由于外部投资者期望以及银行施加的要求而给企业增加的复杂问题。外部融资有可能降低了创业者对企业所有权的份额,从而减少了他们分享企业所创造的财富和利润。新的合伙人加入也容易带来人际关系的变化,许多创业者说他们的合作伙伴之间的关系甚至比婚姻还要复杂。

(5) 使可承受风险最小化的一种方式。很多创业者因为偿还贷款的压力而尽可能不使用银行贷款,以减轻债务负担。他们用自己的现金储备保持盈利。创业会面临大量的不确定性,创业者有创业激情,但抗风险能力低,自己对未来发展也不是很清晰,所以希望承受的风险小一些。

(6) 创造一个更高效的企业。在有些情况下,拥有很多资源并不是好事情,可能带来浪费和不必要的开支。相反,资源少会迫使企业更柔性,更能随机应变。

(7) 使自己看起来"强大"以便争夺顾客,创业者常常会发现他们是在同那些大型的、已存在的企业争夺顾客,这要求他们看起来在产品和服务方面跟那些比他们大得多的竞争对手有同样的能力。为此,创业者就需要在其他的费用方面设法降低成本。

(8) 为创业者在企业中增加收入和财富。通过步步为营的策略,创业者可以降低成本,尽量做到用最经济的办法做事,当然也就等于在增加企业和个人的收入与财富。

(9) 审慎控制和管理的价值理念。习惯于步步为营的创业者会形成一种审慎控制和管理的价值理念。在好的方面,这意味着责任心,对投资者负责,让所占用的资源发挥更大的效益。这种价值理念也可能演变成不好的结果,不少创业者在事业做大之后,仍然习惯于财物"一支笔"控制,事无巨细,谨小慎微,反而制约了企业的发展。

(参见杰弗里·康沃尔:《步步为营:白手起家之道》,陈寒松等译,机械工业出版社 2009 年版。有改动)

步步为营的资源利用策略,需要遵守以下基本原则:

首先表现为节俭,但是不能以牺牲质量、牺牲企业声誉为代价,不能过度追求财务目标而丧失可持续发展的基础。

其次应转变观念,创新资源使用方式,对非关键资源要充分利用外部共享资源,实现创业初期的"轻资产"运作。例如,利用孵化器或创业服务中心、科技创业园区的共享办公资源,采用 OEM 模式,利用已有企业的规模成本优势等。

最后就是要加强内部控制,以自力更生为主,关键资源减少对外部的依赖,保持自身的核心优势。

步步为营是一种进取而非消极策略，激励创业者积极创新资源配置及使用方式。

（二）资源拼凑

受到资源限制的创业者的另一个可行的方式就是采用资源拼凑策略，通过整合手头的资源将就去应对新的问题或者开发新的机会。

拼凑包含了以下几层意思：一是通过加入一些新元素，实现有效组合，资源性质和结构会因此改变。二是新加入的元素往往是手边已有的东西，也许不是最好的，但可以通过一些技巧或窍门组合在一起，发挥超常价值。三是这种行为是一种创新行为，会带来意想不到的惊喜。

特德·贝克（Ted Baker）和里德·纳尔逊（Reed Nelson）拜访及记录了 40 家独立的中小企业，进行了 757 小时的田野调查和 167 次访谈，发现总有一些企业能够在很少的资源下运营并获得成长。于是他们挑选出 20 家特别的企业和 9 家对照企业进行了为期两年的跟踪研究，发现拼凑能够很好地描述创业者资源利用方面的独特行为。

【案例 1-8-2】

巧用身边的资源：收旧挂历的故事

1998 年的一个下午，山东大学法律系大二年级担任班长的朱涛带领同学们举办了一个旧挂历收集活动。缘由是他恰巧看到《济南时报》刊登了一则新闻，说济南盲校的学生缺少学习用纸，盲文纸非常厚，也很贵。

他便心生想法，旧挂历是不是可以做盲文纸？得到肯定答复后，他又问同学家里是否有旧挂历，大部分同学都说有。于是他发起活动，让家住济南的同学回家取挂历，其他同学跟着朱涛一起去教工宿舍收挂历。忙忙碌碌一下午，免费回收的挂历数量足够盲校全校的学生用半年之久。事后，朱涛感悟到，很多看似无用的资源，经过合理配置后能产生极大的价值和效益。旧挂历在很多地方毫无用处，但对盲校的孩子有很大的价值，而且成本极低，事半功倍，全校孩子半年的学习用纸有了保障，省了很多钱。盲校领导十分感谢他们，说他们帮了大忙，师生们都非常高兴。

［参见张玉利等：《创业管理》（第 5 版），机械工业出版社 2021 年版，第 130～131 页；陈寒松、贾峻云、田震对政和科技股份有限公司创始人朱涛的访谈整理］

【案例 1-8-3】

毕克畏巧卖八爪鱼

这是 2008 年 7 月 11 日中国中央电视台《致富经》栏目中的一则创业故事。2004 年，30 岁的毕克畏接管了父母创办的企业，主营鱼、贝和虾等产品的加工出口，年销售额 2 000 多万元。随着原料及生产成本不断上涨，公司利润越来越少。于是毕克畏在大连的公交车上打出招商广告，寻找更多机会。2006 年 9 月，某日本企业代表于洋找到毕克畏，以成品章鱼每吨 6 000 美元的价格，签订了一个 50 万美元的订单，因为毕克畏有一条位于单独车间的闲置生产线符合日方生产要求。但毕克畏没有接下这个生意，因为大连本地的章鱼 8 条腿长短不均、肉质厚，不是客商需要的品种。如果从福建和浙江购进符合要求的原料，则增加了企业的风险。10 月，于洋送上一张 50 万美元的信用证，催促毕克畏尽快寻找原料。11

月，毕克畏南下福建，找到曾炳东收购章鱼。章鱼含水量大，一斤鲜章鱼加工出4两以上的成品才有利润。为了防止收购商做手脚，需要对原料做出成率试验。毕克畏之前没做过，他假装自己懂行，过来就直接做试验，但使用的盐分比例和时间都不对。曾炳东担心毕克畏的外行会失去这笔生意，无奈之下，亲自帮助毕克畏做出成率试验。于是毕克畏顺利在福建收购了150吨的章鱼原料，按照日本客户的要求进行加工。这单生意，毕克畏赚到4万多美元。更重要的是，以后每月他都有20万美元的订单，其他的海产品加工还照常生产，一下子工厂产值就翻了一倍。

出口到日本的是章鱼头和章鱼爪，剩下的脖子和爪尖成了规格外的产品，丢了可惜又卖不出去，只好积压在仓库里。2007年4月，毕克畏在逛街时发现当地有人卖章鱼丸子。他买了两盒品尝，发现是用鱿鱼爪子做的。代理商称，章鱼原料难找，只好用鱿鱼替代。于是毕克畏将规格外的产品卖给销售商，每年增加了20万元利润。同时，毕克畏了解到章鱼丸子一盒卖3元，成本不到3毛，这给他很大触动，毕克畏希望摆脱单纯靠加工产品挣加工费的经营方式，想做自己的产品，直接销售。

2008年春节，针对市民春节采购的需要，毕克畏把鱼虾类产品装进礼品盒子组合销售，在推销礼品盒时他认识了大连的海参经销商王振东。经过协商，毕克畏以40%销售利润作为回报，进入王振东的10家海参专卖店。王振东卖高档海参、鲍鱼，毕克畏销售低端海鲜休闲食品，一小袋卖2元，利润率为20%，与海参产品互相弥补丰富店里的产品。不到一个月，毕克畏的销售额突破10万元。

（参见田新、王晓文：《如何实施拼凑策略》，《企业管理》2009年第5期，第9～11页。有改动）

借鉴毕克畏不断利用手边的各种资源寻找新的机会的创业过程，资源拼凑应注意以下原则：

(1) 突破思维惯性，创新利用已有富裕资源扩展新业务。毕克畏在自己的水产品出口加工业务中，没有按照行业惯例埋头专攻主业，而是利用对行业的了解进行业务拓展创新，开辟新的业务机会，利用了渠道资源和剩余产能资源。

(2) 持续创新。从产品的礼盒包装到2元一小袋休闲食品的产品形态、到最终形成产品、包装、渠道、定价的整体业务模式，都是不断尝试和改进的结果，这也是精益创业思想的实践验证。

(3) 实施策略拼凑。所谓策略拼凑就是要对创业企业的商业模式中的各个要素进行整体规划：创业企业可以在多个领域拼凑，比如利用种种现成的物质资源；通过自学获得技巧和能力；利用现成的人际关系网混淆员工、朋友和顾客的界限，以获得更多订单和市场；突破标准制度和规范的限制等。但是，在一些关键资源、关键活动、客户关系、业务渠道等方面，应以满足业务需求为主，投入必要的资源，以实现业务成功。

三、整合外部资源的机制

受资源约束的限制，创业者要依靠自有资源，分阶段投入资源，用拼凑的策略用好资源，探索最经济的方式开展工作，自力更生，这些必要也有效。但优秀的创业者绝不会停留在这样的水平上，他们会关注外部资源，创造性地整合外部资源是优秀的创业者所具有的关键技能之一。

【案例 1-8-4】

借力修天桥背后的资源整合逻辑

在天津生活的人都知道国际商场——天津市第一家上市公司。国际商场邻南京路，这是一条十分繁忙的主干道，道路对面就是滨江道繁华的商业街。在国际商场刚开业时，门口并没有过街天桥，行人穿越南京路很不方便也不安全。应该修建天桥，这是很正常的事情，估计经过那里的人都会很自然地想到这一问题。但是，绝大多数有这种认识的人会觉得天桥应该由政府来修建，所以想想、发发牢骚也就过去了。有一天，一位年轻人同样也产生了这样的想法，他没有认为这是政府该干的事情，而是立即找政府商量，提出自己出钱修建过街天桥，希望政府批准，前提是在修建好的天桥上挂广告牌。不花钱还让老百姓高兴，而且天桥也不注明是由谁出资修建的，政府觉得不错，就同意了。这个年轻人拿到政府的批文，从政府出来后立即找可口可乐等著名的大公司洽谈广告业务，在这么繁华的街道上立广告牌，当然是件好事情。就这样，这位年轻人从大公司那里拿到了广告的定金，用这笔钱修建了天桥之后还略有剩余。天桥修建好了，广告牌也挂上了，年轻人从大公司那里拿到余款，这就是他的第一桶金。

为了解释创造性地整合外部资源，不妨再来回顾和分析上面这个创业故事。这是一个无中生有的故事，也是一个近似于“空手套白狼”的故事。故事中的主角——一位年轻人，看到了修天桥防止行人横穿马路的客观需求，但这位年轻人没有钱，也没花自己的一分钱，就把天桥修起来了。修建天桥的钱是大公司出的，为什么大公司愿意出钱？因为它们要做广告。而我们更关注的是这位年轻人是怎么把各方资源撬动起来的呢？他的一套思维逻辑值得学习。

（一）识别利益相关者及其利益

资源是创造价值的重要基础，资源交换与整合显然要建立在利益的基础上，要整合外部资源，特别是对缺乏资源的创业者来说，更需要构建资源整合背后的利益机制。

既然资源与利益相关，要整合外部资源显然要关注有利益关系的组织或个人。利益相关者是组织外部环境中受组织决策和行动影响的任何相关者。要更多地整合到外部资源，首先要尽可能多地找到利益相关者，同时这些组织或个体和自己以及想要做的事情有利益关系，利益关系越强、越直接，整合到资源的可能性就越大，这是资源整合的基本前提。创业者之所以能够从家庭成员那里获得支持，就是因为家庭成员之间不仅是利益相关者，更是利益整体。

资源整合原则一：尽可能多地搜寻出利益相关者。

在修天桥的故事中，年轻人利用的利益相关者有政府部门、可口可乐等著名的大公司、行人。这个故事中的利益相关者可能还会有许多，如附近的商场、公交车等，多个利益相关者的参与更需要有效的利益机制设计。

利益关系者之间的利益关系有时是直接的，有时是间接的；有时是明显的，有时是隐含的；有时还需要创造出来。这与机会识别有很多相似之处。在修天桥的故事中，年轻人和政府、大公司之间的利益关系显然没有那么强，否则天桥可能早就被修建起来了。把相对弱的利益关系变强，在多数情况下会有利于资源整合。

利益相关者是有利益关系的组织和个体，有利益关系并不意味着能够实现资源整合，还需要有共同的利益或者说利益共同点。为此，识别到利益相关者后，逐一认真分析每一个利益相关者所关注的利益非常重要。在修天桥的故事中，年轻人和公司关注的是经济利益，政府部门关心的是百姓的安全、方便和政绩，修建天桥成为实现各方面利益的共同载体。

资源整合原则二：识别利益相关者的利益所在，寻找共同利益。

（二）构建共赢的机制

有了共同的利益或利益共同点并不意味着就可以合作，只是意味着具备了合作的前提条件。资源整合是多方面的合作，切实的合作需要以各方面的利益能够真正实现作为保证，这就必须能够寻找和设计出使大家共赢的机制。

对于在长期合作中获益、彼此建立起信任关系的合作，双赢和共赢的机制已经形成，进一步的合作并不很难。但对于首次合作，特别是对受到资源约束的创业者来说，建立共赢机制需要智慧。

在修天桥的故事中，年轻人打算修天桥的主要目的当然是挣钱，他的技巧是把挣钱的目的放在后面，而是从先满足对方的利益入手，修天桥不让政府出钱还说是政府做的，拿着政府的批文找企业，增强了可信度，让大公司享受在黄金地段做广告的好处。

资源整合原则三：共同利益的实现需要共赢的利益机制做保证，共赢多数情况下难以同时赢，更多是先后赢，创业者要设计出让利益相关者感觉到赢而且是优先赢的机制。

让对方看到潜在的收益，为了获取收益需要投入资源，这是基本规律。创业者在设计共赢机制时，既要帮助对方扩大收益，也要帮助对方降低风险，降低风险本身也是扩大收益。

（三）维持信任长期合作

资源整合的机制首先要有利益基础，同时还要有沟通和信任来维持。沟通往往是产生信任的前提，信任成为社会资本的一个重要因素。

Luhmann（卢曼）将信任区分为人际信任和制度信任，认为人际信任建立在熟悉度及人与人之间的感情联系的基础之上；制度信任是用外在的诸如法律规章制度之类的惩戒式或预防式的机制来降低社会交往的复杂性。福山等学者进一步认为人际信任是存在于人际关系中的保障性的信任，而制度信任是由对外的社会机制的信任而产生的一种对人的基本信任，这两种信任共同构成了社会的信任结构。

创业者要区分不同的信任关系，充分认识信任的重要性。作为创业者，要尽快从早期的家族信任过渡到泛家族信任，进而建立起更宽广范围的信任关系，获取更大规模的社会资本。

资源整合原则四：沟通是创业者与利益相关者之间相互了解的重要手段，信任关系的建立有助于资源整合，从而降低风险、扩大收益。

四、外部资源整合的过程

（一）资源整合前的准备

在现实的市场环境中，很多人有想法、有创意、有技术或者由于具备某种渠道或资源而看到了创业机会,但是苦于无法获得所需的资源而不能将机会变成事业。同时,也有人看到机会,通过整合能力将各种资源集合起来成就事业。机会总是眷顾有准备的人,创业资源整合不只是技术问题,还是社会问题。在创业前或资源整合前做好以下准备,有助于创业资源整合的成功。

1. 积累社会资源

相关调查显示,一个人做事能够成功,其原因20%来自自身知识,80%来自外部的支持和帮助。创业者的社会关系网络形成了新企业的社会资本,社会关系网络以个人为中心,以亲缘、地缘、业缘、物缘为纽带扩展。边燕杰等认为,企业社会资本是指企业通过社会关系获取稀缺资源并由此获益的能力。[①] 许多研究表明,创业者的社会关系对创业融资和创业绩效有直接的促进作用。我们不应该把社会关系等同于所谓的"拉关系""走关系"等寻租行为,而是基于正常的社会经历建立的诸如师生、同学、朋友、同事等的人际关系,这些关系在创业过程中会带来有用的信息、资源。因此,在校大学生要善于建立良好的同学关系和师生关系,勤于参加社团活动和社会实践,建立健康、有益的人脉关系,创造和积累基于同事关系、师生关系与亲友关系的社会资本,为创富人生、实现自我奠定好基础。

2. 建立个人信用

市场经济是一种信用经济,信用对国家、企业和个人来说都是一种珍贵的、稀缺的资源。在整合创业资源时,信用有很重要的吸引和承诺、保障作用。人都生活在一定的社群中,创业者也不例外。创业者因为具有创业精神、创新意识,在思维方法和行为方式上会有不同之处,显示异质型人才资本的特征。个人信用是存在于社会关系网络中的,需要通过长期的在社会生活中、人际交往中符合公序良俗的社会规则行为来确立,并在社会关系网络中传播得到加强。因此,我们应在社会生活中时时刻刻注意提高修养、规范行为、守信重诺,为自己树立一个良好的社会形象,建立个人信用。

(二) 测算资源需求

每个创业者在整合资源前都需要明确资源需求量,换言之,资源需求量的测算是整合资源的基础。

(1) 估算启动资金。企业要开始运营,首先要有启动资金,启动资金用于购买企业运营所需的资产及支付日常开支。对启动资金进行估算,需要具备足够的企业经营的经验,以及充分了解市场行情。

创业者在估算启动资金时,既要保证启动资金足够企业运营,也要想方设法节省开支,以减少启动资金的花费。在满足经营要求的情况下,可以采用租赁厂房、采购二手设备等方法节约资金。

(2) 测算营业收入、营业成本、利润和编制预计财务报表。创业者掌握经营财务状况是为保障经营持续而整合资源的基础。

(3) 结合企业发展规划预测资源需求量。上述财务指标及报表的预估是创业者必须了解的财务知识,即使企业有专门的财务人员,创业者也应该大致掌握这些方法。需要指出的是,融资需求量的确定不是一个简单的财务测算问题,而是一个将现实与未来综合考虑

① 边燕杰、丘海雄:《企业的社会资本及其功效》,《中国社会科学》2000年第2期,第87~99页。

的决策过程，需要在财务数据的基础上，全面考察企业经营环境、市场状况、创业计划以及内外部资源条件等因素。

（三）确定融资来源

测算完资源的需求量之后，接下来的工作就是确定资源的来源，即资源的渠道和对象。此时，创业者需要对自己的人脉关系进行一次详尽的排查，初步确定可以成为资源来源的各种关系。同时，需要搜集各方面的信息，以获得银行、政府、担保机构、行业协会、旧货市场、拍卖行等各种能够提供资源支持的对象的资料。同时，创业者也应对各个渠道可能的融资规模、融资成本、企业股权和债权的比例安排进行考虑。

（四）编写商业计划

证据表明，无论企业的规模大小，有计划的企业比没有计划的企业表现得要好。商业计划是融资的重要工具。当代青年创业家，如张朝阳（搜狐）、陈天桥（盛大网络）、沈南鹏（携程）、李彦宏（百度），他们的致富和成功，都得到了创业资本的支持，而提供一份有说服力的、体现创业前景的创业计划书，都曾是他们及其团队的重要工作。商业计划编制还应考虑融资渠道的要求。

（五）资源整合谈判

资源整合谈判是获得资源的重要环节，创业者应站在对方的角度考虑其关注的问题，做好充分准备，在对自己的项目表现出信心的基础上给出共同的目标和双赢的利益回报。

资源整合是实现创业项目落地、创业企业可持续经营的重要因素。创业企业需要在经营过程中识别创业所需的各类资源，积极借助内外部力量对所需资源进行整合，为创业活动所用。

第三节 创业融资

企业的发展过程是和融资密不可分的，融资是任何企业都无法回避的重中之重。无论企业的创建，还是后期企业的持续运营、业务扩张等，都离不开资金的充足保障。企业的发展本身，就是一个“融资—发展—再融资—再发展”的螺旋式提升过程。

创业融资是指创业企业根据自身发展的要求，结合生产经营、资金需求等现状，通过科学的分析和决策，借助企业内部或外部的资金来源渠道和方式，筹集生产经营和发展所需资金的行为和过程。随着企业的发展，不同阶段的融资类型也会变化，一般融资变化过程如图 1-8-4 所示。

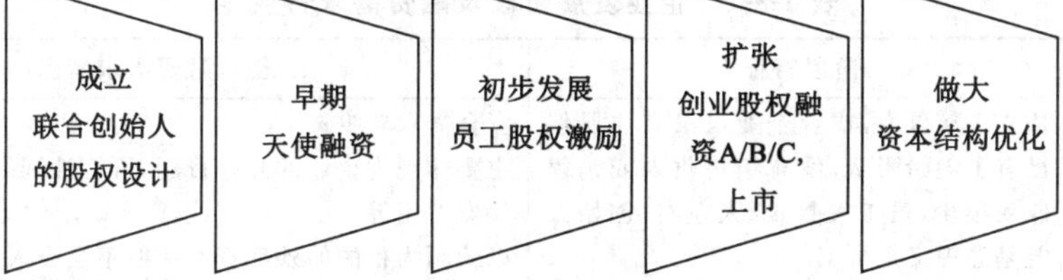

图 1-8-4 创业企业发展阶段融资变化过程

一、创业资金的来源

阿玛尔·毕海德在其著作《新企业的起源与演进》中提出，美国创业资金的主要来源主要有七种，具体状况如图 1-8-5 所示。

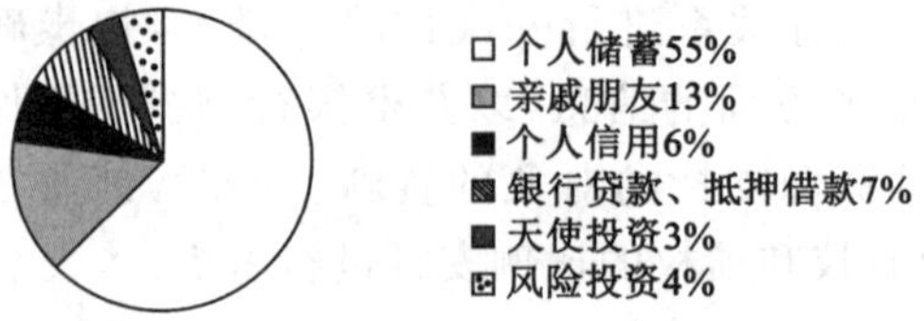

图 1-8-5　美国创业资金的主要来源构成图

根据潘欢等(2021)《中国大学生创业融资途径分析》中的统计调查，我国大学生创业不同资金来源在创业企业投资中的比重如图 1-8-6 所示，基本情况与美国类似。①

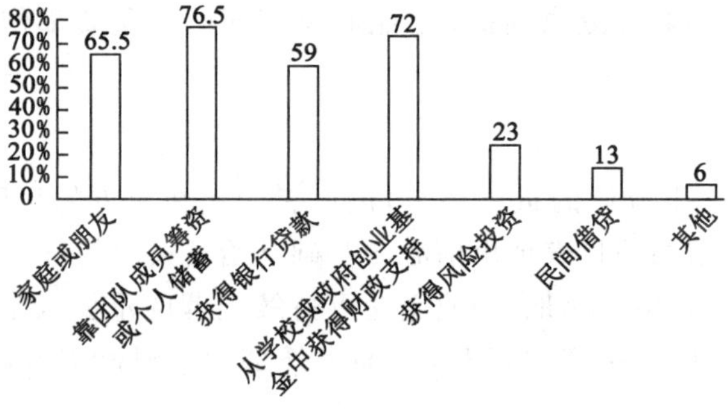

图 1-8-6　我国大学生创业资金来源比重图

综上，创业资金主要的融资途径有：私人资本融资、商业银行贷款、风险投资和其他。“其他”中与政府政策相关的扶持资金主要包括政府的专项基金、税收优惠、财政补贴。这些资金来源基本分为私人资金、债务资金、权益资金、政府扶持资金等。

二、创业融资需求的特点

创业融资需求具有鲜明的阶段性特点。企业成长周期的前四个阶段，即种子期、创业期、成长期和成熟期，其阶段特征和融资需求特点见表 1-8-1。在不同的阶段，融资数量和融资渠道有不同的针对性，创业者要做到融资阶段与融资需求以及融资渠道的匹配。

表 1-8-1　企业发展阶段及融资需求特点

企业发展阶段	阶段特征	创业融资需求特点
种子期	成立 1 年以内，或者企业虽没有注册但已有了创始团队，没有销售收入或销售收入很少，员工人数 10 人左右，创始人既是经理又是员工	资金需求较少； 主要体现为企业的开办费用，可行性调研费用，部分技术研发费用等； 以营利为目的的外部资本一般不会介入

① 潘欢、翟伟森、邢戬：《中国大学生创业融资途径分析》，《财政与金融》2021 年第 21 期，第 33～34 页。

表 1-8-1(续)

企业发展阶段	阶段特征	创业融资需求特点
启动期	成立1年以上,员工人数20～50人,研发团队和管理团队开始分化,核心团队开始形成	资金需求逐步增大; 主要用于生产设备购置、产品开发及产品营销等; 传统的投资机构和金融机构很难提供足够的资金支持; 无盈利记录,缺少抵押担保能力
成长期	一般成立3年以上,内部管理步入正轨,有职业经理人	初期,收入仍然少于支出,企业现金流为负,现金需求量增大,未能形成足够的抵押资产和较好的市场信誉; 中期,需要大量资本投入生产营运,资金需求量急剧增加; 后期,实现规模效益的欲求使企业迫切需要吸纳外部资本,企业已形成较好的市场信誉
成熟期	成立10年以上,有职业经理阶层,业务趋于成熟,企业面临转型发展	资金需求量稳定且筹资较前面任一阶段都容易; 现金流能够满足现有业务的发展需求; 新的机会不断出现,因此企业仍需外部资金来实现高速增长,融资需求规模扩大

三、创业融资渠道

(一) 债务融资

债务融资包括获得贷款或出售公司债券。因为初创企业事实上不可能出售公司债券,所以我们将专注于获得贷款。债务融资有两个主要优点:第一,企业所有权没有任何丧失,对多数创业者来说这是主要优点;第二,贷款的利息支付可以抵免税收,而付给投资者的股利支付不能在税前扣除。同时债务融资也有两个主要缺点:一是贷款必须归还,这对集中精力开始运营的初创企业来说可能很困难。企业创立的前几个月内,有时可能一年或更长时间内,现金都会很紧张。二是贷款者经常对贷款强加严格条件,并坚持要求大量抵押物以充分保护它们的投资。即使初创企业已发起成立,贷款者仍有可能要求创业者用个人资产进行抵押作为贷款条件。

创业者可得到的最普通的债务融资来源有以下两种。

1. 商业银行贷款

银行贷款是债权融资的主要形式,银行贷款是指银行将通过吸收存款等方式获得的资金,按照一定的资金成本贷给符合国家方针政策并满足银行筛选标准的企业使用,企业按约定规划贷款本息偿还的一种经济行为。银行贷款被誉为创业融资的"蓄水池",在创业者中很有"群众基础"。目前常见的银行贷款主要包括:

(1) 信用贷款:是指银行仅凭对借款人资信的信任而发放的贷款,借款人无须向银行提供抵押物。

(2) 担保贷款:是指由借款人或第三方依法提供担保而发放的贷款。担保贷款包括保证贷款、抵押贷款、质押贷款。其中,保证贷款是指以第三人承诺在借款人不能偿还贷款时,按约定承担连带责任而发放的贷款。抵押贷款是指以借款人或第三人的财产作为抵押物发放的贷款。在抵押贷款中,借款人或第三人不转移财产的占有,将该财产作为债权的担保。质押贷款是指以借款人或第三人的动产或权利作为质物发放的贷款,其中动产或财产权利要移交债权人占有,作为债权的担保。

(3) 贴现贷款:是指借款人在急需资金时,以未到期的票据向银行申请贴现而融通资金的贷款方式。对借款人来说,贴现是将未到期的票据卖给银行获得流动性的行为,这样可提前收回垫支于商业信用的资本,而对银行或贴现公司来说,贴现是与商业信用结合的放款业务。

2. 通过信用担保体系融资

信用担保体系主要指企业在向银行融资的过程中,根据合同约定,由依法设立的担保机构以保证的方式为债务人提供担保,在债务人不能依约履行债务时,由担保机构承担合同约定的偿还责任,从而保障银行债权实现的一种金融支持制度。从国外实践和我国实际情况看,信用担保可以为中小企业创业和经营融资提供便利,分散金融机构信贷风险,推进银企合作,是解决中小企业融资难的突破口之一。

(二) 权益融资

权益融资是通过放弃部分所有权换取资金的融资方式,即创业企业的股东出让一部分企业所有权,通过企业增资的方式引进新的股东,使企业总股本增加,其主要形式是风险投资。风险投资具有以下特点:它是一种权益投资;是一种专家投资;通过股权退出获得高额回报;所投资的行业都应具有很高的成长性;高风险与高回报并存。

权益融资的主要缺点是企业所有者要放弃部分所有者利益,并可能失去某些企业控制权。权益融资的主要优点在于,因为投资者成为所投资企业的部分所有者,他们常常通过提供经验和援助来设法帮助这些企业。

风险投资者大概可以分为个人天使投资者、天使团体、风险投资基金、战略投资者。

从投资进程来说,风险投资可以分为天使轮、A 轮、B 轮、C 轮、IPO(Initial Public Offerings,首次公开上市)轮等。风险投资一般进程及分类如图 1-8-7、表 1-8-2 所示。

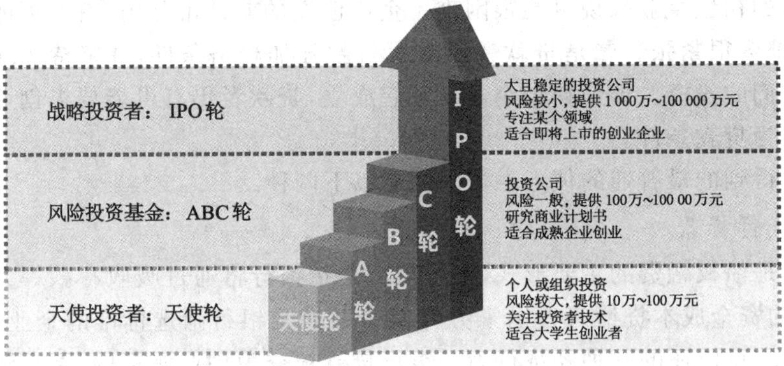

图 1-8-7 风险投资进程图

权益融资的主要来源如下:

(1) 天使投资。天使投资是由自由投资者或非正式机构对有创意的创业项目或小型初创企业进行的一次性的前期投资,是一种非组织化的创业投资形式。与其他投资相比,天使投资是最早介入的外部资金,即便还处于创业构思阶段,只要有发展潜力,就能获得资金支持。

表 1-8-2　风险投资进程及分类表

阶段	早期		增长阶段		过渡走向正轨
	育种	创建公司	增长阶段	过渡阶段	退出
时间	创建公司之前的孕育阶段	创建公司时或之后不久	第一次或第二次快速增长，距 IPO 还很远	IPO 前 6～12 个月	一般情况，在创建公司 5～8 年后
风险投资参与	沟通创业项目，提供第一次风险投资	协助企业运营走上正轨	为发展提供多次融资	帮助公司满足股票交易所提出的上市财务要求	回收风险投资，用于更多新兴公司的投资

天使投资人一般有两类，一是私人天使投资人，二是天使投资机构，例如由一些行业协会、区域性商会、政府机构等发起创立的创业基金会，他们会对创意阶段或种子期的项目进行启动资金的扶持。

(2) 风险资本。风险资本是由专业机构提供的投资于极具增长潜力的创业企业并参与其管理的权益资本，是创业企业在成长期最常用的权益融资来源。创业投资大多来源于风险资本。

世界上第一个成型的创业投资概念是由 1973 年美国创业投资协会成立时所给出的定义，即由专业机构提供的投资于极具增长潜力的创业企业并参与其管理的权益资本。创业投资的本质内涵体现在三个方面：第一，以股权方式投资于具有高增长潜力的未上市创业企业，从而建立起适应创业内在需要的"共担风险、共享收益"机制；第二，积极参与所投资企业的创业过程，一方面弥补所投资企业在创业管理经验上的不足，另一方面主动控制创业投资的高风险；第三，并不经营具体的产品，而是以整个创业企业作为经营对象，即通过支持创建企业并在适当时机转让所持股权，来获得资本增值收益。

(3) 上市融资。权益融资的另一种来源是通过发起首次公开上市(Initial Public Offering, IPO)向公众出售股票。首次公开上市是企业股票面向公众的初次销售。首次公开上市是企业重要的里程碑。通常，企业只有证明自己可行并具有光明未来时，才能够公开上市。

企业决定上市有几个原因：第一，它是筹集权益资本以资助当前和未来经营的途径；第二，首次公开上市提升了企业的公众形象，使其易于吸引高质量顾客、联盟伙伴和员工；第三，首次公开上市是一个流动性事件，能为企业股东(包括它的投资者)提供将投资变现的机制；第四，通过公开上市，企业创造了另一种可被用来促进企业成长的流通形式。我国证券交易市场发展迅速，为创业企业权益融资创造了积极的支持条件。

首次公开上市的一种变形是私募(private placement)，即企业证券向大机构投资者直接发行销售。私募发起时，不存在公开发行，也不必准备招股说明书。

(三) 其他方式

1. 融资租赁

融资租赁起源于美国，是一种集信贷、贸易、租赁于一体，以租赁物件的所有权与使用权相分离为特征的新兴融资方式。租约(lease)是某项财产的所有者允许个人或企业在特定时段内使用该财产,以换取报酬的一种书面协议。租赁的主要优点是:它使企业用很少或不必预付定金,就可获得资产的使用权。初创企业所订租约的两种最常见类型是设备租约和固定资产租约。例如,许多初创企业向戴尔公司租赁计算机,这对初创企业的益处在于,用很少的前期投资就可以获得它需要的计算机。相对而言,融资租赁方式对企业资金和担保的要求不高,所以较适合中小企业融资。

对于中小企业来说,由于企业只需支付较低的租金就可以实现融资目的,可减轻承租用户在项目采购时的流动资金压力,实现轻资产运作。同时,融资租赁不体现在企业资产负债表的负债项目中,通过这种表外融资方式,可以解放流动资金,扩大资金来源,突破当前预算规模的限制。国内融资租赁模式不断探索创新,发展十分迅速,为创业企业降低融资成本起到积极作用。

2. 政府资助

政府资金在许多国家风险投资发展中起到了重要作用,尤其是在风险投资的种子期阶段,政府会给予特别的支持。政府为了鼓励创业投资的发展,向创业投资者和创业投资的企业提供无偿的补助。这种补助实质上是政府部门共同出资筹集创业资本,分担创业投资者的创业风险,鼓励民间创业投资。目前,我国的个人资本和企业资本相对缺乏,各级政府应对创业资本给予大力度扶持,如财政贴息贷款、建立若干担保基金和创业种子基金等,以及制定一系列法律和政策来保障和促进创业企业的发展。

3. 战略合作伙伴

战略合作伙伴是初创企业的另一个资本来源。实际上,战略伙伴经常在帮助年轻企业获得运营资本以及完善商业模式方面,发挥至关重要的作用。例如,生物科技创业企业与较大的医药企业结成联盟来进行临床试验以及将产品推向市场,生物科技企业将处于开发状态的产品特许给制药企业,以换取产品开发期间及以后的财务支持。这种安排为生物科技企业在药品开发时期提供了运营资本。事实上,提供给生物科技企业的资本,超过50%来自联盟伙伴,因此这种联盟的形成是新生物科技企业的一项关键能力,联盟也有助于企业完善它们的商业模式以及节约使用资源。戴尔公司也是构筑了能给它提供重要支持的伙伴网络,才能专注于装配电脑的核心能力,如英特尔公司给它提供芯片、微软公司给它提供软件、UPS公司给它提供运输服务,等等。

初创企业要努力地寻找合伙伙伴,去执行那些它们自己实施会很昂贵且易于分心的职能。许多伙伴关系的形成,在于分担产品或服务开发成本、获得特殊资源以及推进产品面市速度。为了换取厂房和设备以及建成的分销渠道,初创企业将创业精神和新创意带入这种伙伴关系。这些安排可以帮助初创企业减少对融资或资助的需要。

4. 众筹融资

众筹是互联网金融里比较重要的融资方式之一。常见的众筹有产品众筹,公益众筹,股权众筹,债权众筹,等等。众筹主要是依靠大众的力量来发起的活动。采用这种融资方式的目的主要是:第一,筹集资金。筹集资金是众筹最初的目的,也是最常见的目的之一,没有资金就发动众筹来筹集。第二,验证产品,锁定客户。很多时候我们没有办法知道自己的产品是否受客户的青睐,那么不妨通过众筹来验证这一点。第三,筹集人脉和圈子。人脉即是钱脉,这一点对于经商之人尤为重要,一个人圈子的大小往往决定了生意的好坏与大小，所以众筹的目的，有时候不仅仅是因为缺资金，更多时候是想融入一个新的圈子，结交更多人脉。

四、创业融资决策

创业企业的资本结构和融资策略对企业的生存和长远发展起到至关重要的作用。创业融资应全面分析评估创业企业资金规模的大小、创业企业生命周期的不同阶段、资源需求的不同用途、外部融资环境等诸多因素的影响而采用不同的方式和渠道去筹措。

（一）创业融资决策的影响因素

资金是创业企业从事生产经营活动的血液，如何筹集企业所需资金是每个创业者首要考虑的内容。每个企业在进行融资方式选择时，必须清楚影响企业融资决策的相关因素。

1. 内部因素

影响企业融资决策的内部因素主要包括企业的发展前景、盈利能力、经营和财务状况、行业竞争力、资本结构、控制权、企业规模、信誉等方面的因素。在市场机制作用下，这些内部因素是在不断变化的，企业融资决策也应该随着这些内部因素的变化而做出灵活的调整，以适应企业在不同时期的融资需求变化。

2. 外部因素

企业融资决策的外部因素是指对企业融资决策的选择产生影响的外部客观环境，主要包括政治环境、经济环境和科技环境。政治环境是指政治的稳定有利于社会的安定和谐，可以营造良好的生产氛围，促进创业企业健康平稳发展。经济环境是指创业企业受宏观经济环境的影响，在经济增长较快时，企业可以通过发放股票和债券的方式筹集大量资金，以分享经济发展的成果；在经济发展缓慢时，企业应适当缩减生产规模。科技环境是指科技进步可以提高创业企业的生产能力，增加企业收入。相对地，科技进步也可能导致创业企业的产品和技术贬值，影响企业的收入。

（二）创业融资的原则

1. 收益与风险相匹配原则

创业企业融资的目的是将所筹资金投入到企业运营中，最终获取经济效益，实现企业利润最大化。在融资取得收益的同时，企业也会承担相应的风险。创业企业的特点之一是规模小、抗风险能力低，一旦风险演变为最终的损失，必然会给企业经营带来巨大的不利影响。因此创业企业在融资时不能只顾眼前利益，应做到收益和风险相匹配。

2. 融资规模量力而行原则

创业企业在决策融资规模时应非常慎重，如果融资过多，可能造成资金闲置浪费，增加融资成本，导致企业负债过多，增加运营风险。如果企业融资不足，又会影响企业正常业务的开展。因此，企业在进行融资决策时，要根据企业对资金的需要、企业自身的实际条件以及融资的难易程度，量力而行来确定企业合理的融资规模。

3. 融资成本最低原则

在一个成熟的资本市场中，融资成本是决定企业融资与否以及采取何种融资方式的首要因素。不同的融资方式下的融资成本差别是很悬殊的。即便是使用个人融资，表面上看不用支付任何费用，但个人融资存在着进行其他投资选择、获取相应收益的机会，因而其机会成本就是使用成本。所以，创业者应根据自身对资金的需求量按成本最低原则选择融资方式。

4. 融资期限适宜原则

权益性融资一般没有固定的偿还日期，它是终身的投资，能满足企业长期的资金需求，投资者承担可能的收益减少及破产的风险。债务性融资通常有一定的期限限制，到期后借款人要还本付息。创业者可根据自身对资金期限的实际需求来选择融资类型，或者选择综合型的融资组合。

5. 保持企业控股权原则

个人融资是创业者自己的资金，所以对企业控制权没有影响。债务性融资由于债权人无权参与公司的管理决策，从而可保障股东对公司的控制权。相比之下，权益性融资尤其是股权融资将稀释公司股权，从而会引起公司控股权、控制权、收益分配权和资产所有权等权利的分散。创业者在选择融资方式时，应尽量避免对企业控制权的丧失。

（三）融资渠道与创业过程的匹配

创业融资包括了整个创业过程的所有融资活动，在创业的不同阶段，采用不同的融资渠道。

1. 种子期

在种子期内，创业者们可能只有一个创意或一项尚停留在实验室还未完全成功的科研项目，未来的一切都是未知数。此时一般的情况是搭建了团队，规划好了商业模式，因为缺少资金，进度缓慢，资金的瓶颈发展把许多创业者拒之门外。所以，要想创业，姑且不论成败，融资就变成了头等大事。这时候，创业者们大致得靠自己及亲朋好友，需要投入一定的资金进行研究开发，或继续验证这个创意。当然，如果这个创意或科研项目非常好，也可以吸引天使投资者。天使投资是除了家人朋友外创业者的最早资助者，他们不仅提供最初的外部资金资助，而且他们丰富的阅历和经验能够为创业者们提供很好的建议，还可以利用自身的资源帮助创业者获得客户、补充核心团队成员、疏通各方关系等，这对创业者来说尤为重要。此外，创业者们还可以向政府寻求一些资助或者进行股权众筹。

如果融资很困难的话，可以考虑融物和融人。融物即融资租赁，可通过融物达到企业融资的目的。融资租赁对企业资信和担保的要求相对不高，是中小企业可以利用的重要的融资渠道。所谓融人，就是找到跟自己有相同理想和梦想、能力和经验互补的人，劝其入伙。

在种子期，若想获得充足的创业启动资金，一个好的商业模式计划书是必需的。在计划书中要写清楚一些问题：项目本身是否有核心竞争力？是否有足够大的发展空间？是否已经存在相同的商业模式？如果还没有，那么这种创新是否有依据？是否有足够的潜在市场支持？盈利模型是否清晰？产品产业化或者商业化是否有问题？如果这种产品已经存在，那么，初创企业和已经存在的企业之间的竞争关系如何？是否可以在未来的产业竞争中有相当的话语权？

2. 启动期

在这一阶段，资金主要用于购买生产所必需的厂房、设备、生产材料以及后续的研究开发和初期的销售,所需的资金是巨大的。创业者和天使投资者的资金无法支持这些活动,并且由于无过去的经营记录和信用记录,从银行申请贷款几乎是不可能的。

这一阶段的融资重点是创业者们需要向新的投资者或机构进行权益融资,其中吸引风险投资是非常关键的。因为此时面临的风险仍然非常巨大,是一般投资者所不能容忍的。此外,由于风险投资机构投资的项目实在太多,一般不会直接干预企业的生产经营活动,因而特别强调未来的企业能严格按现代企业制度科学管理、规范运作,在产权上也要求非常明晰。这一点从长远来说对企业是非常有好处的,特别是对未来的成功上市融资。更为重要的是,风险投资在对创业企业投入资金的同时,为企业提供包括发展战略、市场营销、企业管理、资本运作等各方面的增值服务,帮助企业快速发展和壮大。

创业者要想成功地融资,必须做充分的准备工作。此外,在选择风险投资时一定要考虑其实力,特别是在未来继续对企业投资的能力。

3. 成长期

成长期分为成长前期、成长中期和成长后期三个阶段。

在成长前期,资金困难是企业面临的最大问题,现金的流出经常大于现金的流入。为此,企业必须非常仔细地安排每天的现金收支计划,同时还需要多方募集资金以弥补现金的短缺,这时融资组合就显得非常重要。由于股权结构在企业成立时已确定,一般不宜再利用权益融资。因此,此阶段的融资重点是充分利用负债融资。企业负债融资分为长期负债融资和短期负债融资。长期负债融资的来源主要有银行的长期借款和融资租赁等,短期负债融资主要有银行的流动资金短期借款和商业信用形成的应付款项等。

在成长中期,企业的生存问题已基本得到解决,现金入不敷出和要求注入资金的局面已被扭转。与此同时,企业拥有了较为稳定的顾客和供应商以及比较好的信用记录,取得银行贷款或利用信用融资相对来说比较容易。

到了成长后期,企业发展非常迅速,原有资产规模已不能满足需要。为此,企业必须增资扩股,注入新的资本金。原有的股东如果能出资当然最好,但通常的情况是需要引入新的股东。此时,企业可选择的投资者相对比较多。值得注意的是,这一阶段融资工作的出发点是为企业上市做好准备,针对上市所需的条件进行调整和改进。这次融资实际上是在引进战略合作伙伴。

4. 成熟期

成熟期的工作重点是完成企业上市的工作,此时企业融资已不再成为长期困扰企业发展的难题。因此,从融资的角度,上市成功应是企业成熟的标志。同时,企业上市也可使风险投资成功退出,使风险投资得以进入良性循环。

在选择融资渠道策略时,除充分考虑创业阶段外,资金需求特点也是创业者值得综合考虑的重要因素。资金需求的规模较小时,可以利用员工集资、商业信用融资、典当融资;规模较大时,可以吸引权益投资或银行贷款。资金需求的期限较短时,可以选择短期拆借、商业信用、民间借贷;期限较长时,可以选择银行贷款、融资租赁或股权出让。资金成本承受能力低时,可以选择股权出让或银行贷款;承受能力强时,可以选择短期拆借、典当、商业信用融资等。

总之,企业创业在不同的发展阶段,表现出不同的融资需求特征。一般来说,随着初创企业生命周期的扩张,从种子期到成熟期资金需求量越来越大,而风险则相对越来越小,资金供给和需求的矛盾伴随着整个创业过程。表1-8-3列出了创业过程与融资渠道的匹配过程。

表1-8-3 创业过程与融资渠道的匹配

融资渠道	种子期	启动期	成长期	成熟期
创业者	√	▲		
朋友和家庭	√	▲		
天使投资	√	√	▲	
战略伙伴	√	√	√	
风险投资	▲	√	√	
资产抵押贷款		√	√	
设备租赁		√	√	
信用担保融资		▲	√	
政府资助			√	
上市融资 IPO				√
债券融资				√
管理层收购				√

注:√表示可行的渠道来源,▲表示可以挖掘的渠道来源。

五、创业企业估值

通过权益投资渠道融资之前最重要的任务是要确定自己企业的价值,只有清楚创业企业的市场价值才能对融入资金的股权比重有比较恰当的估计。

"企业最合适的估价是多少呢?"这个问题的答案非常简单,而且就像其他任何一种类型的交易一样,创业企业的价值,其实就是别人愿意支付收购公司的价格。

(一) 企业估值技巧

企业的估值可以参考以下情况:

(1) 企业所处行业近期的整体财务状况,包括企业收入、现金流量或者净收益倍数。

(2) 企业所处行业内近期发生的收购兼并交易,包括交易收入、现金流量或者净收益倍数。

(3) 根据企业的预测现金流所得到的贴现现金流分析。

大致来讲,EBITDA(Earnings Before Interest,Taxes,Depreciation and Amortization,折旧、摊销及息税前利润)的估值倍数会根据"公司实际情况"的不同有所浮动,但是估值倍数范围一般会在3~10倍之间。

预测收入的增长通常是企业估值的重中之重(比如,企业如果有25%的年净增长率,那么它可能就会有25倍的净增长倍数;如果企业的年净增长幅度在10%左右,那么他们大约会有10倍的估值)。

如果企业目前还没有收入的话,也可以把收入归集在企业的长期发展、收益倍数或者其他可用的度量标准上。而对于那些已经步入正轨的企业来说,收入倍数通常会在0.5~

1倍的范围之间，高科技企业的估值倍数范围在1～3倍之间，只有极少数增长迅猛的公司会达到10倍估值这个级别。

在企业没有收入的情况下，要想以估值的价格为公司融资其实是非常艰难的。因此，只有当投资人认为企业最初的理念已经得到了市场的验证，才会真正吸引让他们把钱投进去。

另外，私人企业的估值往往会比上市企业的估值低25%～35%。与此同时，如果企业创始人竭尽全力去争取的话，企业收购和兼并交易最后得到的价格，也往往会比纯财务估算出来的要高出25%～35%。

（二）估值的影响因素

创业企业融资时进行估值是对企业当前的资源和能力进行评估，从而为现在和今后各种交易提供定价依据，一般可以由合格的第三方按一定的价值分析模型进行评估，同时创业团队和投资人也会根据自己的判断对企业价值有所掌握。创业企业市场价值估算与很多因素相关，而且其影响也可能是不确定的。

企业估值模型多种多样，使用较多的是P/E法，即预测市盈率×企业未来12个月的利润。市盈率高低取决于企业所处的行业、产品、成长性、核心能力等方面。

决定企业估值的因素很多，主要因素有以下十个方面。

一是行业地位。行业领导企业的估值高，跟随型企业估值低。

二是技术壁垒。拥有核心技术的企业依靠专利布局形成竞争优势，估值高，而依靠技术模仿的企业估值较低。

三是市场容量。市场规模越大的行业企业估值越高，单一产品市场空间狭小的企业估值较低。

四是竞争对手的多寡。竞争对手越少的企业估值越高，反之越低。

五是用户数量的多少。拥有大量又快速增长的用户的企业，估值越高，反之越低。

六是成长性指标。收入逐年增长的企业估值高，收入下滑或不稳定的企业估值低。

七是团队能力。创始团队的职业经历多，团队领导力、感召力、运营力、执行力强的企业估值高，反之较低。

八是行业情况。新技术、新模式、新业态、新经济企业估值高，传统行业、传统产品、传统管理企业估值低。

九是实物资产。实物资产保持在合理比例（一般控制在总资产的10%～30%）的企业估值高，实物资产过多或过少则估值低。

十是激励机制。为中高层及骨干员工实行股权激励的企业估值高（一般不超过10%），没有分享意识的企业估值相对较低。

了解到影响企业估值的十大因素，就为我们选择战略定位提供了依据，企业如果能够在十大因素上全面发力，就会为进军资本市场和企业长远发展奠定坚实基础。

另外，估值者的身份、信息的对称性、交易条件、出售或融资的原因、企业的发展阶段、创业者从资本市场获取资金的难易程度也影响估值的高低。

（三）估值经验法则

在企业估值的最后时刻，投资人实际上已经对准备投资的企业究竟值多少钱，以及他们自己到底会投资多少钱，都有了很好的判断。在他们看来，市场上企业收购的交易一直在发生，而他们的手指就是用来去感受这个市场脉搏的。

(1) 多搜集几个投资人的历史投资资料，并进行对比，看看他们对其他企业的估值和相关条款，掌握这些投资人的投资习惯，然后经过层层筛选，最后确定一个对你最有利的估值交易。一般每个股本融资投资人会占到总股本的25%～35%。

(2) 创新，它会让你的投资人获得10倍的回报。

(3) 最重要的是，需要让你的投资人眼前一亮，因为他们每年都会审阅数百家各种类型的初创企业，你必须能让这些投资人对你的企业感到兴奋。投资人都在寻找下一个能获得10倍回报的机会，因此，你需要确保自己的企业在未来5年的财务状况能够大规模增长，只有这样，才能在投资人的预期回报时间里得到他们想要的(10倍回报)。

(四) 初创企业的常用估值方法

(1) 绝对估值法，又叫博克斯法。这种方法是由美国人博克斯首创的对于初创期企业自身价值进行评估的方法，其典型做法是对所投企业各项资源进行评估累加。例如，根据表1-8-4中的各项估值合计，一家初创企业的价值为100万～600万元。

表1-8-4　博克斯价值评估表

评分项	评分估值
一个好的创意	100万元
一个好的盈利模式	100万元
优秀的管理团队	100万～200万元
优秀的董事会	100万元
巨大的产品前景	100万元

(2) 可比估值法。这实际上是挑选经营领域相同或者相近的企业，比较企业的收购价格。如果说前期被收购的另一家企业，经营规模、利润情况都差不多，报价是120万元，那么相同情况下，报价150万元就是很理想的价格了。

(3) 现金流收益折现法。这一估值法主要是针对企业未来年度可产生的各种收益来做比较。例如，一家企业未来还会存续10年，一年净收入50万元，这样他未来能够得到的各种现金流只有500万元。如果说这家企业属于种子期的创业企业，一般来说价值会偏高，可以按照50%～100%的折现率进行估值，就是说估值250万～500万元。如果是创业中晚期的企业，估值率我们只能剩下20%～50%，企业价值只在100万～250万元。如果是较为成熟的企业，实际上估值率会更低，一般只会有10%～20%，也就是说价格只会在50万～100万元之间。另外，企业的成熟稳定期也很重要。如果企业能够长久经营30年，这样相应的估值也会翻3倍，但是一般估值不会考虑太长的经营时间因素。

(4) 资产价值法。这是最简单、最直接的做法。收购方不会考虑企业的无形资产，比如品牌价值、管理团队等，只是根据企业占有的资源作为一个估值的方式。像收购煤矿、石油公司都是采用这种估值方式的。不考虑未来，只考虑企业的价值。例如，一家小型的钢铁销售公司，可以按照它的存货价值来进行收购。

【思考与练习】

1. 创业融资的特点有哪些？
2. 初创企业有哪些融资渠道？
3. 创业融资决策有哪些步骤？
4. 创业资源整合的多种方式的适用情境是什么？

【实践练习】

创业融资方式及其选择。

情境1：小B前年大学毕业回到老家上海后，一直没找到称心的工作。看到自己居住的小区内有一家小型超市生意非常红火，小B心想，不如开个超市自己给自己干，但是一打听，办个小超市投资起码得六七万元。

情境2：小C做了几年的外贸服装，积累了一定的业务渠道，便打算自己办一家鞋厂。他仔细算了算，办个年产50万双皮鞋的中等规模的鞋厂需要100万元设备和周转资金，外加一处不小于200平方米的厂房。小C通过朋友在近郊某镇物色了一家负债累累、濒临倒闭的板箱厂，以"零转让"的形式接手了这家工厂，也就是该镇以资债相抵的办法，将工厂所有的动产、不动产以及工厂的债务全部转让给了小C。厂房的问题是解决了，但是100万元的投资从哪里来呢？

请围绕以下问题分组讨论，并为小B、小C设计合适的融资渠道。

1. 根据项目的情况，罗列出创业融资的主要渠道。
2. 请为小B、小C设计合适的融资渠道。

【案例讨论】

豆瓣网的早期融资经历

杨勃从2004年10月开始开发豆瓣网，历经5个月时间，豆瓣网正式上线。

杨勃在第一次创业时把多年积蓄都投进去打了水漂，因此在豆瓣网的成本控制上他表现得非常谨慎。"我觉得用20万元人民币（大约合2.5万美元）差不多就可以做出一个雏形，没有必要一开始就把架子搭得那么大。"不过二次创业的杨勃当时手里连这20万元也拿不出来。"我自己的钱都砸在快步易捷里头了。"

在开始写豆瓣网站程序后不久，杨勃就想到了天使投资。他首先找到自己在清华大学物理系读书时的同寝室同学梁文超，当时梁文超在美国硅谷的Maxim公司工作，梁文超很痛快地给他投资了1.5万美元，梁文超的一个同事也跟着投资了1万美元。双方并没有签订协议，只是达成口头君子协定：如果一年内有投资者进来，而且投资者给出的估值高于豆瓣网的价值，那么梁文超和他的同事就可以按照豆瓣网的价值来获得相应的公司股份；反之亦然。这种做法相当于把风险都留在了杨勃这边。在硅谷的时候，杨勃和梁文超是他们班仅有的两个还没有结婚的同学，相互之间交流比较多。实际上，梁文超只是出于信任才把钱"借"给了杨勃。2005年年底，梁文超和他同事的"借款"如约转换成了豆瓣的股票。当时豆瓣的市场估值大约是67万美元。

没过多久，杨勃又开始了寻找第二轮天使投资人的工作，原定的目标是10多万美元，但杨勃很快就觉得一时花不了那么多钱，最后只筹了6.5万美元。2006年春节前后，这笔钱陆续打到了杨勃的个人账户上。豆瓣网的估值也随之涨到了百万美元以上。

杨勃事后回忆："我的确跟陈一舟有过接触，当时是希望他个人能够做豆瓣网的天使投资人。陈一舟更希望以千橡集团作为投资主体，但我并不希望那么早就有公司资本进来。"由于双方在预期上存在差距，所以也就没有什么结果。

在网站上线后不久，就有风险投资人开始关注杨勃和他的豆瓣网，但杨勃最初并不愿意过早与风险投资接上头，他担心急功近利的风险投资会改变网站的发展方向，使用户受损。但是2005年以来中国创业投资市场上竞争的加剧迫使杨勃不得不跟风险投资接触，试图融资100万美元。最先找到杨勃的是美国风险投资公司IDG技术创业投资基金。早在2000年，IDG就投资了杨勃参与创建的"快步易捷"。2005年6月，拥有广泛触角的IDG再次注意到了刚刚起步的豆瓣网。从IDG开始算起到最终拿到投资，杨勃总共谈了15家左右的创投机构。但凡看过的豆瓣网的投资者都说"挺好，挺好"，可就是谁也不投资，个个都在观望。

虽然杨勃跟纯粹国外背景的风险投资机构在语言沟通上并不存在什么障碍，考虑到"本土风险投资机构和国际风险投资机构在对市场的深层理解上存在一定差距"，他最终还是选择了有本土背景的冯波和赵维国等共同创办的联创策源基金。不过，冯波第一眼并没有看上豆瓣网，尽管他在很早以前就已经是豆瓣网的注册用户了。但是对于上线不到半年，没有多少用户，也没有一点商业元素的豆瓣网，冯波还是很难找到足够的理由来说服自己。2006年4月，断断续续地接触了半年之后，逐渐被豆瓣网黏住的冯波和联创策源基金的投资经理原野才开始认真讨论起杨勃及其豆瓣网。经过两个月的讨论，联创策源基金打算投资200万美元。杨勃的第一反应是"他们想占更多的股份"。冯波给他解释："100万美元用的时间不长，中间你再急于去融资的话，会失去你的鸿鹄之志，你的生活也会变得很拮据，我们索性给你200万美元。"杨勃接受了，出让了跟100万美元价值相当的股份。2006年6月，杨勃和冯波正式签署了投资条款清单，联创策源基金的200万美元投资随之打到了豆瓣网的账户上。2008年金融危机来临，豆瓣网准备第二轮融资的时候，正好花掉其中的100万美元。事后杨勃才意识到，自己是个幸运儿："如果当时联创策源没有给200万美元，我们会变得很被动，不会那么从容地做完第二轮融资。"

豆瓣网的第二轮融资于2009年年中开始筹备，其间有六七家公司和基金伸出橄榄枝。2009年年底，豆瓣网获得挚信资本和联创策源基金总额近千万美元的投资。其中，联创策源基金是跟进投资，而挚信资本则是首次投资豆瓣网。挚信资本是一家专业的海外投资基金，主要投资和服务于本土的优秀企业。截至2010年1月，豆瓣网注册用户已突破3 000万，每月页面浏览量超过10亿。杨勃计划在完成新一轮融资后将豆瓣网的读书、电影、音乐、社区作为更加独立的产品看待并成立相应的团队单独运作，这几条产品线会针对不同的产品生命周期设定不同的盈利目标。投资机构并未给豆瓣网施加盈利压力："投资者仍然认为我们处在规模快速增长的阶段，对盈利没有近期的要求。"

讨论：

1. 杨勃获得资金的渠道有哪些？试分析杨勃为什么能够融资成功。

2. 你从上述案例中，可以学到哪些经验？

第九章 创业风险管理与企业法律伦理

【学习目标】

◇ 理解创业失败与创业风险的含义
◇ 掌握创业风险的来源和类型
◇ 掌握风险识别和评估的方法
◇ 掌握风险控制策略
◇ 了解创业相关法律法规
◇ 理解企业伦理与社会责任

【案例 1-9-1】

"一亩田"危机

"一亩田"成立于 2011 年,2014 年开始转做大宗农产品交易。成立最初的 4 年里,这家公司实现了 2000%的增长,号称估值一个月一涨。"一亩田"截至 2015 年 6 月底的交易流水达到了 153 亿元,6 月 20 日到 7 月 21 日期间,"一亩田"的流水总额达到 99 亿元,交易完成订单数 65 602 单,日均 3.2 亿元。

因为这些官方公布的令人难以置信的咋舌数字,"一亩田"一夜之间红得发紫。然而危机很快也排山倒海般来临。日前爆出"一亩田"资金链断裂大裁员,裁员规模超过 1 500 人,75%一线人员被裁,还有"资方撤资""交易数据造假"等问题,真相如何以及背后更深层的成因是什么,我们对其来龙去脉做了一番深入调查。

农业复杂性决定了没有哪个企业敢专门做农产品电商,充其量只是小范围试水。作为一家创业公司,孤注一掷、"大跃进式"的发展,注定了这场从投资者到公司和团队皆默认的刷单式虚假繁荣某一天会突然戛然而止。

王飞半年前加入"一亩田",成了某个县的基层员工,他每天的工作就是在产地搜集农产品信息,推广"一亩田"的 App。业绩要求每个月都会发生变化,他告诉记者刚来的时候要求每个月 300 万元的流水,完成 3 笔对接,新安装"一亩田"App 30 个。刷单在"一亩田"内部十分普遍,因为不刷单不可能完成任务,而不完成任务就会被淘汰。如今,1 500 名左右的员工被公司以违反销售规定的名义开除,王飞觉得很郁闷,"领导就会要求我们刷单,是公司逼着我们这样做的。我们一线员工都快被开光了,声明还说是个别员工。"

大规模裁员的一个月前,"一亩田"曾经面临数据造假的质疑,网站上出现了类似刘老板采购了 999.999 吨毛桃的诡异数据,那算是公司成立以来面临的第一次危机。为此,"一亩田"紧急召开发布会,不惜公布后台数据来证明日流水 3 亿元的真实性,仅仅过去一个月,却以数据造假为由大面积开除员工,不得不说打脸打得太响了。"当时那个事情我关注了,觉得公司就是想炒作一下自己,提升知名度而已。"

真正让王飞意识到公司可能出事儿了,是上个月拖欠了他们的绩效工资。公司以绩效统计错误为由,通知大家下个月补发,结果还没到领工资那天就被公司开除了。

和基层推广人员相比,"一亩田"门店的业绩要求更高,刷单的行为也更加疯狂。有知情人士向记者透露,门店工作人员每个月要出1 000万元的流水,为了完成工作量只能寻求批发商的"帮助"。"有胆子大的批发商拿出10万元,找亲戚朋友开20张卡,开网上银行,20张卡之间互相买卖,每天刷100万元就有2 000元返利。"

除了交易数据造假外,App内发布的供应商、采购商信息也有很大水分。王飞表示:"上个月我们每天要发10条供应信息,通过App可以查询每个县的情况,我所在的县基本都是我们员工发上去的信息。"

刷单事件似乎也得到了投资人的默许,千分之二的补贴如果能扭转农产品流通的固有模式,还是挺划算的。但遗憾的是,补贴不可能改变固有的面对面现金交易习惯,只是增加农民的交易负担。王飞认为:"蔬菜很便宜,几毛钱1斤,一车也就是1万多元。1万元去银行打钱,要扣50元手续费,还要在柜台排队,这样做是何必呢?虽然说公司返你20元,但没有必要这么做。全都是一单10万元,在网上银行上刷的,主动给公司打款的几乎没有。"

在"一亩田"一线工作半年多,王飞总结的评价却是:"一亩田"这个模式对农户完全没有帮助。对接是一线员工业绩考核中的一部分,也就是帮农民卖货,7月份王飞需要帮农民卖8单货,每卖出一车,都要拍照片发邮件。媒体上很多关于"一亩田"帮农民解决农产品滞销的报道都是以一线员工提交邮件内容为参考的。

"表面上看是在帮农民卖货,实际上没太大意义。农产品流通领域很复杂,货不对路也是要赔钱的。比如我们产地的圣女果可以在太原销售,但绝对不能在西安销售,每个地方的农产品只能在某个地区销售。有的客户来我们这拉了一批货就赔了,人家就再也不来了。真正起到决定作用的是农产品市场行情,跟你帮他卖不卖没有关系。"王飞还告诉记者,今年大葱滞销的时候,市场上的产量远远大于需求,他们怎样使劲找客户也没用,那些畅销的水果不用他们帮忙销路也很好。

从采购商的角度来说,大型商超、饭店都拥有成熟的采购体系,根本不需要"一亩田"的帮助。平台上真实成交的多是新入行的批发商,"他们想拉东西,没有找到合适货源,会在我们这查一下哪有货源。联系我们之后,把他们带到产地,拉一车走了,80%都不赚钱,都不会再来。主要就是货不对路,某一个地方的农产品只能在某一个区域卖,有时候拉远了价格就上去了,近了人家不喜欢你的品种。"农产品流通有很强的季节性、地域性,简单粗暴地对接采购商和种植商是没有意义的,做的全是一锤子买卖,换不来回头客。

此外,"一亩田"还表示和专注餐饮采购的大厨网有密切合作,大厨网创始人刘志嘉,曾是"一亩田"的联合创始人。"公司一直说大厨网会跟我们合作,从我们产地采购农产品,但是我们从没合作过,他们也没下过订单。"王飞如是说。

这场从投资者到公司,到团队管理层皆默认的刷单式"大跃进",最后在投资无法支撑烧钱时,戛然而止。

(参见《一亩田危机真相大揭秘》,搜狐网,2015年9月6日。有改动)

讨论:从"一亩田"的发展危机,你得到了哪些启示?

第一节　创业失败与创业风险

创业是现代经济社会发展的重要驱动力，在丰富经济市场、培育新的经济增长极、带动就业、解决社会问题等方面发挥了举足轻重的作用。改革开放以来，伴随着市场化的发展以及创业水平的不断提高，中小企业日渐成为我国社会经济发展的主体。然而创业企业由于资金、技术、社会环境等因素，在成长过程中面临重重障碍。研究如何从创业失败中学习、逐步适应经济运行规律，重返创业者行列，提高创业成功率，具有重要意义。

一、创业失败的可能状态

创业失败有很多因素，我们把创业失败定义为：由于市场机会、创业资源、创业团队等出现问题，导致经营困难而关闭创业企业的情形。

创业失败是一种普遍现象。创业失败可以归纳为步骤不全型、经验不足型和判断失误型三种类型。以下分别对这三种创业失败类型进行归纳。

（一）步骤不全型创业失败

（1）创业所需设备、场所等条件准备不足。硬件的缺失是导致创业失败的最主要外在因素。

（2）缺少法律知识。很多企业的败诉、侵权事件都是因为创业团队缺乏一定的法律知识，不重视个人知识产权保护，最终导致创业失败。

（3）创业团队能力不足，策划不充分，项目评估不到位，准备时间太仓促。良好的团队构成、完善的策划、全面的项目评估以及充分的准备时间都会促进创业活动的成功运转。

（4）创业者对创业的困难和风险认识不足。创业者往往抱有创业即成功的思想，没有理性地看待创业失败的问题，导致对创业的困难和风险认识不足。

（5）缺少市场调研和自我定位。创业者需要进行市场调研，选择创业环境，在选择创业项目时应当结合自身实际需求和优劣势准确定位。

（6）忽视创业团队的组建。创业并非单打独斗，创业领导者应当组建高效团队，以顺利推进创业项目。

（7）对所做的项目不熟悉。创业者创业一定要经过前期调研、市场分析等步骤，创业者对创业项目的熟悉程度将直接影响创业的成功率。

（8）创业资金准备不足。资金属于外在创业因素，也是很多创业团队最应该考虑的重要因素。资金充足对创业成功具有重要作用。

（二）经验不足型创业失败

（1）不查看合作者的有效身份证明和相关资料，仅凭其一面之词就轻易相信。创业者越了解合作者，越能更好地与合作者协同合作。

（2）签协议时既没公章也不按手印。协议等重要材料一定要合法合规、手续齐全，否则就会出现漏洞。

（3）聘用员工时未依法办理相关手续。员工是创业企业的重要组成部分，员工的手续办理合法合规，才能保障企业的正常运转。

(4) 无成本意识。创业者抱有零成本、高回报的错误意识,会导致创业误入歧途,最终走向失败。

(5) 不知道如何经营和管理企业。企业管理是一门重要的功课,创业者应当掌握一定的管理知识,同时完善企业规章制度,才能保障企业的正常有序运转。

(6) 对骗子不够警惕。创业者在创业初期,受创业激情影响,对诈骗伎俩的辨别力有所下降,很容易上当受骗

(7) 受害后不知如何维护自己的权益。创业行为受国家法律保护,当自己的合法权益受到侵害时,创业者应当第一时间拿起法律武器保护自己。

(三) 判断失误型创业失败

(1) 明显不适合创业,却坚信自己能创业成功。创业是一种理性行为,而非仅凭满腔创业热情就能实现的活动。创业者应理性地分析自身情况,判断是否选择创业行为。

(2) 市场定位不准。市场调研和前期评估是创业前的重要步骤,创业者精准定位市场需求,准确分析发展前景,才能保障创业的顺利进行。

(3) 经营产品缺乏特色。创业并非以量大取胜,生产有特色、有亮点、有市场需求的产品才是创业者应当重点考虑的问题

(4) 有自己的特色,但不符合市场需要。特色产品并非等同于冷门,市场需求是企业正常运营的重要保障,市场需求量越大,企业的收入就越可观。

(5) 产品存在问题,却认为是社交能力不足。在当前的创业市场上,高质量的产品是创业企业立足的根本。创业者的社交能力有强弱之分,但并非创业成败的决定性因素。

(6) 先按较高标准制作产品,发现亏损后或者涨价或者降低产品质量。价格的频繁变动和产品质量的浮动,最直接的影响就是失去前期吸引的消费群体的信任。

(7) 高估了客户的消费能力,低估了商海的风险。风险无处不在,创业者对市场风险应该有一个合理的评估和预判。市场状态日新月异,创业者持一成不变的创业思想,最终只能导致创业失败。

二、创业风险概述

风险就是指在一段特定的时间内和一定的环境条件下,人们所期望的目标与实际结果之间的差异程度。风险是造成资产和盈利潜力发生损失的可能性。将创业失败的多种状态从风险角度来梳理、归纳,可以帮助我们有规划地进行预测和防范。

(一) 风险的概念及特征

(1) 风险因素:是指能产生或增加损失概率和损失程度的条件或因素。风险因素是风险发生的潜在原因,是造成损失的内在或间接原因。

(2) 风险事件:是指造成损失的偶发事件。风险事件是造成损失的外在原因或直接原因。

(3) 损失:是指非故意的、非计划的和非预期的经济价值的减少,通常以货币单位来衡量。

(4) 风险管理:识别、确定和度量风险,并制定、选择和实施风险处理方案的过程。

(5) 风险管理过程:包括风险识别、风险评价、风险对策、决策、实施决策、检查五方面的

内容。

(6) 风险管理的目标：在风险事件发生前，其首要目标是使潜在损失最小，其次是减少忧虑及相应忧虑的价值，在风险事件发生后其首要目标是使实际损失减少到最低程度。

(7) 风险具有客观性、偶然性、损害性、不确定性、相对性(或可变性)、普遍性、社会性的性质，是普遍客观存在的。风险具有三个基本特征：第一，风险的不确定性有差异；第二，风险是客观存在的；第三，风险是可以预测的。

(二) 创业风险的来源

创业环境的不确定性，创业机会与创业企业的复杂性，创业者、创业团队与创业投资者的能力与实力的有限性，是创业风险的根本来源，也是引发创业失败的归因。研究表明，在将某一构想或技术转化为具体的产品或服务的创业过程中，存在着几个基本的、相互联系的缺口，它们是上述不确定性、复杂性和有限性的主要来源，也就是说，创业风险在给定的宏观条件下，往往就直接来源于这些缺口。

(1) 资源缺口。创业者可以证明其构想的可行性，但往往没有足够的资源将其实现商品化，创业者不一定也不可能拥有所需的全部资源，这就形成了资源缺口。创业者跨越这个缺口是十分艰难的，从而给创业带来一定的风险。

(2) 技术缺口。技术缺口主要存在于仅凭个人兴趣所做的研究判断和基于市场潜力的商业判断之间。当一个创业者最初证明一个特定的科学突破或技术突破可能成为商业产品基础时，他仅仅停留在自己满意的论证程度上。然而，在将预想的产品真正转化为商业化产品(大量生产的产品)的过程中，即具备有效的性能、低廉的成本和高质量的产品，在能从市场竞争中生存下来的过程中，需要大量复杂而且可能耗资巨大的研究工作(有时需要几年时间)，从而形成创业风险。

(3) 信息和信任缺口。信息和信任缺口存在于技术专家和管理者(投资者)之间。也就是说，在创业中，存在两种不同类型的人：一是技术专家；二是管理者(投资者)。这两种人接受不同的教育，对创业有不同的预期、信息来源和表达方式。如果技术专家和管理者(投资者)不能充分信任对方，或者不能够进行有效的交流，那么这一缺口将会变得更深，带来更大的风险。

(4) 管理缺口。进行创业活动主要有两种：一是创业者利用某一新技术进行创业，他可能是技术方面的专业人才，但却不一定具备专业的管理才能，从而形成管理缺口；二是创业者往往有某种“奇思妙想”，可能是新的商业点子，但在战略规划上不具备出色的才能，或不擅长管理具体的事务，从而形成管理缺口。

(三) 创业风险的类型

为了便于对创业风险进行管理与控制，按照创业风险的来源，我们可以将创业风险分为系统风险和非系统风险，系统风险和非系统风险又可以加以细分，如图 1-9-1 所示。

1. 系统风险

创业的系统风险是指存在于外部环境系统中的风险，是由于创业环境的不确定性引发的风险，即创业者和企业无法控制或无力排除的风险，比如政策立法、宏观经济以及社会、文化等带来的风险。

(1) 政治风险。政治风险是指由于国家政治的稳定性、社会政策的连贯性等产生的风

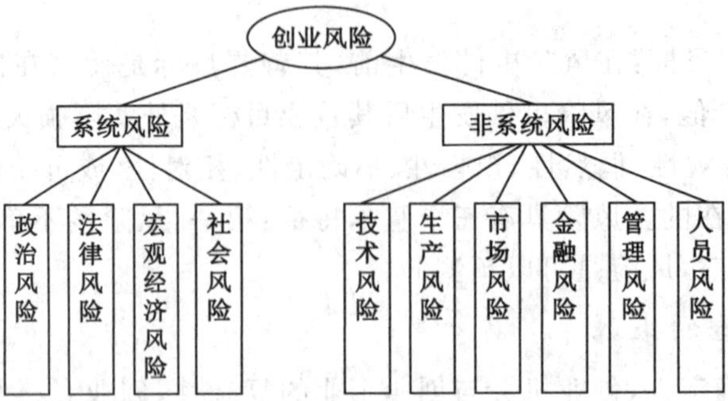

图 1-9-1　创业风险的分类

险。国家对创业企业在国民经济发展中发挥作用的认识，进而所采取的政策，对创业企业的风险度有一定的影响。与国家发展战略、政策相一致的创业活动通常更容易得到国家在财政、信贷、税收等方面的支持，并且更容易跟随产业的兴旺而获得快速发展的机会。

(2) 法律风险。法律风险是指法律法规的制定和修改对创业企业产生的风险。如国家重要法律法规的实行和修订情况，特别是有关公司法、环境保护法、消费者权益法、市场流通等方面的法律，以及税法、能源法、价格法、金融法、信贷法、知识产权保护等，对企业的活动都有重要的关联，形成风险外在发源地。

(3) 宏观经济风险。宏观经济风险是指国家宏观经济状况、产业政策、利率变动以及汇率的稳定性等因素所带来的风险。任何企业的发展都必须依托所在国家和地区的经济环境。利率、价格水平、通货膨胀率等因素的变化以及金融、资本市场的层次、规模、健全程度等都会带来很大的不确定性，使创业企业容易暴露在风险之中。

(4) 社会风险。社会风险是指传统文化、社会意识、人口结构、受教育程度以及人们的生活习惯、思维方式有所不同，对新产品的接受尺度也就不同，这种潜在的不确定性就导致了创业的风险。

2. 非系统风险

创业的非系统风险是指非外部因素引发的风险，即指与创业者、创业投资和创业企业自身有关的不确定性因素引发的风险。非系统风险可以通过创业各方的努力，通过科学方法加以控制或者消除，如技术风险、管理风险、市场风险等。

(1) 技术风险。技术风险是指由于技术方面的因素及其变化的不确定性而导致创业失败的可能性，是创业初期最为突出的一种风险。当一个创业者最初证明一个特定的科学突破或技术创新可能成为商业化的产品时，他只是停留在自己满意的论证程度上，技术尚未经过市场和生产过程的检验，因此，技术究竟是否可行、是否进行商业化运作都还不能完全把握，在期望与实际之间就会出现偏差，从而形成风险。

随着科学技术的深入发展，其所带来的不确定性和风险会有增无减，如网络信息风险、资源保护风险、技术开发和转让风险等，都会给企业的正常经营行为造成不同程度的风险。无论是在国内还是在国外，由于各种原因而导致研发失败并因此放弃产业化造成严重损失的案例都较为常见。

(2) 生产风险。生产风险是指在创业过程中，由于生产环节的有关因素及其变化的不确定性而导致创业失败或利润受损的可能性。对于创业企业来说，由于创业刚刚起步，人员的配备、生产要素的供给、各类资源的配置等容易出现问题，新产品又多是首次进入生产环节，工艺、设备等都难以得到保证，而且新产品必然要求与其质量控制相适应的新标准、新检测手段，这些在创业阶段都需要尝试和摸索，故存在着较大的风险。如新产品生产的使用环境、资源等条件较为苛刻，操作较为复杂，功能过剩或不足，与相关产品及标准不兼容等，都会使产品在生产过程中因可行性和适用性较差而面临被淘汰的风险。

(3) 市场风险。市场风险是指由于市场情况的不确定性导致创业者或创业企业损失的可能性。

在创业初期，这种风险主要体现在两个方面。一是技术转化为市场需求商品的机会识别问题，由于信息的偏差而错误地理解市场机会，从而导致风险的出现；二是技术创新的产品，由于产品技术本身的超前性，创业者无法得到相对准确的市场预测，对市场的接受度、产品导入市场的时间、市场的需求量等都很难估测，因而，存在着较大的风险性。如科技型创业企业生产的产品一般都是高新技术或技术创新的产品，在初入市场时存在很大的准入和预测风险。

随着企业规模不断扩大和生产能力的加强，扩张期的创业企业需要不断扩大市场份额来获得更大的利润，但由于消费者认知程度较低、市场地位不高、竞争能力较差，创业企业在此时就需要承担更大的市场竞争风险。市场竞争风险一方面体现在产品本身的竞争上，产品质量、性能等指标是否具有竞争优势决定了创业企业市场竞争风险的大小。另一方面，创业企业要面临现存的成熟企业和新的竞争者出现所带来的竞争风险。当市场存在巨额潜在利润时，就会随时有可能出现新的竞争者，进而带来新的市场竞争风险。创业企业除了要保证产品本身的竞争优势外，还需要密切关注竞争者的动态并以独特的市场竞争策略或更专业化的产品服务(如售后服务)等方式来应对其他竞争者所带来的竞争风险。

创业企业发展到稳定前期时，企业产品被消费者接受之后，如果企业经营者着眼于近期利益，只注重现有技术产品的生产和销售，而不注重现有产品的完善和新产品的开发，就会使企业随着消费者对其产品反感的增加或市场上更新产品、替代产品的出现而陷入困境，此时创业企业很可能因未能充分发挥市场潜力、拓展市场份额而面临巨大的市场成长风险。

(4) 金融风险。金融风险在创业初期时更多地体现为融资风险，创业者可以证明其构想的可行性，但没有持续的或足够的资金投入将其实现商品化，并达到初创企业的稳定运营。在创业中后期，金融风险则体现为运营过程中追加投资的风险，当企业需要扩大规模时，金融风险体现为融资风险和财务风险，追加投资时若无法筹集到足够的资金，其生产和经营将经受严峻的考验；同时，若企业的财务管理不规范，还会出现资金周转慢、呆账和死账多的现象，形成财务风险。

(5) 管理风险。管理风险是指创业企业因管理不善而引致的不能够获得预期利润或威胁其运营甚至生存的风险。这种风险主要体现为经营决策、战略规划、营销组合不合理以及组织制度的不科学，管理层的综合素质较低以及对生产运作、企业内沟通、激励等问题管理不力等方面。

(6) 人员风险。人员风险本是管理风险的一部分，在创业者初次创业过程中，这类风险通常表现得尤为突出，对创业的危害是致命性的，故本书将其单独列出，加以重点识别。它主要包括两个方面：

一是人员流失风险。在创业中，关键技术只掌握在少数关键人物手中，因此，关键技术人员的离开将会延迟项目的研发，甚至使项目流产，有的技术人员还带走已研发的技术，引起技术机密外泄，这些都会给创业带来极大的损失和打击，是很大的风险因素。

二是人员道德风险。在创业过程中，出于经营管理和研发的需要，必然会聘用专业的管理人员和新的技术人员加入企业，产生授权，形成委托与代理关系，创业者成为委托人，外聘人员成为代理人。二者之间往往存在着利益和目标的不一致，且委托人不可能完全知道代理人的信息，造成信息的不对称，从而出现代理人以牺牲委托人利益为代价追求自身效益最大化的行为，导致委托人利益受损的风险，即道德风险。

第二节　创业风险识别与评估

创业风险识别是在各类风险事件发生之前，依据创业企业生产经营过程中各种活动的迹象，运用多种方法对风险进行辨认与鉴别的过程，这是一个系统地、连续地发现风险的过程。创业风险识别是创业企业风险管理工作的开始和基础，其识别效果的优劣直接影响着风险评价及风险控制的效果。

一、创业风险识别方法

风险识别的核心目标是使创业企业能够清楚地认识到自身所能承受风险的程度，并从容地继续其业务发展。选择正确的、恰当的风险识别方法是保证风险识别准确性的重要因素之一，风险识别方法通常以定性识别方法为主，主要有以下几种常见的方法。

（一）调查法

创业企业可以通过定期调查来辨识相关因素的变化，以及时发现风险，具体可以通过现场调查法、问卷调查法、专家咨询法、德尔菲法等了解市场的变化、需求的变化、竞争对手的变化，以及时发现各方面出现的不确定性对创业带来风险的可能性、损失的幅度等。

调查的对象范围也较为广泛，如创业企业管理者、研发人员、风险投资家、生产一线人员、营销人员、外部专家和消费者等。调查法若运用恰当，则可以大大降低创业的经营风险。

（二）环境分析法

企业环境的构成极其复杂。自然、经济、政治、社会、技术等环境构成宏观环境，而企业的微观环境主要包括投资者、消费者、供应商、政府部门和竞争者等。企业通过对环境扫描、分析，明确机会与威胁，发现企业的优势和劣势，找出这些环境可能引发的风险和损失。

运用环境分析法，重点是分析环境的不确定性及变动趋势。例如，市场是否有新的竞争对手介入，竞争对手的变动趋势是什么，市场需求因素对企业产品销售将产生什么影响，等等。这些不确定因素往往使企业的经营难以预料。同时，要分析环境中的变动因素及其相互作用的产生对企业的各种制约和影响。此外，应从整体角度，分析外部环境与内部环境的相互作用及其影响程度。

（三）情景分析法

情景分析是一个战略角度的分析技巧，也是一种非常主观的风险识别工具。它使得创业者能够评估不同的偶然事件对自身利润流量的潜在影响，帮助创业企业对其长期的关键性薄弱层面作出评价。情景分析法用于衡量一些更复杂和具有内在相关性的事件对创业的更广泛影响，可以很好地提前辨别这种潜在的问题。

情景分析的过程可以分解成四个步骤，见表1-9-1。

表1-9-1　情景分析过程

情景定义	对起始情景的描述
	基本假设
	定义时间跨度
情景要素分析	确定情景要素：与此情景相关并受到影响的风险层面和风险要素
情景合并	合并所有结果
	检查一致性错误和重复计量
	独立有效性核定
情景展示和后续步骤	概括结果
	分析与评估
	下一步：运用避险措施

资料来源：沈建明：《项目风险管理》，机械工业出版社2003年版，第246页。

（四）图示法

在创业风险识别中还可以广泛使用更加明了、形象的流程图法、因果分析图法、事故树法等图示法。

1. 流程图法

流程图法是将风险主体按照生产经营的过程、活动内在的逻辑联系绘成流程图，针对流程中的关键环节和薄弱环节调查风险、识别风险的办法。将创业企业的发展阶段和经营过程中的各环节按其逻辑关系以流程图显示出来，并以此判断各要素之间的联系和风险因果的传导机制，进而识别风险。例如，大学生创建社交门户网站的风险识别如图1-9-2所示。①

2. 因果分析图法

因果分析图法是一种用于分析风险事故与影响风险事故原因之间关系的比较有效的分析方法。因果分析图是将导致风险事故的原因归纳为类别和子原因，画成形似鱼刺的图，又称鱼骨图或石川图，通过该图将导致风险结果的各种可能因素列出来，一方面可以有效地分析风险成因，另一方面也可以反过来通过原因推断结果，进行潜在风险的识别。

在因果分析图中，主干在引发风险事故的过程中起决定作用，大骨是影响结果的主要

① 参考李婵、张文德：《基于流程图分析法的高校数字图书馆知识产权风险识别》，载《图书馆学研究》2010年第15期，第95～101页。

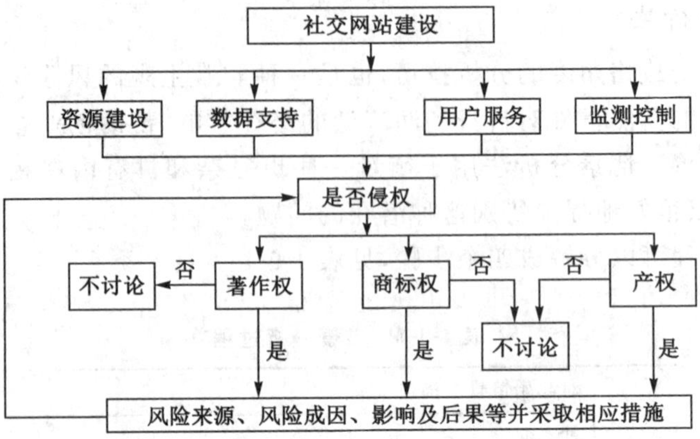

图 1-9-2　基于流程图的社交网站风险识别

原因(第一层原因),中骨是影响大骨的原因(第二层原因),小骨是影响中骨的原因(第三层原因),最后根据影响因素的重要程度,将具有显著影响的重要因素标示出来,就可以得到因果分析图(图 1-9-3)和基于因果分析图的创业风险识别(图 1-9-4)。

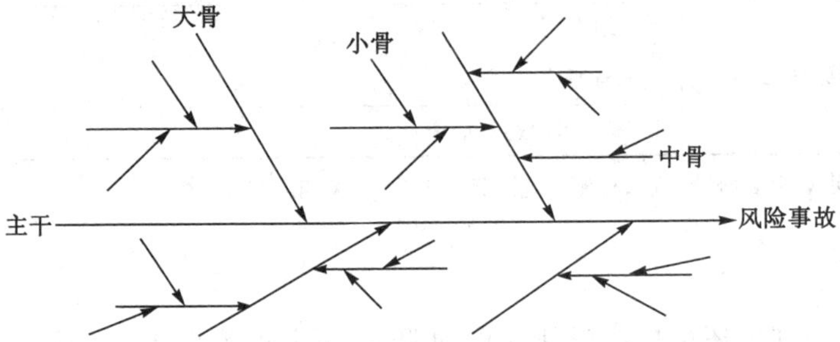

图 1-9-3　因果分析图

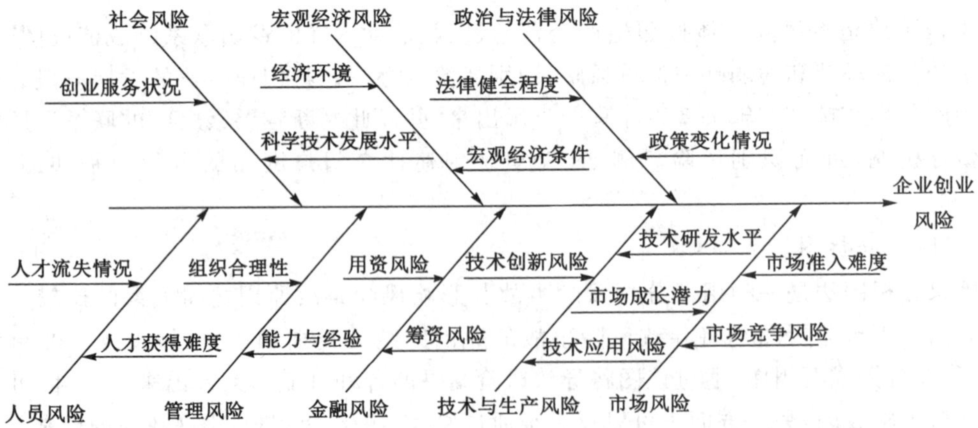

图 1-9-4　基于因果分析图的创业风险识别

3. 事故树法

事故树法是从某一事故出发,运用逻辑推理的方法寻找引发事故的原因,即从结果推导出引发风险事故的原因。利用图解的形式,调查损失发生前的种种失误事件情况,以将大的风险分解成小的风险,具体判断哪些失误最可能导致损失风险发生。

值得注意的是,任何一种方法都不可能揭示出创业者面临的全部创业风险,更不可能揭示出导致风险事故的所有因素,各种方法也各有优劣,具体优缺点见表 1-9-2。

表 1-9-2 各种图示法的优缺点

方法	优点	缺点
流程图	1. 可以比较清楚地显示活动流程中的风险 2. 强调活动流程,而不寻求引发风险事故的原因 3. 需要流程图解释的配合	1. 不能识别企业面临的一切风险 2. 风险识别的准确性取决于流程图的质量 3. 识别风险的管理成本较高
因果分析图	1. 可以反映创业企业面临的各种风险 2. 简明,形象	1. 风险原因调查是否充分,影响因果图分析的结论 2. 不同风险管理者对风险因素重要度的认识不同,会影响因果分析图的结论 3. 风险管理者的观念影响因果分析图的结论,可以采取数据分析来分析风险因素的重要性
事故树	1. 事故树分析是一个动态的过程 2. 可能指出防范风险的途径 3. 能够找出消除风险的根本措施	1. 事故树的绘制需要专门的技术 2. 识别风险的管理成本较高 3. 相关概率的准确程度直接影响结果

二、创业风险评估

创业风险评估就是在识别出的创业风险基础上,结合定性与定量分析,主要利用统计分析技术方法对创业风险进行测量。它是风险管理中最为关键的环节,常见的风险评估方法有以下几种。

(一) 专家打分法

企业针对某个风险同时咨询多个专家,专家们根据自己的经验作出各自的评估;再综合这些评估得出一个折中的结果,把该结果送交给专家们,专家们据此对自己的评估进行修改,直至达到一致。

(二) 层次分析法

层次分析法(analytic hierarchy procese,AHP)作为系统工程中对非定量事件的一种评价分析方法,是 20 世纪 70 年代美国运筹学家萨蒂(Saaty)最早提出的。利用 AHP 的递阶层次结构模型,可以将风险评估的总目标进行逐层分解,得到从不同方面衡量风险的多变量准则层,每个待评估的方案按不同准则相互比较,构建判断矩阵,求出矩阵最大特征值对应的特征向量,便可得到风险大小关系。层次分析法可以很好地处理定性和定量相结合的问题,将创业者的主观判断与经验导入模型,并加以量化处理。

(三) 概率估计法

概率估计法就是首先估测出各种风险事件发生的概率及其结果的大小,然后求出其期望和方差，从而判定风险的大小。

概率通常有两种：一是客观概率，这主要是根据大量试验，利用大量统计数据采用统计方法进行估算，具体可用累积频率分析法和时间序列预测法。二是主观概率，有些风险事件是在不可能作出准确分析，很难计算出客观概率，而又必须进行估计的情况下产生的，一般组织有关专家对风险事件的概率进行合理的估计。风险结果的估测具体可采用回归分析法、计量模型法和敏感度分析法。概率估计法又可分为概率树与逻辑树分析法、外推法、蒙特卡罗模拟分析法。

（四）风险价值法

风险价值法（value at risk，VAR）源于20世纪90年代美国摩根集团著名的“4·15”报告。风险价值定义为在一定时期内、一定的置信水平上可能的最大损失。它可将企业的风险大小以一定的货币量形式表示出来，实现不同风险的相互比较。目前求解风险价值主要有两种方法：参数方法和模拟仿真法。风险价值是一个概括性数值，能够直接刻画企业具体的风险大小，较之以往以方差来代表企业风险的做法有了很大的改进。

（五）模糊综合评价法

模糊综合评价法是综合考虑系统或者事物的多种价值因素，用模糊集的理论来评定优劣的方法。它的特点是将定性分析和定量分析相结合、主观分析与客观分析相结合。在风险评估过程中，有许多事件的风险程度很难精确描述或用数字准确地表达出来，而要用一种边界不清楚的概念来表示。对这类风险的评估，可引入模糊数学的相关理论和技术，构建风险评价指标集和评价集，得到综合评价矩阵，根据合成算子求出风险总评分。

另外，还有其他一些风险估计方法，如敏感分析法、风险调整贴现率法、肯定当量法。而在实际估计创业风险时，应结合具体情况及各种方法的适用性来选用合适的估计方法，如果能同时或交叉使用几种方法对同一种风险进行估计，则效果会更好。

第三节　创业风险控制

风险控制就是在风险识别和风险评估的基础上，针对存在的风险因素，采取各种控制方法，尽量减小企业的风险，降低损失频率和减少损失幅度。

风险控制是风险管理的主要环节和核心，狭义的风险管理就是风险控制。风险控制作为风险管理的过程和手段，其目标是最大限度地减少风险所造成的损失，避免风险转化为危机。在进行风险决策情况下，风险控制的目标则是通过所可能获取的风险收益和可能产生的风险损失两者之间的权衡，优化企业经营活动的风险控制，争取以较低的风险代价获取预期的收益。

一、风险控制的类型

（一）根据风险发生的时间分类

1. 事前风险控制

事前风险控制是指创业者在进行创业决策之前对其内部条件因素和外部环境因素进

行详尽分析，综合估计各种风险因素，对创业决策的结果进行趋势预测，如果发现可能出现的风险因素，则提前采取预防性的纠偏措施，保证创业决策始终沿着正确的方向发展，从而达到创业的预期目标。

2. 事中风险控制

事中风险控制是指在创业企业成长过程中或风险发生过程中，创业企业对创业决策行为和条件变化情况进行检查，对照既定的标准判断是否合适，如果发现了风险成因，就立即采取措施，快速反应，对创业决策行为进行调整、修正的过程。

3. 事后风险控制

事后风险控制要求创业者将创业企业经营的实际结果与预期结果进行比较与评价，然后根据偏差情况查找具体的风险成因，总结经验教训，对已出现的错误或过失进行弥补，同时及时调整创业策略。事后风险控制要完成两项任务，其一是尽可能地减少风险损失；其二是调整经营策略，减少风险再次发生的可能性，以指导后续的创业企业实践活动。

（二）根据风险处理的对象分类

1. 风险因素控制

企业的风险控制通常包括技术及产品、市场、财务、人力资源等方面。技术及产品因素的控制包括技术创新程度、技术的独占性、竞争对手的情况、技术的应用前景及效果、产品的质量等的控制；市场控制主要包括对新产品的竞争力、新产品价格、销售渠道、促销行为等的控制；财务风险控制包括财务预算融资与投资方式，对财务的收益性指标、安全性指标、流动性指标、成长性指标等的控制；人力资源的控制在于为创业企业构建良好的创业团队，建立科学的管理制度和运行机制，选拔合适、优秀的员工，塑造良好的企业文化和工作氛围提高组织效率。

2. 风险事态控制

风险因素控制主要是对创业企业日常经营活动中的某一部门或某一领域的风险进行控制，风险事态控制往往并不局限于此。它通过对创业企业成长过程中的既成风险事件进行全面诊断，分析风险成因，预测风险隐患，采取积极有效的风险处理措施，以尽可能地减少风险损失，避免事态扩大对企业的进一步不利影响。风险事态控制通过对风险事件的及时处理来控制风险，往往需要同时涉及多个风险因素，因此风险事态控制相对于风险因素控制更具后验性和综合性。

二、风险控制的策略

风险控制主要是在风险分析的结果上，结合不同的风险类型，采取必要的风险应对手段，最大限度地减小损失的频率和程度，或使这些损失更具可预报性。常用的风险应对策略和措施有风险规避、风险缓解、风险转移、风险自留以及这些策略的组合。

（一）风险规避

风险规避是指考虑到风险事件的存在和发生的可能性，主动放弃或拒绝实施可能导致损失的方案。通过规避风险，可以在风险事件发生之前完全消除某一特定风险可能造成的损失。风险规避比较适用于两种情况：一是某种特定风险所致的损失频率和损失程度相当高；二是采用其他风险防范措施所需成本超过该项活动所产生的经济效益。为避免经济损失，应在创业相应活动开展之前，采取相应措施避开相关活动或事件，以规避风险。如在职业经理人选聘前，制定好相应的选拔原则和激励、制约机制，以达到规避人员流失风险和道德风险的目的。

（二）风险缓解

风险缓解是指在损失发生前消除损失可能发生的根源，并减少损失事件的频率。风险缓解的基本点在于消除风险因素和减少风险损失。风险缓解的措施主要包括降低风险发生的可能性、控制风险损失、分散风险和采取一定的后备措施等。采取预防措施，以降低风险发生的可能性是风险缓解的重要途径。如生产管理人员通过加强安全教育和强化安全措施，以减少事故发生的机会，从而减少创业过程中的生产风险。控制风险损失是指在风险损失不可避免地要发生的情况下，通过各种措施以遏制损失继续扩大或限制其扩展范围。例如，在创业过程中，严格控制内部核算，制定各种资金运作方案，以达到减轻财务风险的目的。

（三）风险转移

风险转移是指企业为避免承担风险损失而有意将损失或与损失相关的收益转移给其他企业的方式。风险转移表现为三种形式：控制型非保险转移、财务型非保险转移、保险。

控制型非保险转移，是指企业通过契约或合同将损失的财务负担和法律责任转移给非保险业的其他人，以降低风险发生频率和缩小其损失程度。具体有三种方法：出售、转包（或分包）、租赁。如在创业的初期，可以通过租赁融资的方式租赁厂房和设备，以降低生产风险；也可以通过转包或分包的方式把自己的生产环节转出去，专心于研发和管理，从而带来企业运营的高效率，这在一定程度上还可以减少技术和管理风险。

财务型非保险转移，是指转让人通过合同或协议寻求外来资金补偿其损失，创业者可以通过引入风险投资或者其他资金参股或者上市等形式，降低创业者自身所承担的风险，把企业的风险部分地转移给其他投资者、股东。

保险实现风险转移，是指企业根据有关法律与保险类企业签订保险合同，将一些经营活动中的风险通过保险的方式转移给保险公司。这是由保险公司提供的一种通过多数人的力量分散风险并及时、有效地给予经济补偿的办法。它除了能给创业企业以损失补偿外，还能降低风险的不确定程度和提供风险管理的服务。

（四）风险自留

风险自留又称为承担风险，它是一种由创业者自身承担风险损失的措施。风险自留有时为主动自留，有时为被动自留；有时为全部自留，有时为部分自留。对于承担自留风险需要的资金，创业者可以通过事先建立内部意外损失基金和从外部取得应急贷款或特别贷款的方法解决。风险自留以具有一定的财力为前提条件，使风险发生后的损失得到补偿。在一定程度下，风险自留可能使创业者面临更大的风险。风险自留这一策略更适合于应对风险损失后果不严重的风险。

（五）风险应对组合策略

风险应对组合策略是指在风险应对中，根据实际情况将风险规避、风险缓解、风险转移、风险自留等策略综合起来进行运用，以更好地应对风险，降低风险发生的概率或者减少风险事件发生后所造成的损失。创业的环境是复杂的，在创业的过程中，更多的时候是同时面对较多的风险冲击，这时候就需要针对具体情况采用不同的风险应对组合策略。

三、创业风险控制方法

创业风险无法完全避免，但在一些方面是可以规避或减少创业风险发生的概率的。

（一）充分调研论证，流程模拟推演

“凡事预则立，不预则废”，事前的调研和规划必不可少。虽然现代市场机会稍纵即逝，但是对行业、市场、项目及自身的充分调研论证不可忽略，盲目投资、仓促上马就是给项目本身埋下风险隐患。如果决定创业，一些前置的费用必不可少，比如选址调研、品牌策划、投资分析等。

（二）低成本试错

依据效果逻辑理论、精益创业思想，在应对现代高速发展的市场情境下，从小做起、小步快跑、快速迭代是防范风险的不二法宝。打造一家小而美、美而精的店比打造一家大店简单得多，一旦有起色再扩张，这样既能把风险降到最低，也能快速找到方向和信心。

（三）构建“护城河”

每个行业的佼佼者必然有自己的竞争壁垒。定位理论之父杰克·特劳特在文章《定位：同质化时代的竞争之道》中指出，生产力过剩的时代，做事情要有选择性，要集中火力瞄准一个目标。这个目标可以是直径只有一厘米的圆，但企业经营者一定要把这个圆打到一千米深，让产品或品牌深深占据客户的心理偏好和关注点，这样企业才能在残酷的市场竞争中脱颖而出。

一是外部客户群定位，构建市场“护城河”：创业者一定要时刻明晰做谁的生意、建立什么样的客户关系、如何绑定客户，从而建立起清晰稳定的目标市场。例如，餐饮企业应注意研究目标人群的需求和消费规律，如女白领的消费规模一般为 2～4 人，故定位客户群为女白领的餐饮项目应将 4 人餐桌作为最优配置。

二是内部技术创新，构建技术“护城河”：通过技术、产品的持续创新，形成自身的独特竞争优势，建立自己的可靠的竞争地位。

第四节　创业企业相关法律法规

创建企业进入市场环境实施经营活动，必须熟悉、重视与商业相关的法律法规，这既是自我保护，又能帮助企业规避一些风险。创业企业必须处理好一些重要的法律问题，为自身构建法律保护屏障。创业涉及的法律问题相当复杂，对创业者而言，最重要的是认识到这些问题，以免由于早期的法律失误导致新企业付出沉重代价，甚至失败。

法律是规范社会成员的行为框架，创业企业作为一个独立的法人，必然接受法律框架的约束和保护，创业者或创业团队在成立新企业之前必须树立法律意识、了解法律相关因素，并在企业有能力有条件的时候设立法律专员来管理企业的法律事务。表 1-9-3 列出了

创业企业不同阶段的法律问题。

表 1-9-3 创业企业不同阶段的法律问题

创建阶段的法律问题	经营现行业务中的法律问题
确定企业的法律形式	人力资源管理(劳动)法规
设立税收记录	安全法规、环境法规
进行租赁和融资谈判	质量法规
起草合同	财务和会计法规、消费者保护法规
申请专利、商标和版权保护	市场竞争法规

在企业的创建阶段,创业者面临的法律问题包括:确定企业的法律形式,设立适当的税收记录,协调租赁和融资问题,起草合同,进行谈判,以及申请专利、商标或版权的保护等。当企业成立起来并开始运营后,仍然有与经营相关的法律问题。例如,财务与税收的相关法律法规、人力资源或劳动法规可能会影响员工的雇用、报酬以及工作评定的确定;安全法规可能会影响产品的设计和包装、工作场所和机器设备的设计和使用,环境污染的控制,以及物种的保护。尽管许多法规可能在某一企业达到一定规模时才适用,但事实是,新企业都追求发展,这意味着创业者很快就会面临这些法律问题,

与创业有关的法律主要是知识产权、竞争、质量和劳动等方面的法规,具体包括专利法、商标法、著作权法、反不正当竞争法等。

知识产权是人们对自己通过智力活动创造的成果所依法享有的权利。知识产权包括专利、商标、版权等,是企业的重要资产。知识产权可通过许可证经营或出售,带来许可经营收入。实际上,几乎所有的企业(包括新企业),都拥有一些对其成功起关键作用的知识、信息和创意(表 1-9-4)。知识资产现在已逐渐成为创业企业(尤其是技术型创业企业)中最具价值的资产。因此,对创业者来说,为了有效保护自己的知识产权,并且避免无意中违法侵犯他人知识产权的行为,了解知识产权内容及相关法律就显得非常重要。

表 1-9-4 企业各部门中典型的知识产权

部门	典型的知识产权形式	常用保护方法
营销部门	名称、标语、标识、广告语、广告、手册、非正式出版物、未完成的广告拷贝、顾客名单、潜在顾客名单及类似信息	商标、版权和商业秘密
管理部门	招聘手册、员工手册、招聘人员在选择和聘用候选人时使用的表格和清单、书面的培训材料和企业的时事通信	版权和商业秘密
财务部门	各类描述企业财务绩效的合同、幻灯片,解释企业如何管理财务的书面材料,员工薪酬记录	版权和商业秘密
管理信息系统部门	网站设计、互联网域名、公司特有的计算机设备和软件的培训手册、计算机源代码电子邮件名单	版权、商业秘密和注册互联网域名
研究开发部门	新的和有用的发明与商业流程,现有发明和流程的改进、记录发明日期和不同项目进展计划的实验室备忘录	专利和商业秘密

下面着重介绍与创业企业紧密关联的专利法、商标法、著作权法。

(1) 专利与专利法。为了保护专利权人的合法权益,鼓励发明创造,推动发明创造的应用,提高创新能力,促进科学技术进步和经济社会发展,2020 年 10 月 17 日第十三届全国人民代表大会常务委员会第二十二次会议《关于修改〈中华人民共和国专利法〉的决定》对《中华人民共和国专利法》进行了第四次修正。

专利法可以有效地保护专利拥有者的合法权益。创业者对其个人或企业的发明创造应及时申请专利,以寻求法律保护,使自己的利益不受侵犯,或者在受到侵犯时,依据法律提出诉讼,要求侵害方予以赔偿。

(2) 商标与商标法。商标,是指在商品或者服务项目上所使用的,由文字、图形、字母、数字、三维标志和颜色组合,以及上述要素的组合或者其组合构成的显著标志。它用以识别不同经营者所生产、制造、加工、拣选、经销的商品或者提供的服务。

商标是企业的一种无形资产,具有很高的价值。这种价值体现在独特性和所产生的经济效益上。保护和提高商标的价值,可以为企业带来巨大的收益。商标包括注册商标和未注册商标,目前我国只对人用药品和烟草制品实行强制注册,通常所讲的商标均指注册商标。注册商标包括商品商标、服务商标和集体商标、证明商标。注册商标的有效期为 10 年,可以申请续展,每次续展注册的有效期也为 10 年。商标注册申请人,必须是依法成立的企业、事业单位、社会团体、个体工商户、个人合伙以及符合《中华人民共和国商标法》第九条规定的外国人或者外国企业。我国在 1982 年 8 月 23 日颁布了《中华人民共和国商标法》,2019 年 4 月 23 日进行了第四次修正。

(3) 著作权与著作权法。著作权也称版权,是指作者对其创作的文学艺术和科学作品依法享有的权利。著作权包括发表权、署名权、修改权、保护作品完整权、复制权、发行权、出租权、展览权、表演权、放映权、广播权、信息网络传播权、摄制权、改编权、翻译权、汇编权以及应当由著作权人享有的其他权利等 17 项权利。对著作权的保护是对作者原始工作的保护。著作权的保护期限为作者有生之年加上去世后 50 年。我国实行作品自动保护原则和自愿登记原则,即作品一旦产生,作者便享有版权,登记与否都受法律保护;自愿登记后可以起证据作用。国家版权局认定中国版权保护中心为软件登记机构,其他作品的登记机构为所在省级版权局。

我国在 1990 年 9 月 7 日颁布了《中华人民共和国著作权法》,2020 年最新修订。

法律法规既规范企业和个人的经营活动,也是组织和个人的合法权益的保障,重视并熟悉相关法律法规对企业经营规避风险十分重要。

第五节　企业伦理与社会责任

一、创业者改变世界

时代是个人生活的背景,个人创造时代。社会风俗文化、价值观塑造社会成员,也是由每一位社会成员造就的。创业者改变了我们的生活,也改变了世界。

我国的改革开放给创业者提供了创业机会,创业者又借助创业活动推动了经济增长。在我国改革开放之初,创业者一般表现为胆大、冒险,只要敢于突破“禁区”,有胆量、敢于尝试别人不曾涉足的领域，一般就能成功。因为那时不缺少创业机遇，缺的是把握机遇敢于冒风险的人，冒险家就是企业家的代名词。随着改革开放的深入发展，越来越多的人认识到创业成功带来的满足和喜悦，新创业者的复制、模仿、跟随接踵而来，然后是暴利机会的减少和平均利润率的下降。这时创业者更趋于理性，资本和实力开始占有重要地位。今天，单纯靠胆量、冒险和资本实力已很难再取得成功，还需要靠知识、协作精神等。因此，过去单打独斗的精神需要由团结协作、奋发向上、积极进取、不断学习的新创业精神所替代。创业对中国经济的影响力日益增强。

我国的创新创业成就斐然。2023 年 6 月，第十八届中国国际中小企业博览会和第二届中小企业国际合作高峰论坛在广州开幕，工业和信息化部党组书记、部长金壮龙表示，截至 2022 年年底，中国中小微企业数量超过 5 200 万户，规模以上工业中小企业经营收入超过 80 万亿元，累计培育专精特新企业 8 万多家、专精特新“小巨人”企业 9 000 家。中国中小企业稳链强链作用突出，超四成专精特新“小巨人”企业聚集在新材料、新一代信息技术、新能源汽车及智能网联汽车领域，超六成深耕工业基础领域，超九成是国内外知名大企业的配套供应商，在支撑经济稳步增长、维护全球产业链供应链稳定中发挥着重要作用。

创业者改变了我们的世界，著名管理学家彼得·德鲁克曾经强调指出，顾客不是“上帝”创造的，而是企业创造的。关于企业，唯一正确的定义，是创造顾客的组织。企业又是谁创造的呢？是创业者。

创业者具备改变世界的能力，是创新以及经济与社会发展的重要力量。因此，创业者在创业过程中一定要成为遵守道德伦理并积极承担社会责任的典范，这是创业成功的重要保证，也是成功创业者的基本素质要求。

二、创业者的社会责任

我国《公司法》第五条明确要求，公司从事经营活动必须“承担社会责任”。公司理应对其劳动者、债权人、供货商、消费者、公司所在地的居民、自然环境和资源、国家安全和社会的全面发展承担一定责任。《公司法》不仅将强化公司社会责任理念列入总则条款，而且在分则中设计了一套充分强化公司社会责任的具体制度。可见企业社会责任在我国具有了法律地位。

企业社会责任的理念已经广被接受，但目前还没有一个统一的定义。从国际组织给企业社会责任的定义中可以看出，其基本内涵和外延是一致的，它是指企业在创造利润、对股东利益负责的同时，还要承担起对企业利益相关者的责任，保护其权益，以获得在经济、社会、环境等多个领域中的可持续发展能力。利益相关者是指企业的员工、消费者、供应商、社区和政府等。企业得以可持续经营，仅仅考虑经济因素对股东负责是远远不够的，必须同时考虑环境因素和社会因素，承担起相应的环境责任和社会责任。

（一）企业社会责任主要发展过程

企业作为对社会具有一定影响力的经济型组织，其社会责任不容忽视。西方自由市场经济制度下，对企业责任的定位的发展演变过程有迹可循，大致经历了三个阶段。①

① 冯国珍：《管理学》（第 2 版），复旦大学出版社 2011 年版，第 89～90 页。

(1) 营利至上——20 世纪 50—70 年代。1970 年 9 月 13 日，诺贝尔奖获得者、经济学家米尔顿·弗里德曼在《纽约时报》刊登题为《商业的社会责任是增加利润》的文章，指出“极少趋势，比公司主管人员除了为股东尽量赚钱之外应承担社会责任，更能彻底破坏自由社会本身的基础”，“企业的一项，也是唯一的社会责任是在比赛规则范围内增加利润”。

(2) 关注环境——20 世纪 80—90 年代。20 世纪 80 年代，企业社会责任运动开始在欧美发达国家逐渐兴起，它包括环保、劳工和人权等方面的内容，由此导致消费者的关注点由单一关心产品质量转向关心产品质量、环境、职业健康和劳动保障等多个方面。

(3) 社会责任运动——20 世纪 90 年代至今。20 世纪 90 年代初期，美国劳工及人权组织针对成衣业和制鞋业发动“反血汗工厂运动”。利用“血汗工厂”制度生产产品的美国服装制造商 Levi-Strauss 被新闻媒体曝光后，为挽救其公众形象，制定了第一份公司生产守则。

在劳工和人权组织等非政府组织(NGO)和消费者的压力下，许多知名品牌公司相继建立了自己的生产守则，后演变为“企业生产守则运动”，又称“企业行动规范运动”或“工厂守则运动”，企业生产守则运动的直接目的是促使企业履行自己的社会责任。到 2000 年，全球共有 246 个生产守则，其中除 118 个是由跨国公司自己制定的外，其余皆是由商贸协会或多边组织或国际机构制定的所谓“社会约束”的生产守则。这些生产守则主要分布于美国、英国、澳大利亚、加拿大、德国等国，依据国际劳工组织条例所建立的国际性社会责任标准 SA8000(Social Accountability 8000)被广泛推行。

(二) 企业社会责任十大原则

1. 人权方面

原则一：企业应在其所能影响的范围内支持并尊重对国际社会做出的维护人权的宣言。

原则二：不袒护侵犯人权的行为、劳动。

原则三：有效保证组建工会的自由与团体交涉的权利。

原则四：消除任何形式的强制劳动。

原则五：切实有效地废除童工。

原则六：杜绝在用工与职业方面的差别歧视。

2. 环保方面

原则七：企业应对环保问题未雨绸缪。

原则八：主动承担环境保护责任。

原则九：推进环保技术的开发与普及。

3. 反腐败方面

原则十：积极采取措施反对强取和贿赂等任何形式的腐败行为。

【拓展阅读 1-9-1】

企业社会责任四层次框架

社会学家卡罗尔在 20 世纪 70 年代后期提出的企业社会责任金字塔模型中指出，企业社会责任从下往上共包括四个方面的责任：经济责任、法律责任、伦理责任和慈善责任。

企业首要的第一层责任是经济责任，包括获利并给股东提供投资回报，为员工创造工作机会并提供合理报酬，进行技术创新，扩大销售，等等。

法律责任是企业应承担的第二层责任。企业的经营活动应当在法律要求的框架下进行，应遵守法律法规。

伦理责任是企业应承担的第三层责任。虽然经济责任和法律责任都包含了伦理规范要求，但社会还是期望企业遵守法律明文规定要求之外的伦理规范，包括尊重他人、维护员工权益、避免对社会造成伤害、做正确的事情等。

第四层(最高层)责任是慈善责任，是企业自行裁判的责任，这完全是一种自愿履行的责任。社会期望、法律规范甚至伦理规范并没有对企业提出明确的要求，企业拥有自主判断和选择权来决定具体的企业活动，例如慈善捐助、支持当地社区发展、帮助妇女儿童和残疾人等弱势群体。

创业者应该在积极参与和关注企业社会责任运动的同时，从以下几个方面着手提高承担企业社会责任的意识和能力：第一，制定实施体现企业社会责任的竞争战略。突破传统的企业竞争战略，在勇于承担企业社会责任的同时，打造企业新的竞争优势，是我国新一代创业者的必然选择。第二，把企业社会责任建设融入企业文化建设中。企业文化建设是企业发展战略的一部分，企业文化建设既可以提高企业竞争能力，也可以使人在工作中体会生命的价值。把企业社会责任作为新时期企业文化整合和再造的重要内容，已成为国际企业文化发展的大趋势。第三，把社会责任的理念付诸实实在在的行动。企业在日常经营管理过程中，不仅要对股东负责、对员工负责，还要对客户、供应商负责，对自然环境负责，对社会经济的可持续发展负责。

三、创业企业伦理

创业者的任务是创富，“君子爱财，取之有道”。创业者在创业过程中一定要遵守伦理道德，这是创业能够成功并持续发展的关键。管理学意义上的“伦理”一般也被称为“商业伦理”，它是指组织处理与外界关系，处理内部成员之间权利和义务的规则，以及在决策过程中所体现的人与人之间的关系和所应用的价值观念。

创业者作为创新实践者，通过创造新产品或服务和提供就业机会，极大地推动了社会进步和发展；另外，创业者又常常被批评片面追求商业成功，甚至在必要时牺牲道德价值观。例如有的创业者延迟偿付厂商和其他债权人的账款，有时候对雇员也采取同样的方法，延迟工资的发放。有些创业者常常在未经他人允许和同意的情况下，侵占他人的资源来弥补自身资源的不足。这些行为会因为违背相关法律规定和市场经济原则而受到惩罚，如果创业者有意这样做，首先是不道德，而且有悖商业伦理。长此以往会导致创业者的诚信受到质疑，从而失去外部或企业内部的各种资源所有者的信任和支持。

与企业社会责任相比，强调伦理规范是更高层次的素质要求。伦理主要应对和处理国家法律、政策和企业制度等明文规定与约束所无法覆盖的一些问题。事实上，法律再健全的国家，也不可能对人类的一切行为都予以明确的规范，“天理、国法、人情”的顺序本身就说明了这一点。有些行为本身并不违法违规，但对健康的商业环境和优秀的组织文化不利，仍然要求创业者能够自我约束，这不仅是一种境界，也有利于企业健康可持续发展。

Solymossy（绍伊莫希）和 Masters（马斯特斯）根据道德行为决定因素模型，分析了创业者在道德问题识别、道德判断、道德抉择和道德行为方面可能存在一些特殊性。

在道德问题识别上，小企业主可能面临与大企业经理人员不同的道德问题，涉及创业活动性质本身（如信息不对称）、利益相关者优先排序、个人与组织利益冲突（将自己与企业分开）和人格问题。在道德判断上，个别创业者比大公司经理更计较个人财务收益最大化，哪怕这种收益损害了他人利益或违背了公平原则，对偷税漏税、串通竞标、内部交易、盗版软件等问题却表现了更高的容忍度。

相对拥有资源分配权力但不承担对等风险的大公司经理而言，创业者承担了较高的财务和社会风险，这种相对偏高的风险承担可能在一定程度上影响了创业者的道德抉择和道德行为。研究发现，创业者风险倾向与打破规则之间有一定关系。打破规则应把握好"度"，适度破坏规则的行为有利于创业活动，但严重的破坏规则的行为可能阻碍个人的职业成就，甚至给社会带来不利的影响。创业活动不仅对产品和服务，而且也可能对道德标准带来创造性破坏。另外，创业者强烈的成功动机和自我意识决定了他们会想尽办法避免失败，当公司陷入经营困境或生存危机时，来自员工、供应商、银行和家庭的巨大压力，可能导致原本诚实的创业者牺牲严格的道德标准，寻找中间地带，选择权宜之计。

新企业在资源不足的情况下，可以适当迎合资源持有者的偏好和期望，通过宣传新企业构建竞争优势的属性、能力和资源，有意识地向外部资源持有者传递有利于自身的积极信息，以具有吸引力的故事传播来确立创业身份和合法地位。例如，惠普公司创始人比尔和戴维把他们研制的第一台产品命名为"200A"，因为这个编号看上去像一家拥有许多产品的成熟企业推出的新产品编号。他们一致认为，应该让阅读产品手册的潜在客户相信自己是在和一家发展成熟的公司做生意，而不是购买两个 25 岁的年轻人在车库里的异想天开。Rutherford（鲁瑟福德）等（2009）提出"合法性谎言"（legitimacy lie）的概念，即创业者有意识地对利益相关者歪曲事实，以赢取合法身份。他们按照对利益相关者的积极或消极影响，以及是否有意识地歪曲事实两个维度，分析了合法性谎言的伦理问题。有意识地传递虚假信息毫无疑问是错误的，无意识的谎言虽然不一定违背伦理标准，但也是不值得提倡的。考虑创业伦理问题，关键要看给利益相关者带来的消极影响，如果没有带来消极影响（比如惠普公司创业人产品编号问题），则在伦理上就是可以接受的。

企业的经营行为应在道德的框架下践行伦理规范，其主要内容依据伦理关系主体可以分为对内和对外两部分：内部包含劳资伦理、股东伦理；外部包含客户伦理、竞争伦理、社会责任伦理和政商伦理。

（1）企业与员工间的劳资伦理。协调劳资双方如何互信、建立合作共赢的和谐关系，企业为员工提供职业训练（员工素质的提升，包括职前训练与在职训练）、提升员工价值、扩展职业发展路径、帮助员工履行岗位职责、提高工作质量等问题。

（2）企业与股东间的股东伦理。企业最根本的责任是追求利润，保障股东利益是诚信经营的重要原则。因此企业必须积极经营、谋求更多的利润，借以创造股东更多的权益。清楚严格地划分企业的经营权和所有权，让专业经理人充分发挥、确保企业营运自由。

（3）企业与客户间的客户伦理。客户伦理的核心精神：满足顾客的需求才是企业生存的基础。顾客是企业经营的主角，是企业存在的重要价值。为客户解决问题、提供满意的产品与服务是企业遵守客户伦理的主要内容。

(4) 企业与同业间的竞争伦理。建立健康有序的竞争环境对所有企业都是有益的,企业间的竞争做到"不削价竞争(恶性竞争)、不散播谣言(黑函、恶意中伤)、不恶性挖角、不窃取商业机密"是有信用、良性经营的企业必须遵从的伦理责任。

(5) 企业与社会间的社会责任伦理。企业无法脱离社会环境独立运作。企业的生存在于取之于社会、用之于社会,应重视社会公益,提升企业形象,认真履行前文阐述的十大社会责任是谋求企业发展的必然选择。

(6) 企业与政府间的政商伦理。政府的功能是建立、维护、保障区域社会的良好运行及规范发展,政府通过实施社会各个领域的管理政策来落实区域经济、社会的管理职能。社会环境是企业经营的环境条件、企业是区域的重要经济构成主体,企业必须履行区域经济主体的职责和义务,配合支持政府的经济社会发展战略、依法纳税、诚信承担社会责任。

【思考题】

1. 你认为影响创业取得成功的因素有哪些？其中最为关键的因素是什么？

2. 为什么要在创业的过程中进行创业风险识别？创业风险该怎样识别？

3. 创业风险评估的方法有哪些？

4. 在创业过程中,会受到哪些风险的影响？创业者应该采取什么措施避免这些创业风险？

5. 创业者应当遵循哪些创业伦理和社会责任？

【实践练习】

请查阅相关资料,寻找一个具体的创业案例,系统分析该案例创业过程中的主要风险及风险控制措施。

【案例讨论】

合作设立分公司的失败

H 集团公司是一家专门生产农用机械等产品的知名企业,年销售额达 20 亿元,是中国民营企业 500 强、农机行业前十强企业,且连续多年保持高幅度增长,在行业内赫赫有名。但就是这样一家实力雄厚、发展迅速的企业却曾由于与他人在合作中选择形态不妥,导致官司缠身,差点蒙受重大经济损失。

2006 年,H 集团公司为开拓北方市场,与河南洛阳 T 公司进行了多次洽谈,确立了由双方共同合作,在洛阳设立生产、销售基地的意向。在该基地的设立形态上,有人提出了借用 H 集团公司在业内的知名度,设立"H 集团公司洛阳分公司"的主张,H 集团公司觉得有利于市场开拓,予以同意。

2006 年 7 月,双方签订了关于设立"H 集团公司洛阳分公司"的协议书,约定由 H 集团公司提供生产设备、图纸并委派生产专业技术人员、提供配件,T 公司则提供厂房与流动资金,共同生产农用机械。协议书中还确定 T 公司全权负责"洛阳分公司"的经营并承担全部盈亏。协议书签订后,H 集团公司按约定拉去了生产设备、委派了技术人员、提供了图纸与配件,T 公司也负责生产出了部分产品并销售,T 公司法定代表人还掌握了"洛阳分公司"印章等全部相关资料。

但是，双方的合作并不顺利。T公司在掌管“洛阳分公司”期间，由于资金不足，经常拖欠技术人员工资，导致技术人员不愿去洛阳而纷纷返回。同时，由于H集团公司注重质量，对不符合要求的产品严格把关，不发放合格证明，导致T公司的不满。而T公司拖欠应付给H集团公司的配件款、绕开H集团公司私下销售产品回收销售款、违规开具发票等，更使得双方的矛盾升级。

2007年，T公司法定代表人因拖欠与H集团公司有关联的他人巨额债务被起诉，多处财产被查封。10月，T公司突然在洛阳起诉H集团公司，要求H集团公司赔偿其在“洛阳分公司”的投入等160余万元；不久，又另案再次起诉H集团公司，要求支付“洛阳分公司”经营期间应付的货款160余万元。更为蹊跷的是，T公司法定代表人名下的另外一家Y公司，还突然拿着一张与“洛阳分公司”签订的供货合同，要求H集团公司与“洛阳分公司”支付货款近100万元。连续起诉的三案均通过法院进行了诉讼保全，H集团公司账上400多万元现金被查封，多个银行账号被冻结。T公司甚至还以支付劳动报酬为由，申请法院先予执行了H集团公司40余万元。一时间，H集团公司上下风声鹤唳。

H集团公司发现，所有案件中，都有“洛阳分公司”加盖公章或合同章的文件，被T公司或Y公司用作关键证据。尤其是在Y公司一案中，H集团公司对所谓的“洛阳分公司”与Y公司签订的供货合同一无所知，而合同约定的货物价格却远远高于市场价。通过进一步调查发现，该份盖有分公司合同章的供货合同，很可能是诉讼之前才新鲜出炉的。也就是说，由于T公司法定代表人掌管了“H集团公司洛阳分公司”的印章，像Y公司这样的诉讼，几乎随时可能冒出来，而依据法律，H集团公司却不得不无止境地承担“洛阳分公司”的债务。H集团公司向律师求助，在律师的建议下，立即向警方报案。同时，律师还建议H集团公司对T公司提出反诉以及另行提起民事诉讼。然而，由于双方协议共同设立“洛阳分公司”并由T公司负责经营的事实，导致很多证据无法取得。而且，基于T公司的现状，即使最终胜诉，损失可能也难以挽回。最后，在各方压力以及律师的沟通协调下，T公司终于主动要求和解，H集团公司为避免更大经济损失和讼累，在同意给予T公司90余万元补偿的基础上，与T公司达成了和解协议，终止了“洛阳分公司”的经营。

（参见郎宏文、郝婷、高晶：《创业管理》，科学出版社2011年版，第164页）

讨论：

1. 本案例中在合作创建分公司过程中可能存在哪些风险？应采取哪些控制措施？
2. 导致分公司经营失败的原因有哪些？
3. 试分析本案例中法律与道德伦理在风险控制中的作用和意义。

第十章　商业计划书撰写与路演

【学习目标】

◇ 掌握商业计划书的概念、作用及价值
◇ 掌握商业计划书的结构、核心内容
◇ 掌握如何撰写商业计划书
◇ 了解商业计划书的应用
◇ 掌握路演的方法与技巧

【案例 1-10-1】

PAF公司商业计划执行摘要

一、行业简介

从2001年起，健身产业成长迅猛，至2006年产业价值已超210亿美元。本产业增长很大程度上受中老年人口驱动，这部分人口越来越关注自身健康。本产业缝隙之一是缺乏专为50岁以上人口服务的健身中心，他们与年轻人的健身需求类型不同。PAF将填补该市场缝隙——它是一家专为50岁以上人口服务的健身中心，位于佛罗里达中部。

二、企业描述

PAF计划营业面积21 600平方英尺，位于佛罗里达州奥兰多市郊区的奥维多。奥维多是本健身中心的理想地点——该地区的中老年人口比例及其收入水平都高于全美平均水平。本健身中心的特色是健身器材、课程、训练都专门针对老年人，并开设营养、睡眠、大脑体操等专题讲座与讨论会。

设计专门为老年人服务的健身中心是独特的挑战，需对他们的生理与心理需求高度敏感。因此本中心经营方向为：① 为会员提供舒适愉悦的环境；② 提供高品质课程与设施；③ 鼓励会员间交往，使PAF成为他们的生活中心之一。

三、产业分析

PAF将在“健身与休闲运动中心”产业内竞争。该产业价值210亿美元，处于成长期。成长驱动因素主要是人们对健康与锻炼重要性的认识不断增强。该产业最大的挑战是争夺消费者的闲暇时间。

该产业是竞争性产业。健身中心平均净利率9%左右。成功关键因素包括：选址、合理的课程与活动组合、鼓励会员参与、一批能干而积极的员工。

四、市场分析

PAF的营业场所将选在佛罗里达州塞米诺尔县，奥维多就在该县境内。市场分析表明，该县约有65 400名50岁以上人口，其中9 800名现已是健身中心会员。

PAF 的会员人数与盈利目标见表 1-10-1。

表 1-10-1　PAF 的经营目标

年份	会员数目标/个	总计划盈利/美元
2009 年	2 100	1 690 398
2010 年	2 226	2 416 514
2011 年	2 360	2 561 955
2012 年	2 502	2 716 124

通过焦点小组调查和本企业顾问委员会研究，我们认为本企业独特的理念能够吸引到的会员有：50%的会员来源是其他健身中心的现有会员，另 50%为新会员。如果 50%的收益来自现有市场，则意味着 PAF 需争取到佛罗里达塞米诺尔县 11.44%的 50 岁以上现有健身中心会员。我们相信能够实现这个目标。

五、市场计划

PAF 营销策略的总体目标是让 50 岁以上人士意识到锻炼的益处，并使他们认为 PAF 就是他们开始或继续锻炼的最佳场所。

企业差异化要点如下：

(1) 唯一的目标市场是 50 岁以上人口。

(2) 着重强调健身中心的社交功能，强调会员对健身中心的归属感。

(3) 专业工作人员，关注老年人的需求与生活。

本企业采取传统营销与草根营销方式相融合的促销措施。本企业已与 Central Florida Health Food 和奥维多的 Doctor,s and Surgeon,s Medical Practice 建立起合作品牌关系，并正在进行进一步洽谈，以巩固合作关系。

六、管理团队和公司结构

公司现有五人管理团队，由杰里米 · 瑞安(46 岁)和伊丽莎白 · 西姆斯(49 岁)领导。瑞安曾在南佛罗里达成功开办过一家健身中心，并在 3 年内发展到 38 家连锁店，后来他的健身中心被一家大型俱乐部收购，他还有 14 年的本行业从业经验。西姆斯是瑞安上一个健身中心的合伙人，且有 19 年注册公共会计师工作经验。

PAF 现有 5 人董事会、4 人顾问委员会和 10 人顾客咨询委员会。

七、运营和开发计划

PAF 已签约租赁 21 600 平方英尺的场地，租期 7 年，待交租。合同约定到租期截止时，承租方有权买下该租赁场地。

该 21 600 平方英尺建筑需注资 100 万美元翻新。初步翻新方案已由一位曾设计过老年人健身场所的建筑师制定，该建筑翻新将完全符合企业目标客户群的需要。

八、融资计划

本商业计划书包含有整套预计决算表、资产负债表和现金流量表(5 年期决算表和资产负债表、4 年期现金流量表)。预计 2009 年(营业第一年)企业为亏损经营，之后稳步盈利。预计 2010 年投资收益率为 13.1%，2011 年为 10.5%，2012 年为 11.3%。预计 2010 年净收益为 317 740 美元，2011 年为 269 670 美元。从创业期起，本企业将一直保持正现金流量。

九、所需资金

本企业现寻找515 000美元投资。

(参见郎宏文、安宁、郝婷.《创业管理:理论、方法与案例》,人民邮电出版社2016年版,第175页。有改动)

讨论:通过PAF公司商业计划执行摘要,如果你是投资人,你对该项目有了哪些基本了解?能够对该项目的价值和经济性、可行性做出初步判断吗?

第一节 概 述

研究证明,一个经验不丰富的创业者在存在多种影响因素和不确定性的初创阶段,能够通过商业计划的准备过程得到丰富的学习经验。如果没有一个完备的创业计划,创业者会在无准备的情况下被迫面对很多市场上可能存在的风险和变数。所以,一份好的商业计划书不仅针对企业初创阶段,还关系到企业未来的成长和战略发展,对企业起到有效的引领作用。

一、商业计划与商业计划书

计划作为管理流程中的一项重要职能,主要功能包括为企业指引方向和目标、帮助企业发现机会与威胁、经济合理地进行管理、提供控制标准等。商业计划是组织根据自身的能力和所处的环境,制定出组织在一定的时期内的奋斗目标,并通过计划的编制、执行、检查、协调对组织中各方面的经营和管理活动进行全面、合理的安排,优化配置组织的各种资源,取得合理的经济效益和社会效益的管理职能。

商业计划书是一份全方位描述企业经营活动和发展规划的文件,是由创业者准备的一个书面文档,它描述了创建一家新企业所涉及的所有的内、外部因素。它通常是由产品/服务说明、生产、营销、财务和人力资源这类职能计划所构成的整合体,说明了创业构想以及如何实施创业构想,回答了"我想要做什么""我为什么做""我将如何做""我会得到什么回报"这类问题。潜在的投资者、供应商甚至客户,都将需要一份商业计划书并据此作出某些决策。

撰写一份高质量的商业计划书是企业经营者能力与素质的体现,是企业拥有良好融资能力、实现跨越式发展的重要条件之一。一份完备的商业计划书,不仅是企业能否成功创业的关键因素,同时也是企业发展的核心。

商业计划的深度和细节取决于目标新企业的规模和范围。商业计划的范围取决于新企业属于什么行业,是服务业还是生产制造业,其产品是消费品还是工业产品。市场规模、竞争程度和成长潜力也同样会影响商业计划的范围。

二、商业计划书的潜在用户针对性和价值

根据使用人群的不同,例如可能是雇员、投资者、银行家、风险投资方、供应商、客户、顾问和外部咨询师,他们在读商业计划时怀着不同的目的,所以创业者就要在准备商业计划

书时充分考虑到所有群体所关心的内容，计划书呈现的内容重点会有不同。一般情况下，创业者首先会从他自己的角度去起草一个商业计划书，当创业者需要面对一个具体的读者时则需要对它进行适当的修改，而使商业计划书具有一定的针对性。

对于供应商来说，他们在签订生产零部件或成品合同，甚至在签订供应大批量原材料的合同之前，都可能要参考商业计划书。客户在采购高科技通信系统这类需要签订超远期协议供应的产品前，可能同样也要审阅这个计划书。此时商业计划书就要考虑到这些业务群体的需求，他们会注意观察创业者的经营、生产管理经验以及目标市场的预测情况。

对于资金的提供者来说。这些债权人或者投资者对于商业计划有不同的需求。例如，贷款方最在乎的是一家新企业在约定的期限内偿还债务和利息的能力。银行想要得到有关新企业未来商业机会与潜在风险的真实公正的分析结果。提供贷款的一方非常关注贷款方的四个“C”特征：性格特征(character)、现金流(cashflow)、担保的情况(collateral)、出资额(equity contribution)。这四点基本上反映了资金提供者希望商业计划书能够反映出创业者的信用记录、创业者处理债务和利息支付的能力(现金流)、为贷款担保的抵押资产或有形资产以及创业者对项目的个人投资规模。

而对于投资者(特别是风险投资家)则有着不同的需求。因为他们为公司的所有权(或股份)注入了大量的投资，而且对未来 3～7 年的现金回报有着一定的预期。与债权人比起来，投资者通常更看重创业者的性格特征，并且非常关注这决定性的 3～7 年的市场状况和财务预期。风险投资家要求高回报率，在准备商业计划书时，对创业者来说很重要的一点是要考虑来自外部的需求，而不仅仅只是考虑自己的愿景。

因此，创业者在准备商业计划书时应尽可能考虑以下三个方面：首先是创业者的方面，对于新企业的创新性和技术特点，创业者比其他任何人都有更深刻的理解，创业者一定能清楚、全面地说出这个新企业具体是干什么的。其次是市场方面，创业者一定要试着站在消费者的角度来看自己的企业(顾客导向)。最后是投资人方面，创业者要以投资者的视角来看自己的企业。

商业计划书的价值主要体现在：

① 它能帮助创业者进行自我评估，确定这个新企业在指定的市场上的生存能力，这也是商业计划书的重要的价值：全面规划，防范风险；

② 它为创业者在组织其计划工作时起到导向作用；

③ 它是一个重要的融资手段。

第二节　商业计划书的撰写

一、商业计划书内容表达的逻辑

商业计划书的文本表达可以按照阅读思维逻辑安排，一般分为五个部分。

第一部分：what——讲清楚你要做什么(产品与服务说明)。

这部分的核心是要清晰描述创业项目是什么，阐述项目的核心产品或服务的功能、状况，不要追求大而全，也不要篇幅太长。

第二部分：why——行业背景、市场现状，说明为什么做(供求与竞争分析)。

这部分描述行业背景、市场发展趋势、市场空间。要说明你在正确的时间做正确的事，而且市场空间大。但是市场大不代表有需求，要描述在目前的市场背景下，你的项目抓住了用户的痛点，或者你的项目可以为用户带来更高性价比的产品或服务。尽量列出与竞争对手的对比分析，表明当前的商业机会。

第三部分：how——如何做（运营规划）。

这部分描述商业模式实现的具体方案，包括产品的研发、生产、市场、销售策略。这里就是描述这个项目是如何实施的，最终达成的效果，并且陈述项目运营的优势所在。

第四部分：who——谁来做（你的团队）。

这部分描述创业团队的股份和分工，需要介绍团队主要成员的背景和特长；强调个人的能力适合该岗位，团队的组合优势及适合创业项目。项目是靠人来执行的，不同的团队执行出来的效果不同。要让投资人知道你不是一个人在战斗，另外，有没有团队也从侧面说明了你的个人领导力。

第五部分：how much——项目的经济性，评价怎么样（财务预测与融资计划）。

这部分需要详细陈述前三年的财务情况以及后三年的财务预测，项目的预测财务报表要有理有据。投资人主要对高增长性感兴趣。资金需求一般做 3 年规划，这一年项目要达成什么目标，达成这个目标需要多少钱。稀释的股份要少于 30%，稀释太多你就是打工的了，稀释太少投资人可能不太感兴趣。

二、商业计划书的关键内容要素

在商业计划书的撰写过程中应如何组织与上文提到的关键问题相关的所有信息呢？对此目前没有一个通用的内容结构。可以说，商业计划书各主要部分的顺序安排及其具体内容，应该由创意的性质以及创业者想在计划书中尽力传达的信息来决定。我们提供一个被许多商业计划书采用的基本框架，其具有较强的逻辑性。

执行摘要：应对新企业的总体情况做出简短、清楚、具有说服力的概括。

创业企业组织简介及愿景、使命与核心价值观：陈述创业的动机，企业要做什么，以及所期望的宏伟蓝图。

创业产品/服务的形成背景和预期目标：描述产品/服务能解决的核心问题，给顾客带来的价值，以及预期能实现的目标。

行业市场与竞争分析：描述谁打算使用或购买你的产品或服务，顾客为什么想使用或购买它，描述有关现行竞争与如何克服、定价以及其他相关事项。

商业模式规划：明确价值主张、市场定位、业务构成、成本结构和利润来源，在此基础上规划企业的基本组织、运作流程。

产品开发、生产和选址规划：产品或服务所处的开发阶段，如何开始实际生产并提供产品或服务，以及有关企业坐落于何地的信息。

营销与销售规划：阐述产品与服务的推广销售策略、措施。

管理团队：描述企业管理团队的经验、技能和知识，有关当前所有权的信息也应包括在这个部分。

财务部分：提供有关公司当前财务状况的信息，并预期未来需求、收入和其他财务指标，以及所需资金数量、这些资金什么时候需要、它们要被如何使用、现金流、盈亏平衡分析等。

风险因素：讨论企业将面临的各种风险，以及管理团队防范风险所采取的措施和步骤。

收获或退出：如果企业获得成功，投资者将如何取得收益。

附录：与产品/服务相关的各种资质证明材料、详细的财务信息报表以及高层管理团队成员的个人简历等。

三、商业计划书的章节内容结构

准备一个商业计划书有可能花费上百个小时的时间，具体取决于创业者的经验和知识储备，以及商业计划书所要满足的目标。它应该足够全面，以便让潜在的投资者对新企业能有一个完整和清楚的认识，而且它也应该帮助创业者明确自己对于这家新企业的想法。一份完整的商业计划书应该包含以下的十一个部分。

（一）标题页

这是提供商业计划内容简要概述的标题和封面页。标题页应该包括以下内容：

（1）企业名称和地址。

（2）创业者的姓名、电话、传真号码、电子邮箱和主页地址（如果有的话）。

（3）描述企业和业务性质的一段文字。

（4）资金需求量。创业者可能会提供一个数据包（比如股票或债务），然而，很多风险投资家更倾向于用自己的方式亲自搜集这方面的数据资料。

（5）关于报告的保密声明。这是从安全目的考虑的，对创业者非常重要。

商业计划书的标题页提出了创业者关于将要设立企业的基本想法。投资者把这页看得很重要，因为他们不必阅读整个计划就可以确定该项目需要投资的数目。

（二）执行摘要

这个部分是在整体的计划完成之后做的，最好保证在两到三页之内。这是商业计划书中非常重要的一部分，执行摘要应该能激发出潜在投资者的兴趣，应该简明扼要、突出重点。通常，执行摘要应该解答以下的一些问题：

（1）新企业的基本信息及主营业务是什么？

（2）产品/服务的基本信息、功能和价值是什么？

（3）企业的经营理念和经营模式的独特之处在哪里？

（4）创业团队的构成及能力和优势是什么？

（5）怎样盈利和能盈利多少？

如果企业有融资需求，那么执行摘要就应该提出可行的风投退出策略。

任何对新企业有利的资料，如市场调研的真实数据、法律文件和能够支持之前状况描述的合同等都应该在执行摘要中体现出来。这部分的目的是突出关键优势因素，并且吸引拿到计划书的人继续阅读整个计划。

（三）新企业描述

为了使投资者了解企业的规模和范围，这部分应该对创业企业进行详细描述。首先是企业使命和任务说明，主要描述企业的性质以及创业者希望企业达成的目标，这个使命说明和业务定义将对企业长期决策制定起到指导作用。创业者在准备商业计划的这部分内容时需要回答的一些问题如下：① 新企业的使命是什么；② 你创业的原因是什么；③ 为什么你会在这次创业中取得成功；④ 到目前为止，你已经完成了哪些准备工作。

其次是提供一些能够概括和表述新企业的重要因素，包括产品、服务、企业位置与业务规模、所需要的人员与办公设备、创业者背景以及投资历史。

（四）产品与服务说明

创业者需要对产品与服务做出准确的描述，需要关注以下关键问题。

(1) 企业产品的整体构成是什么？企业要面对什么样的最终客户？客户希望企业的产品与服务能解决什么"痛点"问题？客户能从企业的产品与服务中获得什么样的客户价值？

(2) 企业的产品与竞争对手的产品相比有哪些优缺点？客户为什么会选择本企业的产品？

(3) 企业为自己的产品采取了哪些保护措施？企业拥有哪些专利、许可证或者与已申请专利的厂家达成了哪些协议？

(4) 为什么企业的产品定价可以使企业产生足够的利润？为什么客户会大批量购买该产品？

(5) 企业产品目前可以在哪些方面获取竞争优势？未来发展中还可以制订什么计划获取竞争优势？

(6) 产品与服务正处于哪个发展阶段？企业采用何种方式去改进产品的质量、性能，企业对发展新产品有哪些计划？

（五）行业环境、市场与竞争分析

针对适当范围内的环境分析，对全面展示项目的情况、说明项目可以执行的理由很重要。这些环境因素的实例如下：

(1) 经济。创业者应该考虑国民生产总值的走势、区域内的失业率和可支配收入等。

(2) 文化。评估文化的变化趋势需要从人口统计学的角度考虑人口状况的转变，如独生子女或人口老龄化问题的影响。观念的转变，如在安全、健康、营养方面态度的转变，以及对环境的关注都将影响创业者的商业计划。

(3) 技术。技术进步是很难预测的，然而创业者应该通过政府和主要行业所使用的资源确定潜在的技术进步发展趋势。身处于一个会因技术进步而快速变化的市场，创业者需要谨慎选择短期营销策略，而且对于可能影响到自身产品和服务的技术进步要有长期的计划准备。

(4) 法律。建立一家新企业存在许多重要的法律方面的问题，创业者应该对未来任何可能影响产品、服务、分销渠道、价格和推广战略的法律法规有所准备。虽然外部因素通常都是不可控的，但是全面的调查和评估这些因素是十分必要的，对制定合理的生产经营和营销规划起到重要的作用。

(5) 行业需求。相关行业需求可以通过查阅行业统计报告或公开的行业信息资料获得。市场处在成长阶段还是衰退阶段、新竞争者的数量以及客户需求的可能变化，都是新企业在确定未来业务过程中非常重要的问题。

(6) 竞争。大多数创业者都会面临来自大企业的潜在威胁。创业者应该明确谁是竞争者以及他们的优势和劣势是什么，以便实行有效的营销计划。大多数的竞争者可以轻易通过经验、广告、网络甚至黄页识别出来。

(7) 目标市场分析：包括“消费者是谁”“新企业所在的具体市场和地理区域的商业环境状况怎么样”等。任何反映新企业所在市场差异的因素都要加以考虑，这类信息对于商业计划中的营销计划部分的准备十分有用。

在这一部分，创业者应该考虑的几个关键问题如下所示：

① 国内和国际层面的主要经济、技术、法律和政治趋势如何。

② 过去五年的行业销售总额有多少。

③ 本行业的预期增长率有多少。

④ 过去三年内有多少新公司进入了本行业。

⑤ 最近本行业研发出了什么新产品。

⑥ 谁是最主要的竞争对手。

⑦ 怎样能使你的企业运营得比这个竞争对手的更好。

⑧ 你的每个主要竞争对手的销售额在上升、下降还是保持稳定。

⑨ 你的每个竞争对手的优势和劣势是什么。

⑩ 你所在的市场最近的发展趋势如何。

⑪ 你的客户有何特征。

⑫ 你的客户与你的竞争对手客户有哪些不同。

（六）生产运营计划

该部分的内容包含生产制造过程（当新企业包含生产制造活动时），还包含描写货物或服务从生产传递到顾客那里的流程。它可能包括产成品的库存水平和保存情况、运输、库存控制过程以及客户服务。非生产制造类企业（如零售商或者服务提供商）在商业计划中同样需要这一部分来陈述业务交易的先后步骤。

如果全部或者部分生产过程需要外包出去，那么在这个计划中就应该描述承包方，包括承包方的地址、选择的理由、费用以及已经签订的所有合同。如果生产制造过程全部或者部分由创业者完成，那么就应该描述车间设计布局方案、进行生产作业所需的机器设备、原材料及供应商的名字、厂址和期限，还有生产成本与未来的设备投资的任何需求。任何潜在投资人在评估财务需求时，生产计划中的上述条款都是非常重要的。

而类似航空公司、酒店、剧场、医院等所依靠的是业务交付能力和服务质量。对于这些企业来说，绩效好坏取决于地理位置、营业场所布局和人员等，同时这些反过来又能影响服务质量（包括可靠性、响应度和信用等因素）。传递这种服务质量的过程本身就是一家新创服务型企业与其他企业区别开来的过程，因此这应该作为运营计划的重点内容。

（七）市场营销计划

市场营销计划是商业计划书中非常重要的一部分，它主要描述产品或服务如何分销、如何定价、如何促销。任何对关键营销决策战略和销售预测有支持作用的营销研究结论都应该在这个部分呈现。专门就某个产品或服务进行预测，是为了进一步预测新企业的盈利能力。

潜在投资者认为市场营销计划对于新企业的成功是至关重要的。因此，创业者应该认真地、尽可能全面和详尽地准备这个计划，以使投资者能够清楚新企业的目标以及执行什么样的战略来高效地达到这些目标。制订市场营销计划对创业者来说是必要的，同时创业者需要按星期或者按月对其进行监督修改，应该把市场营销计划看作短期决策的一种指导。

（八）组织计划

组织计划这部分描述的是新企业的所有权结构、法律形式。如果新企业属于合伙制，那么合作的条款需要包含进来。如果新企业是股份制结构，则需要详细说明额定股本和股份认购权的分配情况，以及公司董事及高级职员的姓名、地址和履历。一张包含权力结构和组织各成员的职责的组织结构图是很有用的。下文概述了一些创业者在准备组织计划时需要回答的关键问题。这些信息可以让潜在投资者了解谁对组织进行控制以及其他组织成员如何通过体现他们的管理职能参与公司控制。

(1) 组织的所有权结构如何?

(2) 如果是合伙制企业，合伙人是谁? 合伙协议的条款是什么?

(3) 如果是股份公司，大股东是谁? 他们拥有多少股份?

(4) 发行了多少有表决权股票和非表决权股票? 发行了什么类型的股票?

(5) 有哪些董事会成员?（给出他们的姓名、地址和履历）

(6) 谁有支票签发权和控制权?

(7) 管理团队有哪些成员? 他们的背景如何?

(8) 管理团队中每个成员的职务和职责分别是什么?

(9) 管理团队中每个成员的薪水、奖金和其他方面的收入有哪些?

（九）风险评估

创业的潜在风险是客观存在的，创业者必须对潜在风险进行评估并进行防范策略的规划。首先，创业者应该指出新企业的潜在风险。其次，创业者应该讨论如果这些风险真的发生会造成的后果。最后，创业者应该讨论利用哪些战略来规避、降低风险，当风险发生后如何应对风险。

（十）财务计划

财务计划是商业计划书中很重要的一部分，陈述商业计划在经济上是否具有可行性和投资潜力。通常，这部分需要讨论三个财务领域。

第一，创业者要对至少前三年的销售额和合理费用的预测进行概括，第一年需要按月预测。它包括对销售额、销售产品的成本以及总体管理费用的预测。税后净利润可通过预估所得税来预测。

第二个内容是预计资产负债表。它显示了新企业在一个特定时间内的财务状况。它包括资产、负债、所有者权益以及累计盈余（或者损失）等项目。考虑到潜在投资人的利益，对于资产负债表和财务计划中其他项目的前提假定也应该被列出来。

第三是创业项目的经济型评价结论，可以用投资回收期、内部收益率等指标表达。

（十一）融资计划

创业融资就是创业团队用承诺换取投资者的支票，这部分内容要阐述清楚项目需要多少外部风险投资、融入资金的计划用途、计划转让股份的比例、未来资本退出的方式等内容，为投资者提供较为全面的投资决策的信息，让投资者建立投资信心。

（十二）创业团队

这部分重点介绍创业团队的构成、成员的背景、受教育经历、职业经历、技能擅长、核心价值追求等方面的内容，说明创业团队有能力、有信心执行创业项目。

（十三）附录

附录通常包含任何那些没有必要在文件正文中列出的备注资料。附录中涉及的任何文件都应该包含在计划书之中。例如，消费者、分销商、次级承包商的往来信息文件，技术专利材料、品牌版权材料、市场调查材料等都应该包含在内；签订的租赁契约、合同或其他任何形式的协议，供应商或竞争对手的产品报价单也可以放到附录中去。

第三节　商业计划路演

路演一词为英文 road show 的直译，通俗地讲就是在马路边进行演示活动。它最初专指国际上广泛采用的一种证券发行推广方式，主要是证券发行商通过投资银行家或者支付承诺商的帮助，在初级市场上发行证券之前，针对机构投资者进行的推介活动。在投资、融资双方充分交流的条件下，路演是股票成功发行的重要推介和宣传手段，能够促进投资者与股票发行人之间的沟通和交流，保证股票的顺利发行，并有助于提高股票的潜在价值。

一、商业计划路演的目的

商业计划路演就是创业者在特定的时间范围内、在有限的条件下展现他们的商业计划。

商业计划展示需要准备两种可能的情况。

一是在一般情况下有一个相对正式的场合和条件进行比较完善系统的展示说明，创业者有机会提供一份完整的商业计划书和展示 ppt。风险投资公司每天从各种渠道收到的商业计划书很多，每天能用来看商业计划的时间也是有限的。所以第一次给投资人的商业计划书最好用 ppt 做。一方面，ppt 图文排版更方便、表现更丰富，方便讲清楚创业项目；另一方面，ppt 一般是按页查看，让人更有耐心去了解，内容大概在 20 页左右，不要刻意控制页数，重在把每块内容说清楚。

还有一种情况是在一个相对紧急的非正式的情况下进行短暂的说明，比较典型的是“电梯说明”。这需要创业者在短短的 2～3 分钟内进行商业计划展示，创业者应关注重点说明为什么这是一个好的机会，提供一个市场计划的概况（这个机会如何转化为现实）以及运营结果（销售情况和利润）。这种展示要简明扼要、充分展示亮点和重点，引起用户兴趣，为进一步深入交流争取机会。

路演活动是在特定设置的情境中，通过商业计划路演者关于项目全面信息的展示，让投资者真正读懂企业项目，从而做出更为准确的投资决策。特别是对于一些技术性较强的项目，企业代表要通过清晰的讲解以及与投资者的充分交流，使投资者快速对接项目内容，避免出现投资者看不懂、不理解、不感兴趣的情况，从而避免企业在融资方面走弯路。

商业计划路演的目的一般有以下四种：

(1) 推广产品、加强宣传，其中也包括企业的运营模式能否获得同行业的认同与支持，从而在一定范围内产生一定的影响，提升知名度、美誉度，获得投资方的认可。

(2) 使投资者了解项目情况，包括项目价值、产品创新和企业发展情况等，从而做出正确的投资判断。

(3) 明确投资者的需求，由此决定项目设计、产品类型与企业发展模式，确定销售重点。

(4) 获得投资方的资源。投资方的价值不只在于提供资金，还可以为企业带来行业经验、人脉、渠道与合作伙伴等，这些资源的价值远比资金的作用大。

另外，商业计划路演，尤其是项目规模较大的全国巡回路演，还可以提升品牌影响力，并且能够吸引各城市的代理商，从而打通全国的销售网络，为企业后期抢占全国市场建立良好的基础。

二、商业计划路演的内容构成

路演所需展示内容要根据不同受众和路演目的而有所区别，商业计划路演必须简明扼要、通俗易懂地回答投资人最为关心的五个问题：干什么？为什么干？怎么干？谁来干？能不能干成？这五个问题构成了商业计划路演的关键内容。

表 1-10-2　商业计划路演的五个问题与演示逻辑

主要问题	干什么	为什么干	怎么干	谁来干	能不能干成
演示逻辑	企业简介	痛点问题	商业模式	团队介绍	发展规划
	产品与服务	用户规模	市场推广		财务预测
		痛点紧迫性	竞争分析		融资需求及退出
		解决方案			

三、商业计划路演 ppt 的设计与制作

商业计划路演需要在给定的时间(通常是 5～10 分钟)内完成演讲，要求内容全面、逻辑清晰、重点突出地向投资人推送具体项目，并且回答投资人(听众)对项目提出的问题。

(一) 路演 ppt 一般制作步骤

1. 深入理解项目内容和理顺路演逻辑

制作路演 ppt 的首要步骤就是充分理解商业计划书的全部观点，理顺商业计划逻辑。依据前文的“五个问题”的逻辑，搭建出具有创业项目特色的商业计划演示内容逻辑图。一个演示 ppt 的各个逻辑点在起始阶段由负责商业计划书各个部分的制作人员分工完成(这样能够深刻而精准地提炼出每个逻辑点的演示 ppt 主题观点和图表)，商业计划演示者一定要把握总体，按照商业计划的总体逻辑来完成商业计划演示 ppt。

2. 构思版面和设计制作

在路演 ppt 逻辑分解后，就进入到构思版面环节。构思时要注重拿捏详略、把握图文比例，构思如何运用图表和数据去表达每一页路演 ppt 的主题，再根据企业 LOGO 风格和团

队偏好，选取或制作一个有主要色调的偏商务型的演示 ppt 模板，然后搜集需要的图文资料进行制作。

3. 进行 ppt 的修改完善

路演 ppt 制作完成后一定要反复推敲、演练，做到逻辑通顺、内容完整、详略得当、图文并茂、页面美观、亮点突出。一份高水平的 ppt 也是项目团队能力的体现。

（二）路演 ppt 内容设计方案

商业计划路演 ppt 根据路演时间和产品不同，一般将页数控制在 10～20 页。路演 ppt 的内容组织可以由很多种逻辑构成，依照前文的“五个问题”，路演 ppt 模块包括以下几个主要模块：封面、问题导入、解决方案、商业模式、竞争分析与营销策略、管理团队、财务分析与融资方案、结尾。

1. 封面

在演示 ppt 的封面中需要给出公司名称、LOGO、联系人、联系方式。此外，在封面上需要给出关于创业项目的一句话描述（即 slogan，口号）来作为项目高度概括的亮点，也就是要用最简洁的描述开门见山地向投资者交代这是什么项目，吸引投资人的兴趣。本部分内容可以用 1 页 ppt 阐述。

2. 导入

这一部分主要和“痛点”问题相关。需要讲清楚用户存在怎样的“痛点”问题，而你的创业项目能为他们创造什么价值。这里就涉及发现了用户的什么“痛点”问题（最好能具体列点说明）、有多少用户有同样的问题、他们是否急需解决这个问题、目前他们如何解决这个问题、目前的解决方案存在什么问题。本部分内容可以用 1～2 页 ppt 阐述。

3. 解决方案

项目准备用什么方案或产品来解决用户的这些“痛点”，解决方案具备哪些优势、解决方案进行到了哪一步。此外，还需要对解决方案所依附的产品与服务进行详细介绍。本部分内容可以用 3～5 页 ppt 阐述。

4. 商业模式

这一部分需要介绍所构建的价值系统是怎样的一个商业体系，具体内容包括价值系统由哪些要素构成和如何形成商业的闭环。此外，还要向风险投资者说明在整个价值系统中的哪些环节赚钱，也就是盈利点在哪里，以及未来收入的延伸。本部分内容可以用 1～2 页 ppt 阐述。

5. 竞争分析与营销策略

在执行层面，需要介绍在营销推广方面有什么独特的方式来解决快速启动的问题，以及如何跑得更快。在竞争分析方面，需要说明产品与服务有哪些有代表性的竞争对手，本项目凭什么生存下来，并且还能做大做强。在这一部分，一定要讲清楚项目的差异化定位和商业模式差异等问题。本部分内容可以用 2～3 页 ppt 阐述。

6. 管理团队

在这一部分演示 ppt 中，应该尽量突出创业团队的完善性、团队成员之间的互补性，以及每个团队成员有过哪些漂亮的业绩，而不仅仅是告诉风险投资者每个团队成员的从业或求学经历。本部分内容可以用1～2页ppt阐述。

7. 财务分析与融资方案

在这部分需要给出创业项目的发展规划，未来3～5年的财务预测指标、融资计划和用途、退出方式等。本部分内容可以用3～4页ppt阐述。

8. 结尾

如果一个创业项目能为用户解决“痛点”问题，那就一定存在着商业价值和社会价值。

在结尾处应抒发创业团队的情怀和抱负，升华一下风险投资者对创业项目和团队的认知。本部分内容可以用1页ppt阐述。

商业计划演示的逻辑各有不同，ppt演示方案也不是千篇一律。ppt制作者可以把上述方案作为一个路演ppt制作基础模板，然后根据项目和需求的不同进一步调整和优化。

（三）路演ppt设计制作技巧

1. 模板与背景

商业计划路演的模板设计要考虑四方面特点：页面要素、空间、色彩、可读性。页面背景要简洁大方，与企业的LOGO和项目的行业特征一致，考虑使用场合的正式程度，突出主题内容；色彩反映项目的业务与行业特征风格，切忌饱和度太高、视觉冲击、影响内容呈现。

2. 文字与图表

ppt页面要注意美学风格的协调统一。一是要注意文字的字体、字号和排版，做到疏密有致、重点突出；二是要善于使用图表的直观、生动、集约展示信息的功能，恰当地选择合适的图表形式来辅助呈现内容。

3. 动画及其他

动画可以在某些内容上吸引观众和评委的注意力，但应注意不能喧宾夺主、眼花缭乱，不宜过多使用动画。小视频是能够把很多在路演现场不能展示的内容充分呈现出来的辅助工具，越来越多地得到应用，但不宜过长，应控制在1分钟之内。

四、商业计划路演的实施

商业计划路演如同一场精彩的演出，经过前期的路演逻辑设计和路演ppt制作，马上就要迎来最后的呈现过程。路演团队就是舞台上的演员，他们需要在路演ppt营造的氛围和背景下，将自己的创业项目和观点与风险投资者、其他评审和现场观众分享，并最终赢得他们的共鸣。因此，演示者需要进行专业的训练和准备，以便将创业项目充分展现出来。

商业计划路演过程包括以下四个核心环节：入场、演示、沟通、退场。

（一）路演核心环节之一：入场

当路演团队入场时，评委就已经开始观察和评判创业团队的行为举止，需要准备的工作和注意的事项有以下三个方面：

(1) 团队成员需要快速各司其职，镇定应对各种意外状况，熟悉、调试设备是否正常，找好站位，行动平稳、礼貌沟通，保持安静。

(2) 不要匆忙进入路演环节，留意观察观众和评委的状态，与评委进行一下前期示意、简单交流，为自己的路演创造一个良好的开场条件。

(3) 注意着装问题：一般情况下可以采用正装，注意整体和谐、干练；一些与特色文化、服装相关的项目可以穿能够更充分展示项目特色的服装。

(二) 路演核心环节之二：演示

演示环节一般会从介绍项目名称和团队成员开始。在这一部分，有许多需要关注的细节和需要把握的问题。

(1) 注意在控制好语速、节奏的前提下掌控时间，将完整的内容呈现出来。为了达到准时的效果，需要前期进行多次的练习，切忌为了赶时间而出现语速过快、听不清的状况。

(2) 注意仪态、动作、表情、声音等演示辅助功能的应用，加强路演过程中与评委和观众的情绪、信息交流，强调重点、亮点内容，呈现出演示者自信、尊重、坦诚的整体特征。

(3) 应注意脱稿讲解，面对观众，正确处理演示者与 ppt 的关系。ppt 是演示者表达内容的辅助工具，起到演示内容的强调和展示作用，切忌念稿、念 ppt 的行为。

(三) 路演核心环节之三：沟通

沟通环节是演示环节的有益补充，评委就一些关心或者遗漏的问题进行深入的研讨和沟通，促进对商业项目的理解。这也能帮助创业者梳理商业计划，查漏补缺，学习提升，加大融资机会。要珍惜、重视与评委沟通的机会，一是应态度诚恳，认真聆听；二是明确评委的问题，没有领会清楚的可以复述一下问题请评委确认，也可以带着纸笔临时记录；三是实事求是地回答，不要粉饰隐瞒问题。

(四) 路演核心环节之四：退场

在退场环节还有许多细节需要关注：沟通环节结束时，演示者要感谢评委的建议和支持；抓紧时间安静有序退场，不影响下一个团队的路演；有始有终，展示创业团队的综合素质，赢得整体良好印象。

【思考题】

1. 你认为商业计划书有哪些核心内容？

2. 撰写各种类型商业计划书应注重哪些侧重点？为什么“切忌拿着一个依据通用模板写出的商业计划书来应对各种需求”？

3. 简述商业计划书的特征。

4. 根据商业计划书的撰写目的分析，要完成一份好的商业计划书应做好哪些基础工作？

5. 撰写商业计划要做大量辛苦的工作和调研，但为什么创业者应该写它呢？如果直接去创建企业，会有什么不好？

6. 在商业计划书起始部分的概要的重要性体现在哪些方面？它的首要目标应该是什么？

7. 为什么解释新产品或服务处于生产过程哪个阶段是重要的？(例如，是创意阶段？原型阶段？还是生产阶段？)

8. 描述创业企业管理人员的经验和专业技能对商业计划的重要性是什么？

9. 商业计划路演的关键内容有哪些？

10. 商业计划路演的过程和应注意的问题有哪些？

【实践练习】

1. 课堂模拟演练：学生分成两组，一组模拟风投机构专家，另外一组模拟创业团队，进行现场答辩。

企业名称：春暖。

商业创意：家庭式养老院。

内容概况：我国养老院的主要组成人员有管理和服务人员以及享受服务的老人。这种人员构成模式尽管使老人们吃穿不愁，但是最大的缺点是老人不能享受“几世同堂”的天伦之乐，使得老人们的言行举止大多局限于老人们之间的交流和接触。因此，老人们所期盼的“不言老”成了十足的空话。为了使老人们在不用自己家人赡养和陪护的前提下，依然享受家庭的和谐和温暖，“春暖”公司向在本单位接受服务的老人家属提供“全家一起乐”的服务项目。家属们可以定期、不定期地来养老院，租用家庭式公寓，和老人共度时光。在此期间，全家人都可以享受养老院提供的全面周到的服务，服务费用按照细分项目具体核算。

两组模拟创业项目评估答辩：

(1) 创业组基于上述信息，根据商业模式开发的相关知识，完善创业计划，准备电梯陈述，并进行答辩。

(2) 风投评估组根据创业组的创意讲述以及回答的问题，进行提问，并给出是否投资这家企业的决策。

2. 查阅5份商业计划书，对比分析其异同点、优缺点。

【案例讨论1】

山东×××有限公司创业计划书

一、业务简介

公司拟开发智能农业管理系统，预期研发资金为40万元。该系统在现有智能农业模式基础上进行改进和升级，增加了智能疾病监控系统、常见疾病后台数据库和病例分析系统。“×××”智能农业管理系统将实现模块化分段激活方式，用户可先期购买产品的部分模块，后期根据实际需要跟进购买公司的其他产品模块。

第一阶段，公司与设备生产商进行合作。

第二阶段，产品成熟以后，公司将完善自己的设备生产基地。

二、产品简介

产品阶段：处于系统研发与设备调试阶段。

主要功能：随着现代农业的不断发展，智能农业也将逐步发展起来。公司的“×××”智能农业管理系统是由计算机控制的实时情况收集系统、常见疾病预防与提醒系统、可移动天窗遮阳系统、智能温控系统、喷滴灌系统等组成的集成操作管理系统，它管理着作物从栽种到上市的全部记录和独立的后台数据，可以对作物的疾病及预防进行实时处理。整套智能农业管理系统的控制由信号采集系统、中心计算机、控制系统组成。市场上同类产品须一次购买全套，本公司的“×××”智能农业管理系统采用模块化分段激活技术，用户可以灵活购买和使用。

前景优势：就目前情况来看，“×××”智能农业管理系统拥有广阔的市场前景。随着物联网技术的不断发展，越来越多的技术被应用到农业生产中。同时，我国先后出台了《农业科技发展"十二五"规划(2011—2015年)》《关于加快推进农业科技创新持续增强农产品供给保障能力的若干意见》《全国农垦农产品质量追溯体系建设发展规划(2011—2015)》等政策，全力支持"十二五"期间我国农业的发展，为我们提供了良好的发展环境。

竞争优势：相对于原有的智能农业系统，"×××"智能农业管理系统将更加完整、智能化和人性化，充分考虑到了每个农户的经济情况和不同的用途。公司开发的"×××"智能农业管理系统详细地描述和记录了作物常见的病征和处理方法，通过对作物的生长进行数据采集和分析，智能提示用户该阶段常见疾病的预防方法和已发生疾病的治疗方法。此外，该系统还可对土壤的使用情况及当前市场情况进行分析，给用户的下一季种植提出相应的意见。

盈利方式："×××"智能农业管理系统的盈利主要来源于系统及衍生产品的销售和后期维护。

三、产品的生产经营计划

公司计划在未来的1～2年内开发出一套基于原有系统的更加全面、人性化的智能农业管理系统——"×××"智能农业管理系统。公司将组建一支团结向上、技术能力全面的开发团队，在1年内开发出智能农业管理系统，利用半年时间对系统进行组装和调试，然后用半年时间进行升级和完善。前期公司将和一些现有的智能设备生产商进行合作，系统研发完成后，公司将在3个月内免费赠送合作企业使用和推广。同时还将提供免费的维护与技术指导服务。系统绝对稳定后，公司会权衡合作企业带来的利益，以及未来对公司系统推广的力度和前景，签订合作协议同时收取相应的费用，并在合适的时间建立公司自己的设备生产基地。

四、服务简介

"×××"智能农业管理系统主要是为了提高农业的生产效率，吸引更多的年轻人参与农业生产，让更多的人认识到"新农民"这个职业。公司服务对象是对智能农业有一定了解并充满兴趣的人，以及即将毕业的在校大学生中还在为工作发愁的群体。公司未来的销售方式将是多样的，不仅会有实体店，也会进行网络销售，甚至还会建设自己的设备使用基地供购买者参观。同样，我们的付款方式也可以是多样化的，客户可以一次性付清全款，也可以分期付款。

五、市场营销

公司对现有市场进行了实地调查，目前市场竞争非常激烈。公司相对于竞争企业存在着起步晚、客户对公司的产品认识不深的现状。但是，"×××"智能农业管理系统具备诸多优势，符合未来农业发展的需求，相对于原有的智能系统，增加了智能疾病监控系统、实时疾病预防提醒、常见疾病的预防和治疗方案后台数据库和非常人性化的模块激活系统，可以使客户更加灵活地去购买自己所需要的模块。

产品成型之后，公司将组建自己专业的营销团队，通过自己的实体店、网店来进行推销。

同时，公司也将在推广的初步阶段采取一些推广策略，从而让更多的客户充分认识"×××"智能农业管理系统和设备的优势。现阶段公司主要的竞争者有北京×××智能设备有限公司、常州×××有限公司、×××智能设备有限公司、×××农业科技有限公司等国内公司和部分国外公司。

六、团队的组成与管理

“×××”智能农业管理系统的团队尚处于组建阶段，未来将由经验丰富的一线生产者和能力出众的技术人员组成。公司也将采取特有的奖励机制来激发团队的竞争意识和创新意识，从而提高团队的开发效率和团队成员的工作积极性。

团队的主要负责人是××；团队需要在职员工15人，兼职员工20人。

团队实行贡献奖励机制，对公司有突出贡献的员工，公司将给予丰厚的奖励。

七、其他

公司的优势在于拥有一个年轻且富有朝气的创造性的团队和一批富有经验的一线生产者，他们充满激情，具有良好的团结性和纪律性，这些都是我们通向成功的重要保证。

讨论以下问题，总结本组的结论并派代表发言：

(1) 该创业计划书结构是否合理？是否存在缺项？

(2) 项目可行性如何？为什么？

(3) 团队组建是否合理？为什么？

(4) 项目的最大亮点是什么？

(5) 项目解决的问题是刚需吗？

(6) 项目存在的风险有哪些？如何改进？

【案例讨论2】

乔布斯的路演精神

苹果公司一年一度的新品发布会是一场场震撼人心的成功路演，其形式或许有所变化，但永远都是鲜活的路演典范。

无论是团队建设、品牌打造、企业营销，还是资本运作，苹果公司每年的新品饕餮盛宴都贯穿了成功路演的方方面面。有人说，乔布斯很会平衡商业和艺术，将路演精神融入苹果公司发展壮大的基因中。也由此，苹果不仅开创了手机读图的创新时代，也不断向世人展现优秀路演精神。

美国管理大师吉姆·柯林斯形容乔布斯：“生命在于重生和成长，大部分伟大的领袖并非天纵英才，而是一个成长的过程，在史蒂夫身上，我看到的不是一个成功的故事，而是一个成长的故事。”

《成为乔布斯》一书详细描述了乔布斯对细节的追求：“乔布斯通常会提前数月准备自己的新品发布会以及其他一些公关场合的出席安排，并会对此进行事无巨细的预演。我曾有一次花了一整天时间，看到他针对一场发布会展开了数次彩排，并对包括演讲稿色调、聚光灯角度以及ppt的顺序这些细节进行了微调。”

从数月前的准备，到事无巨细的预演；

从多次的彩排演练，到无数次的微调；

从对效果不满的恼火，到与他人商量改进方案……

讨论：查阅乔布斯新产品路演视频，乔布斯的路演精神给你哪些启示？

创业实训篇

实训一 市场调查

一、学习目标

掌握市场调查方法；能够设计市场调查方案；学会设计调查问卷。

二、实训知识点

（一）市场调查程序

市场调查一般从明晰、确定调查目标开始，以完成调查报告结束，由六个步骤构成。

（1）明确调查目标，确定调查范围和调查对象。

（2）设计调查计划，选择调查方法。

（3）准备调查材料和工具（调查问卷等）。

（4）实施调查活动，收集调查资料。

（5）整理获得的调查信息等材料，进行分析处理。

（6）撰写调查报告。

（二）市场调查方案

为了掌握市场需求信息，在创建企业之前，创业者必须进行市场调查。市场调查方案是创业团队实施市场调查活动的纲领和依据。在正式实施市场调查之前，应进行市场调查方案设计，以确保市场调查结果的客观性和真实性。市场调查方案设计也称市场调查方案策划，是指根据调查目的，对调查方法、调查内容、调查步骤以及注意事项等进行统一规划，以便创业团队在实施过程中能够协调和统一，完成调查任务。

市场调查方案一般包括以下内容。

（1）调查背景。具体而言，调查背景指创业团队所处的微观环境和宏观环境。

（2）调查目的。即市场调查所要达到的目标，也就是本次调查要解决哪些问题，获得哪些资料，在获得资料后想要做什么。

（3）调查内容。

① 消费者信息，包括消费者背景信息和消费者需求信息。消费者背景信息，如性别、年龄、教育程度、职业、收入和地区等；消费者需求信息，如产品需求定位、购买行为（价格承受能力、购买行为习惯、支付方式和送货方式等）、服务需求（服务要求、服务方式和服务内容等）、需求量（目前的需求量和潜在需求量）等。

② 市场现状，包括市场中某产品或服务的供求状况、本企业及竞争者的市场占有率、产品销售前景、本企业及竞争者提供的产品或服务的消费者满意度、消费者抱怨与消费者期望、消费者需求及潜在需求的变化等。

③ 目标市场，包括目标顾客群的购买力、市场容量和变化趋势等，以及企业在目标市场中的优势、定位、现有营销策略存在的问题及竞争格局等。

④ 竞争者，包括主要竞争者及潜在竞争对手的数量及其所占市场份额、产品现状、竞争策略、营销策略以及发展潜力等。

⑤ 营销环境，包括企业宏观环境和企业微观环境。宏观环境包括政治环境、法律环境、经济环境、自然环境、人口环境、科技环境和文化环境等信息；微观环境包括合伙人、企业员工、供应商、营销渠道等信息。

⑥ 广告效果。在投放广告后，需要了解广告对受众的影响，一般从两个方面进行调查：广告本身的效果，即社会公众关注广告的程度；广告的销售效果，即广告对商品或服务销售的影响，又称转化率。

(4) 调查对象及范围。一方面，要确定本次调查的对象是谁，他们在哪儿。另一方面，还要考虑企业在哪些地区、多大范围开展市场调查，如全面调查、重点调查、典型调查和抽样调查等。

① 全面调查，即普查，例如第六次全国人口普查，这种调查针对调查对象中的所有个体。但是在实际调查中，由于涉及面广、难度大，创业企业很难实施对市场的全面调查，这就需要采用其他效率更高的方式确定调查的范围。

② 重点调查，指对能够起到重要作用的调查对象进行调查，比如针对重点客户的调查等。

③ 典型调查，指对调查对象中有代表性或典型性的个体进行调查。例如，在调查消费者对企业产品或服务的满意度时，可以选择投诉的顾客作为典型的调查对象。

④ 抽样调查，指从调查对象中抽取一定数量的个体进行调查，依据抽样的结果推断总体特征。这是被应用得最广泛的调查方式。

(5) 调查方法。即调查所采用的具体方法，常用的有文案调查和实地调查两种。

文案调查，又称间接调查法、二手资料调查法，是指市场调查人员通过企业内部或外部的档案资料(如客服人员电话记录、销售记录、会议记录等)获取有效信息的调查方法。

实地调查，又称直接调查法、一手资料调查法，是指由市场调查人员自行收集一手资料，经过整理分析得出结论。实地调查包括访谈法、观察法和实验法等。

(6) 调查日程安排。调查人员应该在正式调查之前，根据调查目的、调查内容、调查对象和调查方法来安排调查的日程，实际工作中应根据具体需求进行调整。

(7) 调查经费预算。根据调查目的、调查内容、调查对象、调查方法和调查日程安排，进行调查经费预算。

(8) 调查方案撰写。经过上述几项内容的规划，将各部分内容进行综合汇总，形成市场调查方案。

(三) 市场调查问卷

调查问卷是市场调查中最常用的基本工具。对于创业者来说，可以先使用调查问卷对目标市场进行初步调查，同时采用观察法和实验法等进行典型调查或重点调查，最后通过综合分析，达到调查的目的。一般情况下，创业者可以围绕以下几个方面设计调查问卷。

(1) 行业市场环境。这部分内容主要包括本项目产品或服务的市场容量及发展潜力，不同细分市场的消费状况，市场上同类产品的种类、品牌及销售状况，竞争者销售渠道现状。

(2) 消费者。这部分内容主要包括消费者对本项目产品或服务的使用情况，消费者对本项目产品或服务的熟悉程度，消费者对竞争者产品或服务的喜爱程度和品牌忠诚度，消费者的消费能力、消费层次及消费结构，消费者对本项目产品或服务的期望。

(3) 竞争者。这部分内容主要包括主要竞争者的产品及其品牌优势、劣势，营销方式与营销策略，市场占有概况，营销渠道状况。

尽管使用调查问卷进行调查存在着很多不足之处，数据的真实性、问卷设计的合理性、分析结果的客观性等常受到质疑，但是这种方法可操作性较强、成本相对较低。

三、学生实训实践

(一) 组建团队

(1) 以团队为单位开展实训项目，学生自愿组成创业团队，每个团队 4～6 人，各团队推选一位团队负责人。组队方式：由项目提出者发起组队；随机组队；自由组队等。

(2) 通过团队讨论，明确本创业团队的市场调查项目。

(二) 撰写调查方案

根据团队的选题，确定本次市场调查的调查背景、调查目的、调查内容、调查对象、调查方法、调查日程安排和调查经费预算，撰写调查方案。

(三) 设计调查问卷

(1) 在实训一调查方案的基础上，针对本团队的初步创业意向，设计一份合适的市场调查问卷。

(2) 可先在班里向其他学员发放调查问卷，进行预测试，最后形成正式的调查问卷。

实训二　团队组建与激励

一、学习目标

了解创业团队组建；掌握创业团队管理与激励。

二、实训知识点

团队的类型及组建方式；团队成员评估；创业团队管理与激励。

三、学生实训实践

(1) 创业团队成员评估打分练习。每位同学提出自己的创业项目设想，并根据项目要求考虑招募创业团队成员，对目标人选进行打分。团队人员招募评估打分表见表 2-2-1。

表 2-2-1　团队人员招募评估打分表

要素	具体描述	A 非常符合	B 比较符合	C 不确定	D 不太符合	E 很不符合
想法	想法比别人更有价值、更有创造力，想象力丰富，并且切实可行					
目标	相比于找工，更渴望有自己的事业，有明确的目标，有耐心、有决心去付出努力					
才智	积极面对遇到的每一件事，倾向于解决问题，不逃避、不放弃、不找借口、不推脱责任					
技能	对于创业领域，有很好的专业技术背景和经验					
知识	掌握创业相关的知识，了解行业状态、竞争状态及经营管理、法律、财务等知识					
资源	拥有特殊的原材料、销售渠道等资源，有获取资源的人脉					
关系网络	善于产业链、媒体、公众、政府、金融机构等组织和个人沟通、保持良好关系、建立合作					

参考上面的团队成员评测表，勾选符合项，根据得到的结构倾向筛选合适的创业伙伴。

A 型：适合创业和守业，如果全身心投入，机会很多。

B 型：适合创业，但需要不断完善自己以与团队发展同步。

C 型：具备一定的创业素质，但缺乏信心，外界的影响会左右你的选择。

D型：有创业意识却不愿意创业，在风险与安稳之间偏向后者。

E型：不适合创业，规避风险，不善开拓，适合做上班族。

(2) 创业团队组织管理结构设计练习：分析创业团队的人员构成、团队类型、团队管理方式。

(3) 小组讨论在团队管理过程中遇到的问题及收获。

实训三 创业项目决策

一、学习目标

掌握创业机会的来源；掌握创业机会的可行性评估逻辑框架和评估方法。

二、实训知识点

（一）创业机会的特征

创业机会具备市场价值，具有潜在的盈利性。

创业机会基于创新，需要不断开发提升其潜在价值。

创业机会具有时效性，存在“机会窗口”。

（二）创业机会的来源

一般情况下，创业机会可以归纳为三方面的来源：变化的环境趋势、尚未解决的问题和市场缝隙。

1. 变化的环境趋势

我们可以通过调查分析经济发展变化趋势、技术发展变化趋势、社会文化发展变化趋势和政治、政策方针的发展变化趋势来发现可能的创业机会。

2. 尚未解决的问题

如果你在解决某个问题时遇到困难，不妨想一想其他人是如何解决类似问题的。这个问题是否是持续的、有一定规模的，是否有人会为了解决问题付费。这里我们要理解“痛点”“爽点”“痒点”等概念，可以帮助我们更好地理解问题带来的创业机会。

3. 市场缝隙

市场缝隙是指需要跳出原有的思维定式才能发现的市场。任何市场都不会是铁板一块，总是有一些缝隙暂时未被人注意，等待着后来者去开发。市场缝隙之所以会被先行者忽视，往往是因为原有的竞争者没有跳出思维定式，倒是有一些后起之秀，因为能站到行业之外，换一个角度去分析，反而能发现被人遗忘的市场，从而发现可以有所作为的创业机会。

（三）创业机会的识别方法

对于创业机会的识别可以采用多种多样的方法，这里主要介绍四种常用的方法。

1. 调查法

通过合理的渠道和方法进行深入细致、全面的市场调查来识别可能的机会，通过调查发现目标市场的问题、痛点等。对顾客的调查是最具特色、最直接有效的一种方法。顾客是市场、需求的具体化载体，是创业机会最直接的来源，一个新的机会可能会由对顾客的深入研究识别出来。顾客对自己的需求具有最真实、最源头、最直接的感受，创业者可以在顾客感性的、简单直接的反应中挖掘创业机会。

2. 系统分析法

绝大多数的机会都可以通过系统分析得到发现，将创业的内外部环境看作一个系统，按照系统构成的层次、方面、角度，采用 PEST、行业市场生命周期分析、竞争分析、关键成功要素、五力模型等方法进行分析，来识别创业机会。

3. 问题导向分析法

问题导向分析从问题开始，发现、洞察个人或组织的痛点以及面临的问题，这些痛点和问题可能很明确，也可能不明确；创业者可能识别它们，也可能忽略它们。问题导向分析可以首先问“痛点是什么?”“有什么问题?”一个有效解决方案对创业者来说是识别机会的基础。这个分析需要全面了解问题的关键点，以及可能的解决问题的方案。

4. 需求创造法

在新技术行业中最为常见，首先起始于技术的创新，进而积极探索新技术的商业价值。通过创造获得机会比其他任何方式的难度都大，风险也更高，而如果能够成功，其回报也更大。这种情况下所产生的创新在人类所有重大影响的创新中，居于压倒性的主导地位。

（四）创意的商业概念开发

从创意到一个完整的商业概念需要跨越一个从理论到实践的鸿沟。创意是一个具有一定创新性的想法，商业概念是对一个创意的实际市场需求的商业定义的描述。商业概念的核心是产品，而产品本身并不是目的，解决顾客的问题才是最终目标。所以，如何将一个创意描述成为一个完整、准确的商业概念，是定义创业机会的关键。

（五）创业机会的评估框架

这里我们要深入理解创业机会评估逻辑框架图（图 1-2-4），它全面、清晰地表达了创业机会评估的基本逻辑和内容。

创业机会的评估方法由核心特征要素的评估和支持性要素的评估两部分构成。

核心特征要素指创业机会自身的价值性特征，用以满足需求端价值论证。一是市场层面的评估方法：宏观环境（PEST）要素评估、行业（产业）环境要素的评估及环境的不确定性评估；二是产品自身的独特性和创新性评估。

支持性要素的评估指能够支撑创业机会得到有效实施的要素条件，包含创业团队的构成和能力评价（连接端能力论证）、创业资源的获得性评价、商业模式的全面可行及项目成长性预期（上游供给端有效性论证）评价。

三、学生实训实践

（一）项目挖掘

参考给出的项目领域，小组通过头脑风暴、HMY、六顶思考帽等创新思考工具，提出尽量多的创意，并讨论形成若干创业项目。

(1) 红旅项目。2017 年 8 月 15 日，习近平总书记给第三届中国“互联网＋”大学生创新创业大赛“青年红色筑梦之旅”的大学生回信：“希望你们扎根中国大地了解国情民情，在创新创业中增长智慧才干，在艰苦奋斗中锤炼意志品质，在亿万人民为实现中国梦而进行的伟大奋斗中实现人生价值，用青春书写无愧于时代、无愧于历史的华彩篇章。”红旅项目启动以来，300 余万名大学生参与红旅活动。广大青年学生走进革命老区、贫困地区和城乡社区，从助力脱贫攻坚战投身到推动乡村振兴事业发展，挖掘创建大量的创业项目。

(2) 乡村振兴项目。

① “互联网＋”农产品工程建设。

② 生态循环农业。

③ 乡村旅游服务业。

④ 乡村特色产业集群。

⑤ 现代农业产业园。

⑥ 乡村新型服务。

(3) 科技创新项目：本专业的应用领域、产品技术的创新。

(4) 社会热点、焦点项目：环境生态、养老、教育、儿童、职业发展、安全、节能。

(5) 小组提出的其他项目。

小组填写表 2-3-1，完成项目清单。

表 2-3-1　项目清单

项目产生来源	项目描述	
由市场趋势分析发现	1	
	2	
	……	
由问题调研发现	1	
	2	
	……	
由创新创意产生	1	
	2	
	……	

(二) 项目评估

小组成员通过市场调查和讨论，进行创业机会评估，评估过程可以根据调查结果采用定性或者定量的方法，完成创业机会项目评估，提出评估结论。

定量评估参考表 2-3-2 打分。对于不同的项目，需求端、供给端和连接端的重要性和影响程度是不同的，因此应根据项目的实际情况给予权重分配，再进行加权评分。

表 2-3-2　定量评估打分表

创业项目	需求端(项目价值)			供给端(项目可行)			连接端(团队)			加权得分
项目评估要素	存在规模	可持续性	可发展性	资源可获得性	商业模式可行性	项目成长预期	团队专业构成	团队能力	团队文化	
权重										合计 1
项目 1										
项目 2										
……										

实训四　创业运营模拟

一、学习目标

掌握创业企业的经营活动；了解初创企业经营管理的重点内容。

二、实训知识点

（一）商业模式画布

商业模式的设计思考逻辑遵循“价值发现—价值匹配—价值获取”这一过程。在商业模式设计九要素中，首先明确价值发现，明确创业项目的价值，由“产品的价值主张、对应的客户细分、建立客户关系模式、建立渠道通路”来实现；其次考虑如何进行价值匹配，构建项目的业务模式，由“关键活动、关键资源、关键合作伙伴”三个要素构成，进行此三要素的设计规划；最后是价值获取，收获创业项目的利益，考虑“成本结构、收入来源”的构成，成本结构基于项目的关键活动、所需投入的关键资源和必要的外部合作来确定，而收入来源取决于目标客户的选择、客户关系模式和渠道模式。

（二）市场营销规划

市场营销规划以STP策略加4P策略为基础。

STP策略由“市场细分—目标市场选择—市场定位”三个步骤组成，产品的价值主张以明确的产品市场定位来体现。根据市场定位来规划4P：产品策略、定价策略、渠道策略和促销策略。

（三）生产运营规划

价值匹配过程通过企业的生产运营规划来实现：为创造产品或者提供服务应主要从事哪些关键的业务内容（产品研发、生产、内部组织管理、产品销售）？基本业务流程是什么？完成这些流程需要投入哪些资源（人、财、物）？需要哪些外部组织的合作（供应与服务）？

（四）财务预测

创业企业内部的生产运营构成企业的成本结构：固定成本投资、流动资金投资；销售获得收入构成收入来源。财务预测可以通过编制生产条件的初始投资估算表、生产成本估算表、销售收入预测表等进行初步估算，在此估算的基础上编制企业的现金流量表、损益表和资产负债表，以此判断创业项目的经济效益状况。

三、学生实训实践

小组选择或者教师命题不同产业的创业项目，进行企业的生产运营模拟规划设计，完成商业模式画布，进行营销策略规划、生产运营规划和财务预测。

实训五　商业计划路演

一、学习目标

掌握商业计划路演的要点和技巧。

二、实训知识点

路演 ppt 设计;路演礼仪;路演技巧。

三、学生实训实践

小组讨论路演 ppt 的制作内容和形式设计,制作 ppt。

小组讨论路演人选,练习路演过程和细节。

小组负责人作为评委,按照“8＋7”(8 分钟路演＋7 分钟答辩)的路演规则进行现场路演,参考表 2-5-1 进行评分。

表 2-5-1　评分表

评分项目		分值权重	得分	备注
项目可行性	产品/服务	10		
	市场分析	10		
	竞争分析	10		
	营销	15		
	经营	5		
	组织	5		
	财务	5		
项目创新性		30		
计划书结构、形式		10		
总分(满分 100 分)				

参考文献

[1] 奥斯特瓦德,等.价值主张设计:如何构建商业模式最重要的环节[M].余锋,曾建新,李芳芳,译.北京:机械工业出版社,2015.

[2] 奥斯特瓦德,皮尼厄.商业模式新生代[M].王帅,毛心宇,严威,译.北京:机械工业出版社,2011.

[3] 巴林格,爱尔兰.创业管理:成功创建新企业[M].杨俊,薛红志,等译.北京:机械工业出版社,2010.

[4] 巴林杰.创业计划书:从创意到方案[M].陈忠卫,等译.北京:机械工业出版社,2016.

[5] 巴隆,谢恩.创业管理:基于过程的观点[M].张玉利,谭新生,陈立新,译.北京:机械工业出版社,2005.

[6] 陈葆华,郭元.创业管理[M].北京:北京理工大学出版社,2017.

[7] 陈炜煜.创业学[M].北京:中国物资出版社,2010.

[8] 陈媛媛.企业知识产权管理[M].北京:中国铁道出版社,2014.

[9] 德鲁克.创新与企业家精神[M].蔡文燕,译.北京:机械工业出版社,2009.

[10] 邓金堂,胡树林.经济管理基础[M].北京:机械工业出版社,2017.

[11] 邓立治.商业计划书:原理、演示与案例[M].2版.北京:机械工业出版社,2018.

[12] 蒂蒙斯,斯皮内利.创业学[M].周伟民,吕长春,译.北京:人民邮电出版社,2005.

[13] 董保宝,罗均梅.VUCA与新时代的创业研究:“2018年创业研究前沿专题论坛”观点综述[J].外国经济与管理,2018,40(10):31-39.

[14] 付鹏,金鲁峰,刘斌.创业实训[M].北京:教育科学出版社,2017.

[15] 高光锐,任俊义.生产与运作管理[M].2版.北京:电子工业出版社,2014.

[16] 葛海燕.大学生创业教育与指导[M].北京:清华大学出版社,2013.

[17] 霍洛维茨.创业维艰:如何完成比难更难的事[M].杨晓红,钟莉婷,译.北京:中信出版社,2015.

[18] 康沃尔.步步为营:白手起家之道[M].陈寒松,等译.北京:机械工业出版社,2009.

[19] 库拉特科,莫里斯,科温.公司创新与创业[M].李波,等译.北京:机械工业出版社,2013.

[20] 库拉特科.创业学[M].薛红志,李静,译.北京:中国人民大学出版社,2014.

[21] 莱斯.精益创业:初创企业的成长思维[M].吴彤,译.北京:中信出版社,2012.

[22] 郎宏文,安宁,郝婷.创业管理:理论、方法与案例[M].北京:人民邮电出版社,2016.

[23] 郎宏文,郝婷,高晶.创业管理[M].北京:科学出版社,2011.

[24] 郎宏文,郝婷,高晶.创业与创新管理[M].北京:中国铁道出版社,2019.

[25] 李梅芳,赵永翔.TRIZ创新思维与方法:理论及应用[M].北京:机械工业出版

社,2016.

[26] 李时椿,常建坤.创业与创新管理:过程·实战·技能[M].南京:南京大学出版社,2008.

[27] 李宇,苗莉.创新管理:获得竞争优势的三维空间[M].北京:机械工业出版社,2018.

[28] 林嵩,谢作渺.创业学:原理与实践[M].北京:清华大学出版社,2008.

[29] 刘新智,黄燕萍.企业管理学[M].北京:科学出版社,2015.

[30] 刘志阳,林嵩,路江涌.创新创业基础[M].北京:机械工业出版社,2021.

[31] 吕爽.创业管理[M].北京:中国铁道出版社,2017.

[32] 摩尔.跨越鸿沟:颠覆性产品营销圣经[M].赵娅,译.北京:机械工业出版社,2009.

[33] 内克,格林,布拉什.如何教创业:基于实践的百森教学法[M].薛红志,等译.北京:机械工业出版社,2015.

[34] 钱肇基.创新管理[M].北京:中国电力出版社,1999.

[35] 施拉姆.烧掉你的商业计划书:不按常理出牌的创业者才能让企业活下去[M].李文远,译.杭州:浙江大学出版社,2018.

[36] 唐时俊,徐德钰.创新思维与管理[M].北京:机械工业出版社,2018.

[37] 王延荣.创业管理[M].上海:上海财经大学出版社,2007.

[38] 吴家曦.中小企业创业经营法律风险与防范策略[M].北京:法律出版社,2008.

[39] 吴隽,邓白君,王丽娜.从0到1一起学创业[M].天津:南开大学出版社,2019.

[40] 吴添祖,虞晓芬,龚建立.技术经济学概论[M].3版.北京:高等教育出版社,2010.

[41] 奚国泉.创业基础[M].北京:清华大学出版社,2013.

[42] 颜晓峰.创新研究[M].北京:人民出版社,2011.

[43] 杨俊,朱沆,于晓宇.创业研究前沿:问题、理论与方法[M].北京:机械工业出版社,2022.

[44] 尹建华,邢小强,汪洋.创业管理[M].北京:对外经济贸易大学出版社,2017.

[45] 张玉利,薛红志,陈寒松.创业管理[M].5版.北京:机械工业出版社,2020.

[46] 赵振国,衣军强,金鲁峰,等.创业能力训练教程[M].北京:教育科学出版社,2021.

[47] 郑可,王燕,王雨林,等.创业机会的本质与评估框架[J].创新与创业教育,2021,12(2):10-17.

[48] 周苏,谢红霞.创新思维与创业能力[M].北京:中国铁道出版社,2017.